资源与环境保护系列丛书之四

陆上石油天然气开发环境保护政策法规

环境保护部环境工程评估中心　编

中国环境出版社·北京
石油工业出版社·北京

图书在版编目（CIP）数据

陆上石油天然气开发环境保护政策法规/环境保护部环境工程评估中心编. —北京：中国环境出版社：石油工业出版社，2017.9

（资源与环境保护系列丛书；四）

ISBN 978-7-5111-3328-1

Ⅰ. ①陆…　Ⅱ. ①环…　Ⅲ. ①油气田开发—环境保护法—研究—中国　Ⅳ. ①D922.684

中国版本图书馆 CIP 数据核字（2017）第 224986 号

出 版 人　王新程
责任编辑　李兰兰
责任校对　尹　芳
封面设计　宋　瑞

更多信息，请关注
中国环境出版社
第一分社

出版发行　中国环境出版社
（100062　北京市东城区广渠门内大街 16 号）
网　　址：http：//www.cesp.com.cn
电子邮箱：bjgl@cesp.com.cn
联系电话：010-67112765（编辑管理部）
010-67112735（第一分社）
发行热线：010-67125803，010-67113405（传真）

印　　刷　北京市联华印刷厂
经　　销　各地新华书店
版　　次　2017 年 9 月第 1 版
印　　次　2017 年 9 月第 1 次印刷
开　　本　787×960　1/16
印　　张　24
字　　数　440 千字
定　　价　60.00 元

《陆上石油天然气开发环境保护政策法规》

编 写 委 员 会

主　编　谭民强　梁　鹏　任洪岩

副主编　罗　霂　吕　巍　崔积山

编　委　牛　皓　贾瑜玲　梁　睿　滕　巍

　　　　冉丽君　郭　森　郑韶青　庄思源

前　言

石油天然气开发是关系我国经济命脉和能源安全的重要基础行业。近年来，我国为加强行业环境管理、规范陆上石油天然气开发环境影响评价出台了相关环境保护政策、规范、标准等文件，地方环境管理部门也结合各地实际，制定了适应当地环境管理需求的管理规定。

为适应形势发展需要，帮助各级环境管理部门、油气开发企业、环境影响评价机构、评估机构和相关单位人员及时熟悉和掌握政策要求，提高石油天然气开发行业环境保护整体水平，环境保护部环境工程评估中心组织编写了《陆上石油天然气开发环境保护政策法规》一书。本书分类别、全面系统地收集了与陆上石油天然气（含页岩气、煤层气等非常规油气）开发行业环境保护相关的政策、规范、标准等文件。

本书编写分工如下：

第一部分：吕　巍　滕　巍　沙　莎　左申梅

第二部分：梁　睿　郭　森　敖　其　董振龙

第三部分：崔积山　郑韶青　王赫婧　李继文

第四部分：罗　霂　冉丽君　郭　丽　苑文凯

第五部分：牛　皓　贾瑜玲　庄思源　于　喆

本书在编写出版过程中，环境保护部、胜利油田森诺胜利工程有限公司、青岛中油华东院安全环保有限公司、中国石油集团安全环保技术研究院、四川天宇石油环保安全技术咨询服务有限公司、中国石油大学（华东）等单位给予了大力支持，在此表示衷心的感谢。由于时间紧迫，书中难免有缺漏，敬请读者批评指正。

编　者

2017年7月

目　录

一、国务院文件

关于加快煤层气（煤矿瓦斯）抽采利用的若干意见 3
土壤污染防治行动计划（节选） 5
关于划定并严守生态保护红线的若干意见（节选） 7

二、政策规划

产业结构调整指导目录（2011 年本）（修正）（节选） 11
页岩气产业政策（节选） 13
煤层气产业政策（节选） 15
中国资源综合利用技术政策大纲（节选） 18
石油发展“十三五”规划（节选） 21
天然气发展“十三五”规划（节选） 23
页岩气发展规划（2016—2020 年）（节选） 25
煤层气（煤矿瓦斯）开发利用“十三五”规划（节选） 27

三、环境保护政策

关于进一步加强生态保护工作的意见（节选） 35
关于加强资源开发生态环境保护监管工作的意见 38
石油天然气开采业污染防治技术政策 41

四、导则、标准、规范

煤层气（煤矿瓦斯）排放标准（暂行）（GB 21522—2008）（节选） 47
环境影响评价技术导则　陆地石油天然气开发建设项目（HJ/T 349—2007） 52
建设项目竣工环境保护验收技术规范　石油天然气开采（HJ 612—2011） 105
废矿物油回收利用污染控制技术规范（HJ 607—2011）（节选） 128
采油废水治理工程技术规范（HJ 2041—2014） 135

关于石油开采行业回灌污水适用标准问题的复函 153
关于油田回注采油废水适用标准的复函 154
石油和天然气开采行业清洁生产评价体系指标（试行） 155
碎屑岩油藏注水水质指标及分析方法（SY/T 5329—2012）（节选） 167
陆上石油天然气开采　钻井废物处置污染控制技术要求
（SY/T 7298—2016） 188
陆上石油天然气开采　含油污泥处理处置及污染控制技术规范
（SY/T 7300—2016） 200
陆上石油天然气开采　含油污泥资源化综合利用及污染控制技术要求
（SY/T 7301—2016） 207
石油天然气工业健康、安全与环境管理体系（SY/T 6276—2014）（节选） 211
气田水注入技术要求（SY/T 6596—2016） 233
陆上石油天然气生产环境保护推荐作法（SY/T 6628—2005） 237
陆上钻井作业环境保护推荐作法（SY/T 6629—2005）（节选） 266
天然气处理厂保护环境的推荐作法（SY/T 6672—2006）（节选） 281
陆上石油天然气集输环境保护推荐作法（SY/T 7294—2016） 299
陆上石油天然气修井作业环境保护推荐作法（SY/T 7295—2016） 305
陆上石油天然气物探作业环境保护推荐作法（SY/T 7296—2016） 309

五、地方法规标准

新疆维吾尔自治区石油勘探开发环境管理办法 317
黑龙江省石油天然气勘探开发环境保护条例 322
陕西省煤炭石油天然气开发环境保护条例（节选） 329
甘肃省石油勘探开发生态环境保护条例 337
山东省陆上石油勘探开发环境保护条例（2010 年修订版） 342
辽宁省石油勘探开发环境保护条例 347
河北省陆上石油勘探开发环境保护管理办法 352
重庆市页岩气勘探开发行业环境保护指导意见（试行） 356
油气田含油污泥综合利用污染控制要求 362
油田含油污泥综合利用污染控制标准 366
含油污泥处置利用控制限值 374

一、国务院文件

国务院办公厅
关于加快煤层气（煤矿瓦斯）抽采利用的若干意见

国办发〔2006〕47号

各省、自治区、直辖市人民政府，国务院各部委、各直属机构：

煤层气俗称煤矿瓦斯，是宝贵的能源资源。我国高瓦斯、煤与瓦斯突出矿井多，煤矿瓦斯一直是煤矿安全生产的重大隐患。近年来，煤矿重特大瓦斯爆炸事故时有发生，给人民群众生命财产造成了重大损失；同时，未经处理或回收的煤层气直接排放到大气中，也造成了严重的环境污染和资源浪费。为进一步加大煤层气抽采利用力度，强化煤矿瓦斯治理，减轻煤矿瓦斯灾害，经国务院同意，现就加快煤层气抽采利用提出以下意见：

一、加快煤层气抽采利用是贯彻以人为本，落实科学发展观，建设节约型社会的重要体现。必须坚持先抽后采、治理与利用并举的方针，采取各种鼓励和扶持措施，防范煤矿瓦斯事故，充分利用能源资源，有效保护生态环境。

二、煤层气抽采利用项目经各省（区、市）煤炭行业管理部门会同同级人民政府资源综合利用主管部门认定后，可享受有关鼓励和扶持政策。主要包括：井下抽采系统项目，地面钻探、泵站项目，输配气管网项目，煤层气压缩、提纯、储存和销售站点项目，利用煤层气发电、供民用燃烧及生产化工产品项目等。

三、煤层气年输气能力5亿立方米及以上的输气管网项目或跨省（区、市）输气管网项目，由国务院投资主管部门核准；年输气能力5亿立方米以下的输气管网项目，由省级人民政府投资主管部门核准。煤层气发电并网项目，由省级人民政府投资主管部门核准。煤矿企业自采自用煤层气项目，由煤矿企业自主决策，报地方人民政府投资主管部门备案。

四、国土资源管理部门要依法加强对煤层气勘查开采活动的监督管理，严格执行国家关于最低勘探投入量和施工期的基本要求，对达不到要求的，按照《矿产资源勘查区块登记管理办法》的有关规定予以处理。

五、煤层中吨煤瓦斯含量必须降低到规定标准以下，方可实施煤炭开采。煤矿安监局要会同有关部门组织制订具体标准，并加强监督检查。

六、坚持采气采煤一体化，依法清理并妥善解决煤层气和煤炭资源的矿业权交叉问题。凡新设探矿权，必须对煤层气、煤炭资源进行综合勘查、评价和储量认定。煤层中吨煤瓦斯含量高于规定标准且具备地面开发条件的，必须统一编制煤层气和煤炭开发利用方案，并优先选择地面煤层气抽采。煤层气和煤炭资源实施综合勘查、评价和储量认定的具体办法由国土资源部研究制订。

七、限制企业直接向大气中排放煤层气，环保总局要研究制订煤层气大气污染物排放的具体标准，并对超标准排放煤层气的企业依法实施处罚。

八、煤层气抽采利用项目建设用地，按国家有关规定予以优先安排。

九、煤矿企业提取的生产安全费用可用于煤层气井上井下抽采系统建设。

十、统筹规划煤层气和天然气输送管网建设。煤层气经处理后，质量达到规定标准的，可优先并入天然气管网及城市公共供气管网。煤层气售价由供需双方协商确定，各级人民政府价格主管部门要加强监管，防止无序竞争。

十一、煤矿企业利用煤层气发电，可自发自用；多余电量需要上网的，由电网企业优先安排上网销售，不参与市场竞争，发电机组并网前要符合并网的技术要求和电网安全运行的有关标准。利用煤层气发电，其上网电价执行国家价格主管部门批准的上网电价或执行当地火电脱硫机组标杆电价。

十二、进一步加大煤层气抽采利用的科技攻关力度，加大科技投入，有关部门要积极研究制定相关政策措施。

十三、对煤层气抽采利用实行税收优惠政策，具体办法由财政部会同税务总局、发展改革委等有关部门制订。

十四、煤层气抽采利用设备在基准年限基础上实行加速折旧，折旧资金在企业成本中列支。加速折旧的具体比例由税务总局商有关部门研究确定。

十五、对地面直接从事煤层气勘查开采的企业，2020年前可按国家有关规定申请减免探矿权使用费和采矿权使用费。

十六、各级人民政府要积极筹措资金，为煤层气抽采利用项目提供资金补助或贷款贴息。

国务院办公厅

二○○六年六月十五日

国务院关于印发土壤污染防治行动计划的通知

国发〔2016〕31号

各省、自治区、直辖市人民政府，国务院各部委、各直属机构：

现将《土壤污染防治行动计划》印发给你们，请认真贯彻执行。

国务院

2016年5月28日

土壤污染防治行动计划（节选）

二、推进土壤污染防治立法，建立健全法规标准体系

（六）全面强化监管执法。明确监管重点。重点监测土壤中镉、汞、砷、铅、铬等重金属和多环芳烃、石油烃等有机污染物，重点监管有色金属矿采选、有色金属冶炼、石油开采、石油加工、化工、焦化、电镀、制革等行业，以及产粮（油）大县、地级以上城市建成区等区域。

加大执法力度。将土壤污染防治作为环境执法的重要内容，充分利用环境监管网格，加强土壤环境日常监管执法。严厉打击非法排放有毒有害污染物、违法违规存放危险化学品、非法处置危险废物、不正常使用污染治理设施、监测数据弄虚作假等环境违法行为。开展重点行业企业专项环境执法，对严重污染土壤环境、群众反映强烈的企业进行挂牌督办。改善基层环境执法条件，配备必要的土壤污染快速检测等执法装备。对全国环境执法人员每3年开展1轮土壤污染防治专业技术培训。提高突发环境事件应急能力，完善各级环境污染事件应急预案，加强环境应急管理、技术支撑、处置救援能力建设。

五、强化未污染土壤保护，严控新增土壤污染

（十五）加强未利用地环境管理。按照科学有序原则开发利用未利用地，防止造成土壤污染。拟开发为农用地的，有关县（市、区）人民政府要组织开展土壤环境质量状况评估；不符合相应标准的，不得种植食用农产品。各地要加强纳入耕地后备资源的未利用地保护，定期开展巡查。依法严查向沙漠、滩涂、盐碱地、沼泽地等非法排污、倾倒有毒有害物质的环境违法行为。加强对矿山、油田等矿产资源开采活动影响区域内未利用地的环境监管，发现土壤污染问题的，要及时督促有关企业采取防治措施。推动盐碱地土壤改良，自 2017 年起，在新疆生产建设兵团等地开展利用燃煤电厂脱硫石膏改良盐碱地试点。

中共中央办公厅　国务院办公厅
关于划定并严守生态保护红线的若干意见（节选）

厅字〔2017〕2号

生态空间是指具有自然属性、以提供生态服务或生态产品为主体功能的国土空间，包括森林、草原、湿地、河流、湖泊、滩涂、岸线、海洋、荒地、荒漠、戈壁、冰川、高山冻原、无居民海岛等。生态保护红线是指在生态空间范围内具有特殊重要生态功能、必须强制性严格保护的区域，是保障和维护国家生态安全的底线和生命线，通常包括具有重要水源涵养、生物多样性维护、水土保持、防风固沙、海岸生态稳定等功能的生态功能重要区域，以及水土流失、土地沙化、石漠化、盐渍化等生态环境敏感脆弱区域。党中央、国务院高度重视生态环境保护，作出一系列重大决策部署，推动生态环境保护工作取得明显进展。但是，我国生态环境总体仍比较脆弱，生态安全形势十分严峻。划定并严守生态保护红线，是贯彻落实主体功能区制度、实施生态空间用途管制的重要举措，是提高生态产品供给能力和生态系统服务功能、构建国家生态安全格局的有效手段，是健全生态文明制度体系、推动绿色发展的有力保障。现就划定并严守生态保护红线提出以下意见。

一、总体要求

（一）指导思想。

全面贯彻党的十八大和十八届三中、四中、五中、六中全会精神，深入贯彻习近平总书记系列重要讲话精神和治国理政新理念新思想新战略，紧紧围绕统筹推进“五位一体”总体布局和协调推进“四个全面”战略布局，牢固树立新发展理念，认真落实党中央、国务院决策部署，以改善生态环境质量为核心，以保障和维护生态功能为主线，按照山水林田湖系统保护的要求，划定并严守生态保护红线，实现一条红线管控重要生态空间，确保生态功能不降低、面积不减少、性质不改变，维护国家生态安全，促进经济社会可持续发展。

（二）基本原则

——科学划定，切实落地。落实环境保护法等相关法律法规，统筹考虑自然生态整体性和系统性，开展科学评估，按生态功能重要性、生态环境敏感性与脆弱性划定生态保护红线，并落实到国土空间，系统构建国家生态安全格局。

——坚守底线，严格保护。牢固树立底线意识，将生态保护红线作为编制空间规划的基础。强化用途管制，严禁任意改变用途，杜绝不合理开发建设活动对生态保护红线的破坏。

——部门协调，上下联动。加强部门间沟通协调，国家层面做好顶层设计，出台技术规范和政策措施，地方党委和政府落实划定并严守生态保护红线的主体责任，上下联动、形成合力，确保划得实、守得住。

（三）总体目标。

2017 年年底前，京津冀区域、长江经济带沿线各省（直辖市）划定生态保护红线；2018 年年底前，其他省（自治区、直辖市）划定生态保护红线；2020 年年底前，全面完成全国生态保护红线划定，勘界定标，基本建立生态保护红线制度，国土生态空间得到优化和有效保护，生态功能保持稳定，国家生态安全格局更加完善。到 2030 年，生态保护红线布局进一步优化，生态保护红线制度有效实施，生态功能显著提升，国家生态安全得到全面保障。

三、严守生态保护红线

落实地方各级党委和政府主体责任，强化生态保护红线刚性约束，形成一整套生态保护红线管控和激励措施。

（九）实行严格管控。

生态保护红线原则上按禁止开发区域的要求进行管理。严禁不符合主体功能定位的各类开发活动，严禁任意改变用途。生态保护红线划定后，只能增加、不能减少，因国家重大基础设施、重大民生保障项目建设等需要调整的，由省级政府组织论证，提出调整方案，经环境保护部、国家发展改革委会同有关部门提出审核意见后，报国务院批准。因国家重大战略资源勘查需要，在不影响主体功能定位的前提下，经依法批准后予以安排勘查项目。

2017 年 2 月

二、政策规划

中华人民共和国国家发展和改革委员会令

第21号

更好地适应转变经济发展方式的需要，根据《国务院关于发布实施〈促进产业结构调整暂行规定〉的决定》（国发〔2005〕40号），我委会同国务院有关部门对《产业结构调整指导目录（2011 年本）》有关条目进行了调整，形成了《国家发展改革委关于修改〈产业结构调整指导目录（2011年本）〉有关条款的决定》，现予公布，自2013年5月1日起施行。法律、行政法规和国务院文件对产业结构调整另有规定的，从其规定。

主任：张平

2013年2月16日

产业结构调整指导目录（2011年本）（修正）（节选）

第一类　鼓励类

三、煤炭

6. 煤层气勘探、开发、利用和煤矿瓦斯抽采、利用

七、石油天然气

1. 常规石油、天然气勘探与开采
2. 页岩气、油页岩、油砂、天然气水合物等非常规资源勘探开发
3. 原油、天然气、液化天然气、成品油的储运和管道输送设施及网络建设
4. 油气伴生资源综合利用

5. 油气田提高采收率技术、安全生产保障技术、生态环境恢复与污染防治工程技术开发利用

6. 放空天然气回收利用与装置制造

7. 天然气分布式能源技术开发与应用

8. 石油储运设施挥发油气回收技术开发与应用

国家能源局公告

2013年第5号

为深入贯彻落实科学发展观，加快发展页岩气产业，根据《页岩气发展规划（2011—2015年）》及相关法律法规，国家能源局制定了《页岩气产业政策》，现予以发布。

国家能源局

2013年10月22日

页岩气产业政策（节选）

第一章 总 则

第一条 页岩气是指赋存于富有机质泥页岩及其夹层中，以吸附或游离状态为主要存在方式的非常规天然气。

第二条 页岩气勘探开发利用按照统一规划、合理布局、示范先行、综合利用的原则。依靠科技进步，走资源利用率高、经济效益好、环境污染少的可持续发展道路，为全面建设小康社会提供清洁能源保障。

第三条 通过规划引导，逐步形成与环境保护、储运、销售和利用等外部条件相适应、与区域经济发展相协调的页岩气开发布局。

第六条 依靠科技进步，推进井场集约化建设和无水、少水储层改造及水资源循环使用，实现安全、高效、清洁生产，建设资源节约、环境友好、协调发展的页岩气资源勘探开发利用体系。

第二章 产业监管

第八条 建立健全监管机制，加强页岩气开发生产过程监管。页岩气勘探开发生产活动必须符合现行页岩气相关技术标准和规范；如无专门针对页岩气的相关管理标准和规范，参照石油天然气行业管理规范执行。

第六章 节约利用与环境保护

第二十三条 加强节能和能效管理。页岩气勘探开发利用项目必须按照节能设计规范和标准建设，推广使用符合国家能效标准、经过认证的节能产品。引进技术、设备等应达到国际先进水平。

第二十四条 坚持页岩气勘探开发与生态保护并重的原则。钻井、压裂等作业过程和地面工程建设要减少占地面积、及时恢复植被、节约利用水资源，落实各类废弃物处置措施，保护生态环境。

第二十五条 钻井液、压裂液等应做到循环利用。采取节水措施，减少耗水量。鼓励采用先进的工艺、设备，开采过程逸散气体禁止直接排放。

第二十六条 加强对地下水和土壤的保护。钻井、压裂、气体集输处理等作业过程必须采取各项对地下水和土壤的保护措施，防止页岩气开发对地下水和土壤的污染。

第二十七条 页岩气勘探开发利用必须依法开展环境影响评价，环保设施与主体工程要严格实行项目建设“三同时”制度。

第二十八条 加强页岩气勘探开发环境监管。页岩气开发过程排放的污染物必须符合相关排放标准，钻井、井下作业产生的各类固体废物必须得到有效处置，防止二次污染。

第二十九条 国家对页岩气勘探开发利用开展战略环境影响评价或规划影响评价，从资源环境效率、生态环境承载力及环境风险水平等多方面，优化页岩气勘探开发的时空布局。禁止在自然保护区、风景名胜区、饮用水源保护区和地质灾害危险区等禁采区内开采页岩气。

国家能源局公告

2013 年第 2 号

为深入贯彻落实科学发展观，科学高效开发利用煤层气资源，加快培育和发展煤层气产业，根据《中华人民共和国煤炭法》、《中华人民共和国矿产资源法》和《国务院办公厅关于加快煤层气（煤矿瓦斯）抽采利用的若干意见》（国办发〔2006〕47 号）等法律法规，国家能源局制定了《煤层气产业政策》，现予发布。

国家能源局

2013 年 2 月 22 日

煤层气产业政策（节选）

发展目标

第一条 坚持市场引导，统筹规划布局，创新体制机制，加大科技攻关，强化政策扶持，强力推进煤层气产业发展，提高安全生产水平，增加清洁能源供应，减少温室气体排放，把煤层气产业发展成为重要的新兴能源产业。

第四条 完善煤层气与煤炭资源综合勘查、合理布局、有序开发、高效利用等政策，加快并妥善解决煤层气与煤炭矿业权重叠问题，形成煤层气与煤炭资源协调开发机制。

安全节能环保

第二十二条 坚持“安全第一、预防为主、综合治理”方针，煤层气企业应落实安全生产责任制，建立安全生产管理机构，配备专职安全生产管理人员，建立健全安全管理制度和操作规程，保障安全生产投入。煤层气建设项目安全设施应与主体工程同时设计、同时施工、同时投入使用。

第二十三条 加强节能降耗，推进煤层气产业绿色发展、循环发展、低碳发展。煤层气建设项目应依法开展节能评估，推广使用高效节能设备，降低煤层气开发利用过程中的能源消耗。坚持最大化利用原则，加强勘探试采期煤层气的回收利用。

第二十四条 煤层气建设项目应依法开展环境影响评价，项目选址应避开自然保护区、饮用水水源地等生态敏感区域。严格执行煤层气排放标准，禁止煤层气直接排放。煤层气生产过程中产生的废气、废水等做到达标排放，妥善处置固体废物，避免对地下水造成污染。

第二十五条 建立健全煤层气建设项目社会稳定风险评估机制，对有可能在较大范围和较长时间内对人民群众生产生活造成重大社会影响的项目，应按规定进行社会稳定风险评估。

中华人民共和国发展和改革委员会
中华人民共和国科学技术部
中华人民共和国工业和信息化部
中华人民共和国国土资源部
中华人民共和国住房和城乡建设部
中华人民共和国商务部
公告

2010 年第 14 号

为进一步推动资源综合利用，提高资源利用效率，发展循环经济，建设资源节约型、环境友好型社会，国家发展和改革委员会、科学技术部、工业和信息化部、国土资源部、住房和城乡建设部、商务部组织编写了《中国资源综合利用技术政策大纲》，现予以发布，并于发布之日起施行。

国家发展改革委
科技部
工业和信息化部
国土资源部
住房城乡建设部
商务部
二〇一〇年七月一日

中国资源综合利用技术政策大纲（节选）

一、总论

（一）意义和目的

改革开放以来，我国经济持续快速增长，各项建设取得了巨大成就。与此同时，也付出了资源和环境代价，经济发展与资源环境的矛盾日益突出。“十二五”时期，我国仍将处于工业化和城镇化加快发展阶段，面临的资源和环境形势将更加严峻。开展资源综合利用，推动循环经济发展，是我国转变经济发展方式，走新型工业化道路，建设资源节约型、环境友好型社会的重要措施。

加快资源综合利用技术开发、示范和推广应用，引导社会资金投向，为相关单位开展资源综合利用工作提供技术支持，提升我国资源综合利用整体水平，是制定《中国资源综合利用技术政策大纲》的主要目的。

（二）指导思想和基本原则

以邓小平理论和“三个代表”重要思想为指导，深入贯彻落实科学发展观，坚持节约资源和保护环境的基本国策，遵循政府推动、市场引导、企业主体、自主创新、因地制宜、重点突破的方针，加快科技创新，推广先进适用技术，推进资源综合利用产业化，提高资源利用效率，减少废弃物排放，促进经济社会又好又快发展。

坚持宏观调控与市场机制相结合，发挥市场配置资源的基础性作用，完善政策体系，建立有利于促进资源综合利用的长效机制；坚持以企业为主体，产学研相结合，选择环境影响严重、产生量大的废弃资源，组织技术攻关，强化科技创新能力建设；坚持重点突破和全面推进相结合，依据资源禀赋和产业构成，形成资源综合利用产业集群，探索和完善循环经济发展模式。

（三）主要范围

一是在矿产资源开采过程中对共生、伴生矿进行综合开发与合理利用的技术；二是对生产过程中产生的废渣、废水（废液）、废气、余热、余压等进行回收和合理利用的技术；三是对社会生产和消费过程中产生的各种废弃物进行回收和再生利用的技术。

二、矿产资源综合利用技术

（一）能源矿产资源综合利用技术

1. 石油天然气矿产资源综合利用技术

（1）推广在油田开发建设中，采用适用技术，对伴生天然气进行回收利用。

（2）推广从石油和天然气中回收硫资源生产硫磺技术。

（3）推广高效井下污水处理和再生利用技术。

（4）推广柴油机余热利用技术。

（5）推广采用不稳定排放硫化氢气体资源化利用技术回收井口无组织排放的含硫化氢气体。

（6）推进页岩气勘探开发技术。

（7）研发废弃钻井液、井下作业废液资源化利用和无害化处置技术。

（三）石油天然气工业“三废”综合利用技术

1. 废渣综合利用技术

（1）推广对油气采炼过程中产生的各类油砂、污泥、残渣、钻屑采用固化等无害化综合处理技术，并用于筑路、制造建筑材料、调剖堵水剂等。

（2）推广石油焦乳化焦浆/油（EGC）代油节能技术。

（3）研发改进缓和湿式氧化（WAO）-间歇式生物反应器（SBR）处理碱渣联合工艺，形成专有成套技术。

（4）研发污水处理场油泥（包括罐底泥）、浮渣和剩余活性污泥处理组合技术。

2. 废水（液）综合利用技术

（1）推广钻井污水、废液综合处理技术，实现闭路循环利用。

（2）推广炼油企业含氢尾气膜法回收技术。利用膜分离技术建设芳烃、加氢尾气膜法回收装置，回收芳烃预加氢精制单元酸性气、异构化富氢、加氢裂化低分气、柴油加氢低分气中的富含氢气体。

（3）推广采用中和、酸化以及各种精制技术，从石油炼制产生的酸碱废液、废催化剂中，回收环烷酸、粗酚、碳酸钠、浮选捕集剂等资源。

（4）研发石油化工高浓度、难降解的有机废水处理技术以及油田废水替代清水技术。

（5）研发经济有效的废水深度处理技术和回用技术、氨氮废水处理技术与回收利用技术。

3. 废气综合利用技术

（1）推广对炼油厂催化裂化过程中产生的高温烟气采用气能量回收技术进行能量回收。

（2）研发催化裂化再生烟气、加热炉气、工艺排气及电站排气中二氧化硫和氮氧化物处理技术。

国家发展改革委
关于印发石油天然气发展“十三五”规划的通知

发改能源〔2016〕2743号

各省、自治区、直辖市发展改革委（能源局）、新疆生产建设兵团发展改革委，中国石油天然气集团公司、中国石油化工集团公司、中国海洋石油总公司，中国石油和化学工业联合会：

为落实《中华人民共和国国民经济和社会发展第十三个五年规划纲要》总体要求，促进石油、天然气产业有序、健康、可持续发展，根据《能源发展“十三五”规划》，我们制订了《石油发展“十三五”规划》《天然气发展“十三五”规划》，现印送你们，请按照执行。

国家发展改革委

2016年12月24日

石油发展“十三五”规划（节选）

二、指导思想和目标

（二）基本原则

开发利用与环境保护相互协调。处理好资源开发利用与土地利用、环保、城乡规划、海洋主体功能区划、海洋功能区划等相关规划的统筹衔接，加强生产、运输和利用等全产业链生态环境保护，完善节能环保管理体系，强化源头控制和污染物治理，推进产业绿色、可持续发展。

三、重点任务

（四）坚持石油节约利用

推进石油行业能效提升，优化基础设施、产能建设项目等用能工艺，选用高效节能设备，切实加强节能管理。努力提高原油商品率，采取增加伴生气回注、油气混输技术、伴生气凝液回收技术等措施加强油田伴生气回收利用。

持续开展工业、交通和建筑等重点领域节能，推进终端燃油产品能效提升和重点用能行业能效水平对标达标。实施内燃机、锅炉等重点用能设备能效提升计划，推进工业企业余热、余压利用。实施更加严格的燃油标准。加快发展轨道交通和水运等资源节约型、环境友好型运输方式。

五、环境保护

（一）环境影响分析

部分油田处在人口稠密、水网发达、生态脆弱等环境相对敏感区域，随着经济社会发展和城镇化水平提升，企业生产面临压力。

水体影响分析。油田勘探开发对陆上矿区水体环境有一定的影响，主要污染物为COD和石油类。海上原油生产对环境的影响主要体现在泥浆钻屑、铺设海管、电缆过程中掀起的海底沉积物、生活污水、含油生产污水、可能存在的溢油事故等。

大气影响分析。油田大气环境污染主要是挥发性有机物、二氧化硫、氮氧化物、烟尘、硫化氢等，可能存在生产设备密封点泄漏、储罐和装卸过程挥发损失、废水废液废渣系统逸散等无组织排放及非正常工况排污。

土壤影响分析。油田生产过程中造成土壤石油类污染的主要原因是油泥沙、钻井废弃泥浆、岩屑和落地油和管线穿孔造成土壤污染。油田和管道建设中可能对防洪设施、水资源造成影响，大量占压和扰动地表、破坏地貌植被，易造成水土流失。油田生产中的落地原油、油泥，以及注水开采、水力压裂活动等可能长期损害水土保持功能。

（二）环境保护措施

环境保护工作除了建设环保防控体系外，还应推进产业结构优化升级，以提高能效、降低资源和能源消耗为重点，努力形成“低投入、低消耗、低排放、高效率”的发展模式。

完善节能环保管理体系，强化节能环保监督管理。全面贯彻落实节约能源、污染防治等有关法律法规、管理规定和标准。做好建设项目的环境影响评价、节能审查评估工作。加强建设项目防洪影响和水资源论证工作，切实落实建设项目水土保持方案制度和“三同时”制度，认真实施水土保持预防和治理措施，控制人为水土流失。

强化源头控制，加大污染治理力度。实施工艺改进、生产环节和废水废液废渣系统封闭性改造、设备泄漏检测与修复（LDAR）、罐型和装卸方式改进等措施，对易泄漏环节制定针对性改进措施，从源头减少挥发性有机物的泄漏排放。

加强锅炉污染治理，确保稳定达标排放。推进清洁生产，开展综合利用，大力推广二氧化碳驱油和埋存技术。加大环保投入和科研开发，加强环保监控系统建设，强化环保队伍建设。

加强用地用海协调。对可能与石油发展规划实施有用地用海矛盾、相互制约的土地功能区划或功能海域（自然保护区、海洋保护区、森林公园、农渔业区、港口航运区等），需提前做好协调和沟通工作。

天然气发展“十三五”规划（节选）

二、指导思想和目标

（二）基本原则

资源开发与环境保护相协调。处理好天然气发展与生态环境保护的关系，注重生产、运输和利用中的环境保护和资源供应的可持续性，减少环境污染。

五、环境保护

（一）环境影响分析

1. 提高能效和节能减排效果显著

目前，我国一次能源消费结构仍以煤炭为主，二氧化碳排放强度高，环境压力大。“十三五”期间，随着天然气资源开发利用加快，天然气占一次能源消费的比重将提高，可有效降低污染物和二氧化碳排放强度。发电和工业燃料上天然气热效率比煤炭高约 10%，天然气冷热电三联供热效率较燃煤发电高近 1 倍。天然气二氧化碳排放量是煤炭的 59%、燃料油的 72%。大型燃气-蒸汽联合循环机组二氧化硫排放浓度几乎为零，工业锅炉上二氧化硫排放量天然气是煤炭的 17%、燃料油的 25%；

大型燃气-蒸汽联合循环机组氮氧化物排放量是超低排放煤电机组的 73%，工业锅炉的氮氧化物排放量天然气是煤炭的 20%；另外，与煤炭、燃料油相比，天然气无粉尘排放。若 2020 年天然气消费量达到 3 600 亿立方米，比 2015 年增加 1 670 亿立方米，同增加等量热值的煤炭相比，每年可减排二氧化碳 7.1 亿吨、二氧化硫 790 万吨。

2. 可持续发展作用重大

天然气广泛使用对保护生态环境，改善大气质量，提高公众生活质量和健康水平，实现可持续发展具有重要作用。天然气覆盖面的扩大和天然气普及率的提高，使越来越多的人民群众能共享天然气的清洁性，生活质量得到提高，对我国经济社会可持续发展将发挥重要作用。

（二）环境保护措施

坚持统筹规划、合理布局、保护环境、造福人民，实现天然气开发利用与安全健康、节能环保协调发展。认真执行环境影响评价制度和节能评估审查制度，加强项目环保评估和审查、节能评估和审查。加强国家重要生态功能区或生态脆弱区等生态保护重点地区环境监管力度。加强建设项目防洪影响和水资源论证工作，切实落实建设项目水土保持方案制度和“三同时”制度，认真实施水土保持预防和治理措施，控制人为水土流失。加强集约化开发力度，尽量减少耕地、林地占用。大力发展生物天然气，促进农作物秸秆、畜禽粪便等农业废弃物资源的利用。完善高酸性气田安全开发技术，加强对常规天然气开采及净化等过程大气污染治理，减少无组织排放和非正常排放，确保满足环境管理相关要求。加强对页岩气开发用水和煤制天然气生产用水及其处理的管理及环境监测。大力推广油田伴生气和气田试采气回收技术、天然气开采节能技术等。采取严格的环境保护措施降低对环境敏感区的影响，优化储运工艺，加强天然气泄漏检测，减少温室气体逃逸排放。加大LNG冷能利用力度。

国家能源局
关于印发页岩气发展规划（2016—2020 年）的通知

国能油气〔2016〕255 号

各省、自治区、直辖市及计划单列市发展改革委（能源局），有关企业：

为加快我国页岩气发展，规范和引导“十三五”期间页岩气勘探开发，现将《页岩气发展规划（2016—2020 年）》印发你们，请按照执行。

国家能源局

2016 年 9 月 14 日

页岩气发展规划（2016—2020 年）（节选）

三、指导方针和目标

（一）指导思想

贯彻落实国家能源发展战略，创新体制机制，吸引社会各类资本，扩大页岩气投资。以中上扬子地区海相页岩气为重点，通过技术攻关、政策扶持和市场竞争，发展完善适合我国特点的页岩气安全、环保、经济开发技术和管理模式，大幅度提高页岩气产量，把页岩气打造成我国天然气供应的重要组成部分。

（二）基本原则

注重生态保护。严格开展页岩气开发环境影响评价，通过优化方案设计、使用清洁原料和先进技术装备、改善管理和加强综合利用等，从源头削减污染和减少用水、用地，实现页岩气开发与生态保护协调发展。

四、重点任务

（一）大力推进科技攻关

5. 页岩气开采环境评价及保护技术

重点开展页岩气井钻井液及压裂返排液处理处置技术、开发生态及地下水环境风险评估与监控技术、安全环保标准体系等攻关研究。

六、社会效益与环境评估

（二）环境评估

页岩气作为清洁能源，开发利用将节约和替代大量煤炭和石油资源，减少二氧化碳排放量，改善生态环境。同时，页岩气开发也会产生一定的环境影响，如页岩气井场建设会对地表植被产生破坏，开发和集输过程中可能产生甲烷逸散或异常泄漏，页岩气增产改造会引发地表震动，增产改造用水量大，影响地区水资源，钻井液和压裂液返排后处理不当，可能会造成污染。

采取的相关措施主要包括：严格遵守《环境保护法》（2014 年修订）等法律法规，制修订页岩气开发相关环境标准；大范围推广水平井工厂化作业，减少井场数量，降低占地面积；对废弃井场进行植被恢复；生产过程中严格回收甲烷气体，不具备回收利用条件的须进行污染防治处理；增产改造过程中将返排的压裂液回收再利用，或进行无害化处理，降低污染物在环境中的排放。

国家能源局
关于印发煤层气（煤矿瓦斯）开发利用“十三五”规划的通知

国能煤炭〔2016〕334号

有关省（区、市）及新疆生产建设兵团发展改革委（经信委）、煤炭行业管理部门、煤矿瓦斯防治（集中整治）领导小组，有关中央企业：

为贯彻落实国民经济社会发展第十三个五年规划纲要和能源发展“十三五”规划，加快煤层气（煤矿瓦斯）开发利用，保障煤矿安全生产，增加清洁能源供应，减少温室气体排放，我们组织编制了《煤层气（煤矿瓦斯）开发利用“十三五”规划》，现印发给你们，请结合本地区、企业实际认真贯彻落实。

国家能源局
2016年11月24日

煤层气（煤矿瓦斯）开发利用“十三五”规划（节选）

前　言

煤层气（煤矿瓦斯）是赋存在煤层及煤系地层的烃类气体，是优质清洁能源。加快煤层气（煤矿瓦斯）开发利用，对保障煤矿安全生产、增加清洁能源供应、减少温室气体排放具有重要意义。国家高度重视煤层气开发利用和煤矿瓦斯防治工作，“十二五”期间煤层气产业化发展步伐加快，煤矿瓦斯防治工作取得显著成效。

根据《中华人民共和国国民经济和社会发展第十三个五年规划纲要》《能源发展

“十三五”规划》，国家能源局组织有关单位在深入调查研究、广泛征求意见的基础上，编制了《煤层气（煤矿瓦斯）开发利用“十三五”规划》（以下简称《规划》）。

《规划》总结了“十二五”期间煤层气（煤矿瓦斯）开发利用工作取得的主要成就，分析了面临的形势和存在的问题，提出了未来五年煤层气产业发展的指导思想、基本原则、发展目标、规划布局、重点任务和保障措施。

《规划》是指导我国煤层气（煤矿瓦斯）开发利用、引导社会资源配置、决策重大项目、安排政府投资的重要依据。

第三章　指导思想、基本原则与发展目标

一、指导思想

全面贯彻党的十八大和十八届三中、四中、五中、六中全会精神，深入落实习近平总书记系列重要讲话精神，牢固树立“创新、协调、绿色、开放、共享”发展理念，按照《中华人民共和国国民经济和社会发展第十三个五年规划纲要》《能源发展“十三五”规划》相关要求，着力加强统筹协调，着力加强科技创新，着力加强国际合作，坚持煤层气地面开发与煤矿瓦斯抽采并举，以煤层气产业化基地和煤矿瓦斯抽采规模化矿区建设为重点，推动煤层气产业持续、健康、快速发展，为构建低碳清洁、安全高效的现代能源体系做出重要贡献。

二、基本原则

——坚持创新发展。依托国家各类科技计划（专项、基金等），全面实施创新驱动战略，突破煤层气（煤矿瓦斯）开发利用技术装备瓶颈，形成具有中国特色的煤层气产业技术体系。加强科技创新平台建设，坚持政、产、学、研、用相结合，提升全行业科技创新能力。推动体制机制创新，促进煤层气产业快速健康可持续发展。

——坚持协调发展。推进煤层气矿业权审批制度改革试点，实现煤层气与煤炭等资源协调开发。构建煤炭远景区先采气后采煤、煤炭生产规划区先抽后采和采煤采气一体化格局，促进资源勘查与开发、地面开发与井下抽采协调发展。延伸煤层气产业链，实现煤层气（煤矿瓦斯）抽采、管道输送、压缩液化、销售利用、工程服务和装备制造等上下游及关联产业协调发展。

——坚持绿色发展。立足确保煤矿安全生产、增加清洁能源供应，推动地面开发基地化、井下抽采规模化，实现“安全-资源-环保”绿色发展。严格执行煤矿瓦斯

排放标准，推进低浓度瓦斯发电、液化浓缩和乏风瓦斯利用，建设瓦斯零排放示范项目，形成低碳循环发展模式。加强环境影响评价和节能评估，强化勘探开发过程中的生态环境保护，努力减少温室气体排放。

——坚持开放发展。加强国际交流与合作，积极引进煤层气勘探开发先进技术和管理经验。吸引具有经济技术实力的境外投资者参与煤层气勘探开发，鼓励民间资本投资煤层气产业。开放煤层气矿业权市场，采用竞争方式择优确定勘探开发主体。落实“一带一路”战略，积极参与国际煤层气市场竞争和境外资源开发。

——坚持共享发展。建立煤层气、煤炭企业信息资源共享机制。加强煤层气（煤矿瓦斯）技术装备及创新成果的互用互通。推进煤层气、天然气管网互联互通，建立公平、开放的管网输配机制，鼓励煤矿区瓦斯输配系统联网，实现资源集约化利用，煤层气资源开发与区域经济发展共赢共享。

三、发展目标

“十三五”期间，新增煤层气探明地质储量 4 200 亿立方米，建成 2～3 个煤层气产业化基地。2020 年，煤层气（煤矿瓦斯）抽采量达到 240 亿立方米，其中地面煤层气产量 100 亿立方米，利用率 90%以上；煤矿瓦斯抽采 140 亿立方米，利用率 50%以上，煤矿瓦斯发电装机容量 280 万千瓦，民用超过 168 万户。煤矿瓦斯事故死亡人数比 2015 年下降 15%以上。

第五章　环境影响评价与保护

一、环境影响分析

（一）煤层气开发

煤层气井、集输站场等施工期间，对环境的影响主要来自噪声、污水和固体废弃物。施工车辆、机械和人员活动产生的噪声对周围的影响是暂时的，施工结束后就会消失。钻井液、压裂液等工程废水对周围环境的影响较小。固体废弃物产生数量少，经过妥善处理，不会对地表水、土壤和植被产生大的影响。场地平整、管沟开挖、施工机械车辆、人员活动等会造成一定的土壤扰动和植被破坏，通过采取生态恢复措施，不会影响生态系统的稳定性和完整性。

（二）煤层气生产

煤层气开采期间，对大气的影响主要来自于站场、清管作业及放空燃烧排放的少量烟气；水污染物主要来自站场排放的少量废水。根据现有煤层气生产井废水化验资料，各项指标浓度均低于污水综合排放标准。若未按要求采取环保措施，地面抽采可能对区域环境产生影响。

（三）煤矿瓦斯抽采

煤矿井下瓦斯抽采装置、地面瓦斯处理场站及储气等配套设施的建设期间，施工时对环境的影响主要是少量的扬尘、污水、噪声和固体废弃物，影响较小。井下抽采期间可能对地下水产生影响，如地下水位变动及水污染等。

（四）管道输气

煤层气（煤矿瓦斯）输气管道施工期间对环境的影响主要包括噪声、污水、固体废弃物等对沿线土壤、植被造成的扰乱。管道建成后，管道、沿途输气站会对沿线地区的敏感目标存在一定的环境风险。

二、环境保护措施

（一）环境保护

严格执行煤层气（煤矿瓦斯）排放标准，禁止煤层气直接排放。煤层气（煤矿瓦斯）开采企业建立环保管理制度，负责监督环境保护措施的落实，协调解决有关问题。对规划建设的项目依法开展环境影响评价，严格执行环保设施与主体工程同时设计、同时施工、同时投入使用的“三同时”制度。

推广使用高效节能环保的技术和装备，降低开发利用过程中的污染物排放。生产过程中产生的废气、废水等应做到达标排放，防范对地下水造成污染，妥善处置固体废物，落实生态保护措施。

煤层气管网建设应提高工程质量，避免泄漏事故。对清管作业及站场异常排放的煤层气，应进行火炬燃烧处理。选用低噪声设备，必要时进行降噪隔声处理。站场周围进行绿化，以控制噪声、吸收大气中的有害气体、阻滞大气中颗粒物质扩散。

实行最严格的节约用地制度，项目建设要节约集约利用土地，不占或少占耕地，对依法占用土地造成损毁的，施工结束后应及时组织复垦，减少土地损毁面积，降低土地损毁程度。

在选场、选站、选线过程中必须避开生活饮用水水源地、自然保护区、名胜古迹，尽量避绕经济作物种植区、林地、水域、沼泽地。经济作物种植区施工时，避免占用基本农田保护区，尽量降低对农业生态环境的干扰和破坏。林地施工时，禁止乱砍滥伐野外植被，做好野生动物保护工作。

煤层气勘查开采活动，应符合所在区域的主体功能、生态服务功能。生态保护红线内禁止勘查开采煤层气，在其他重点环境敏感区开采煤层气，研究制定准入负面清单。鼓励采取先进的咨询管理、工程技术等措施，合理规划、合理利用、合理施工，尽量减少对当地生态环境的影响。

（二）环境监测

项目建设前，必须系统监测项目所在区域环境质量状况，以便对比分析。应选择一定数量的煤层气井，监测其在钻井、压裂、排采等作业过程对井场及周边生态环境、声学环境、地表水及地下水的影响。应对管道沟两侧 1 米内，以及集输站周围的生态环境进行监测；对加压站、发电站厂界外 1 公里范围内的声学环境影响进行监测；对管道两侧各 40 米范围内和加压站场四周 50 米范围内环境风险评价；对煤层气开采井网分布范围内的地下水影响进行评价。

三、环境保护效果

实现煤层气（煤矿瓦斯）开发利用“十三五”规划目标，将累计利用煤层气（煤矿瓦斯）至少 600 亿立方米，相当于节约标准煤约 7 200 万吨，减排二氧化碳约 9 亿吨。煤层气（煤矿瓦斯）替代煤炭燃烧利用，可有效降低二氧化硫、烟尘等大气污染物排放总量，减少粉煤灰占地产生的环境问题，避免煤炭加工、运输时产生的扬尘等大气污染，有利于改善大气环境。

三、环境保护政策

国家环境保护总局文件

关于进一步加强生态保护工作的意见（节选）

环发〔2007〕37号

各省、自治区、直辖市环境保护局（厅），新疆生产建设兵团环境保护局，各直属单位，各派出机构：

为贯彻落实《国务院关于落实科学发展观　加强环境保护的决定》（国发〔2005〕39号）和第六次全国环境保护大会精神，加快解决影响可持续发展的生态问题，全面推进环境保护历史性转变，现就进一步加强生态保护工作提出如下意见：

一、充分认识生态保护面临的严峻形势

（一）生态保护工作取得积极进展。党中央、国务院高度重视生态保护，采取了一系列重大措施，不断加强生态保护工作，各级环保部门积极参与综合决策，加强监管，努力遏制生态恶化趋势。自然保护区和生态功能保护区建设与管理取得积极进展，生物多样性保护与生物安全管理工作进一步深化，资源开发生态保护监管水平不断提高，生态示范创建工作蓬勃开展，农村污染防治得到重视，全社会生态保护意识和公众参与度明显提高。

（二）生态环境形势十分严峻。虽然我国生态保护工作取得积极进展，但生态环境形势依然十分严峻，生态环境恶化的趋势还没有得到有效遏制。生态系统功能下降，生物多样性减少，外来有害物种入侵，削弱了可持续发展的基础；水污染和水生态失衡制约了经济社会发展；土地退化导致土地生产力下降，土壤污染影响农产品安全；矿产资源的不合理开发导致一些地区生态破坏严重，地质灾害频发。人口增加和经济社会快速发展对生态环境的压力越来越大。

（三）生态保护工作基础薄弱。生态保护政策、法规、标准体系不完善，环保部门实施统一监管的手段不足，能力建设严重滞后，队伍、技术力量薄弱，投入机制不健全。生态保护工作与新形势、新任务不相适应。

（四）必须把生态保护工作摆在重要位置。生态环境保护关系经济社会的可持续发展，关系人民生活和子孙后代的发展，关系环境保护事业的发展。必须坚定不移地坚持保护生态环境的方针，坚持污染防治与生态保护相结合，以生态修复扩大环境容量，以生态措施强化污染防治，确保实现“十一五”环保目标，努力促进人与自然的和谐。

二、明确生态保护工作的指导思想和目标

（五）指导思想。以科学发展观为指导，以加快实现环境保护历史性转变为契机，加大执法力度，重点抓好自然生态系统保护与农村污染防治，严格控制资源开发建设活动造成的生态破坏，提高监督管理水平，维护自然生态系统功能，促进人与自然和谐，为全面建设小康社会提供坚实的生态安全保障。

（六）生态保护目标。到 2010 年，生态环境恶化趋势得到基本遏制，部分地区生态环境质量有所改善。重点生态功能保护区的生态功能基本稳定，自然保护区、生态脆弱区的管理能力得到提高，生物多样性锐减趋势和物种遗传资源的流失得到有效遏制，外来有害物种的入侵得到控制；基本摸清全国土壤环境污染状况，农村污染防治力度不断加大；生态保护法规体系进一步完善，执法能力进一步加强。到 2020 年，全国生态环境状况明显改善。

（七）基本原则。

预防为主，保护优先。运用法律、经济和必要的行政手段，强化监管措施，规范开发建设活动，防止造成新的人为生态破坏。生态保护和建设的重点从事后治理向事前保护转变，从人工建设为主向自然恢复为主转变，从源头上扭转生态恶化趋势。

分类指导，分区推进。按照国土空间优化开发、重点开发、限制开发和禁止开发四类主体功能区的定位，以及自然生态环境条件和社会经济发展水平，因地制宜，采取相应的生态保护对策和措施。

统筹规划，重点突破。正确处理资源开发与生态保护的关系，近期与远期兼顾、局部与全局协调。优先抓好生态保护的重点区域和重点项目，力争在短期内有所突破。

三、着力解决影响可持续发展的生态问题

（十一）以遏制人为生态破坏为重点，强化资源开发的生态保护监管。依据《环

境影响评价法》和《建设项目环境保护管理条例》，加大规划环评的力度；加强对矿产资源、水资源、旅游资源和交通基础设施等开发建设项目和活动的环境监管，努力遏制新的人为破坏生态活动。

四、强化生态保护工作措施

（十八）开展生态环境监察，加大执法力度。依法加强对自然保护区、生态功能保护区、农村等区域及矿产资源开发、旅游开发、水利水电、交通等建设项目的生态保护执法力度，严查各种生态破坏案件和违法行为。深化生态环境监察试点工作，扩大试点范围，充实试点内容，力争在生态保护执法机制、建章立制和能力建设等方面有所突破，切实解决当地突出的生态环境问题。

国家环境保护总局文件

关于加强资源开发生态环境保护监管工作的意见

环发〔2004〕24 号

各省、自治区、直辖市环境保护局（厅）：

为进一步贯彻落实国务院印发的《全国生态环境保护纲要》，加强资源开发的生态环境保护监管工作，防止开发建设不当造成新的重大生态破坏，依据国家有关环境保护法律法规，现提出以下意见：

一、强化资源开发的生态环境管理，遏制新的重大生态破坏

各级环境保护部门要高度重视资源开发的生态环境保护，统一认识，加强领导，完善制度，严格监管，切实扭转当前一些地方在生态环境方面边建设、边破坏，建设赶不上破坏的被动局面。

资源开发活动的生态环境监管必须坚持“预防为主，保护优先”的原则，以控制人为不合理开发活动为重点，坚持事先监管、全过程监管，把资源开发的生态损失降低到最低限度。

各级环境保护部门应将资源开发活动生态环境监管纳入年度工作重点，研究采取有效措施，解决生态环境监管中的难点问题，健全机构，充实执法人员和装备，保证经费投入，分级监察和考核，全面推进资源开发活动的生态环境监管。

二、认真执行环境影响评价制度和“三同时”制度，对资源开发实行全过程管理

依据《环境影响评价法》和《建设项目环境保护管理条例》，对资源开发规划和资源开发项目中有关环境影响评价的内容进行重点监督，防止不符合国家环境保护法律法规，可能对生态环境造成破坏的资源开发规划和项目的立项、实施。

审批资源开发建设项目要严格实行逐级备案制度，做到环境影响报告书（表）

无错编，无漏审；凡违反有关分级审批规定，越权审批或降级审批的一律无效；凡未按建设项目环境保护分类管理名录规定编制环境影响评价文件的，有审批权的环境保护部门不予审批。

加强对环境影响评价资格证书持有单位的管理。凡超业务范围、借用或变相借用环评证书、或者评价结果失实及出现重大失误的，应依法追究评价单位和评价人员的法律责任，降低资质等级或者吊销环评证书，并予以经济处罚；对构成犯罪的，依法追究刑事责任。

采取措施，严把环境影响报告书审批关。有下列情况之一的环境影响报告书（表）要退回编制单位重新编制：未开展生态环境调查；生态环境影响论述不清；未进行生态环境影响综合分析；生态保护措施缺乏针对性和可操作性。有下列情况的资源开发建设项目，环境保护行政主管部门不予审批环境影响报告书（表）：不符合生态功能区划和生态保护规划造成重大生态破坏。

各地要制定资源开发项目生态环境监察管理办法，加强环境监察队伍的生态环境监察能力建设、制度建设和监察人员培训等工作，逐步建立资源开发建设项目生态环境监察体系。实施资源开发建设项目设计、施工、运行等全过程的生态环境监察，切实解决中小型资源开发建设项目环境影响评价执行率低和重审批轻管理的问题。

严格执行建设项目环境保护措施和竣工验收制度。对环境保护和生态恢复措施达不到国家有关环境保护规定和环境影响报告书（表）批复要求的，由负责其项目竣工验收的环境保护部门责令其限期整改，由负责现场生态环境监察的环境监察机构出具整改现场环境监察合格报告后方可验收；超过期限未整改或整改后仍不符合要求的资源开发建设项目，依法责令其停止试运行。

三、预防关口前移，加大对重点资源开发的环境影响评价和监管工作力度

各级环境保护部门要在生态调查基础上会同有关部门编制生态功能区划和生态保护规划，科学划定生态环境敏感区和各类资源开发“禁区”，明确不同生态功能区资源开发利用方式和生产力布局。生态功能区划和生态保护规划经同级人民政府批准后作为指导环境影响评价、环境现场管理和规范各类资源开发活动的依据。

矿产资源开发规划和项目的环评审查和生态环境监管的重点是：在生态环境敏感区进行矿产资源开发必须进行生态环境影响专题分析；资源枯竭后必须复垦或恢

复植被。不得在矿产资源开发管理部门规定的区域或生态功能重要的区域开采矿产资源。

四、加强领导，建立和完善生态环境保护统一监管机制

1. 将资源开发生态环境保护工作纳入当地政府环境保护目标责任制，对责任人定期进行考评，考核结果纳入其政绩考核内容。

2. 加强资源开发活动中生态环境保护的统一监管，建立资源开发活动的监察机制和体系。对工作中失察、失职，不报、迟报、漏报、瞒报生态破坏事件者，依法依规追究其责任。

3. 环保部门要会同有关部门，建立资源开发环境保护联合工作机制，加强与计划、财政、监察、国土、农业、水利、林业和旅游等部门在生态环境保护工作上的协调，各司其职，依法依规监管，及时制止、纠正和查处资源开发中的各种违法、违规行为，切实防止资源开发导致的新的重大人为生态破坏。

4. 建立公示、举报制度，完善公众参与机制，制定有关公众参与的管理办法。加强舆论监督，对资源开发违法案件及时曝光；资源开发环境影响评价审批工作要程序公开、办事制度公开、验收前公示和验收结果公开。广泛听取社会各界对资源开发活动中环境影响监管的意见。

环境保护部公告

2012年第18号

石油天然气开采业污染防治技术政策

一、总则

（一）为贯彻《中华人民共和国环境保护法》等法律法规，合理开发石油天然气资源，防止环境污染和生态破坏，加强环境风险防范，促进石油天然气开采业技术进步，制定本技术政策。

（二）本技术政策为指导性文件，供各有关单位在管理、设计、建设、生产、科研等工作中参照采用；本技术政策适用于陆域石油天然气开采行业。

（三）到2015年年末，行业新、改、扩建项目均采用清洁生产工艺和技术，工业废水回用率达到90%以上，工业固体废物资源化及无害化处理处置率达到100%。要遏制重大、杜绝特别重大环境污染和生态破坏事故的发生。要逐步实现对行业排放的石油类污染物进行总量控制。

（四）石油天然气开采要坚持油气开发与环境保护并举，油气田整体开发与优化布局相结合，污染防治与生态保护并重。大力推行清洁生产，发展循环经济，强化末端治理，注重环境风险防范，因地制宜进行生态恢复与建设，实现绿色发展。

（五）在环境敏感区进行石油天然气勘探、开采的，要在开发前对生态、环境影响进行充分论证，并严格执行环境影响评价文件的要求，积极采取缓解生态、环境破坏的措施。

二、清洁生产

（一）油气田建设应总体规划，优化布局，整体开发，减少占地和油气损失，实现油气和废物的集中收集、处理处置。

（二）油气田开发不得使用含有国际公约禁用化学物质的油气田化学剂，逐步淘汰微毒及以上油气田化学剂，鼓励使用无毒油气田化学剂。

（三）在勘探开发过程中，应防止产生落地原油。其中井下作业过程中应配备泄油器、刮油器等。落地原油应及时回收，落地原油回收率应达到100%。

（四）在油气勘探过程中，宜使用环保型炸药和可控震源，应采取防渗等措施预防燃料泄漏对环境的污染。

（五）在钻井过程中，鼓励采用环境友好的钻井液体系；配备完善的固控设备，钻井液循环率达到95%以上；钻井过程产生的废水应回用。

（六）在井下作业过程中，酸化液和压裂液宜集中配制，酸化残液、压裂残液和返排液应回收利用或进行无害化处置，压裂放喷返排入罐率应达到100%。

酸化、压裂作业和试油（气）过程应采取防喷、地面管线防刺、防漏、防溢等措施。

（七）在开发过程中，适宜注水开采的油气田，应将采出水处理满足标准后回注；对于稠油注汽开采，鼓励采出水处理后回用于注汽锅炉。

（八）在油气集输过程中，应采用密闭流程，减少烃类气体排放。新建3 000 m^3及以上原油储罐应采用浮顶型式，新、改、扩建油气储罐应安装泄漏报警系统。

新、改、扩建油气田油气集输损耗率不高于0.5%，2010年12月31日前建设的油气田油气集输损耗率不高于0.8%。

（九）在天然气净化过程中，应采用两级及以上克劳斯或其他实用高效的硫回收技术，在回收硫资源的同时，控制二氧化硫排放。

三、生态保护

（一）油气田建设宜布置丛式井组，采用多分支井、水平井、小孔钻井、空气钻井等钻井技术，以减少废物产生和占地。

（二）在油气勘探过程中，应根据工区测线布设，合理规划行车线路和爆炸点，避让环境敏感区和环境敏感时间。对爆点地表应立即进行恢复。

（三）在测井过程中，鼓励应用核磁共振测井技术，减少生态破坏；运输测井放射源车辆应加装定位系统。

（四）在开发过程中，伴生气应回收利用，减少温室气体排放，不具备回收利用条件的，应充分燃烧，伴生气回收利用率应达到80%以上；站场放空天然气应充分燃烧。燃烧放空设施应避开鸟类迁徙通道。

（五）在油气开发过程中，应采取措施减轻生态影响并及时用适地植物进行植被恢复。井场周围应设置围堤或井界沟。应设立地下水水质监测井，加强对油气田地下水水质的监控，防止回注过程对地下水造成污染。

（六）位于湿地自然保护区和鸟类迁徙通道上的油田、油井，若有较大的生态影响，应将电线、采油管线地下敷设。在油田作业区，应采取措施，保护零散自然湿地。

（七）油气田退役前应进行环境影响后评价，油气田企业应按照后评价要求进行生态恢复。

四、污染治理

（一）在钻井和井下作业过程中，鼓励污油、污水进入生产流程循环利用，未进入生产流程的污油、污水应采用固液分离、废水处理一体化装置等处理后达标外排。

在油气开发过程中，未回注的油气田采出水宜采用混凝气浮和生化处理相结合的方式。

（二）在天然气净化过程中，鼓励采用二氧化硫尾气处理技术，提高去除效率。

（三）固体废物收集、贮存、处理处置设施应按照标准要求采取防渗措施。

试油（气）后应立即封闭废弃钻井液贮池。

（四）应回收落地原油，以及原油处理、废水处理产生的油泥（砂）等中的油类物质，含油污泥资源化利用率应达到 90%以上，残余固体废物应按照《国家危险废物名录》和危险废物鉴别标准识别，根据识别结果资源化利用或无害化处置。

（五）对受到油污染的土壤宜采取生物或物化方法进行修复。

五、鼓励研发的新技术

鼓励研究、开发、推广以下技术：

（一）环境友好的油田化学剂、酸化液、压裂液、钻井液，酸化、压裂替代技术，钻井废物的随钻处理技术，提高天然气净化厂硫回收率技术。

（二）二氧化碳驱采油技术，低渗透地层的注水处理技术。

（三）废弃钻井液、井下作业废液及含油污泥资源化利用和无害化处置技术，石油污染物的快速降解技术，受污染土壤、地下水的修复技术。

六、运行管理与风险防范

（一）油气田企业应制定环境保护管理规定，建立并运行健康、安全与环境管理体系。

（二）加强油气田建设、勘探开发过程的环境监督管理。油气田建设过程应开展工程环境监理。

（三）在开发过程中，企业应加强油气井套管的检测和维护，防止油气泄漏污染地下水。

（四）油气田企业应建立环境保护人员培训制度，环境监测人员、统计人员、污染治理设施操作人员应经培训合格后上岗。

（五）油气田企业应对勘探开发过程进行环境风险因素识别，制定突发环境事件应急预案并定期进行演练。应开展特征污染物监测工作，采取环境风险防范和应急措施，防止发生由突发性油气泄漏产生的环境事故。

四、导则、标准、规范

中华人民共和国国家标准

煤层气（煤矿瓦斯）排放标准（暂行）（节选）

GB 21522—2008

前　言

为贯彻《中华人民共和国环境保护法》，控制煤层气（煤矿瓦斯）排放，促进煤层气（煤矿瓦斯）利用，保护大气环境，缓解温室效应，制定本标准。

在保证煤矿通风安全的前提下，本标准规定了煤矿瓦斯排放限值以及煤层气地面开发系统煤层气排放限值。

按有关法律规定，本标准具有强制执行的效力。

本标准为首次发布。

本标准由环境保护部科技标准司组织制定。

本标准起草单位：中国环境科学研究院、煤炭科学研究总院、中煤国际工程集团北京华宇工程有限公司。

本标准由环境保护部于 2008 年 4 月 2 日批准。

本标准自 2008 年 7 月 1 日实施。

本标准由环境保护部解释。

1　适用范围

本标准规定了煤矿瓦斯排放限值以及煤层气地面开发系统煤层气排放限值。

本标准适用现有矿井、煤层气地面开发系统瓦斯排放控制管理以及新建、改建、扩建矿井以及煤层气地面开发系统项目的环境影响评价、设计、竣工验收及其建成后的瓦斯排放控制管理。

本标准适用于法律允许的污染物排放行为，新建矿井或煤层气地面开发系统的选址和特殊保护区域内现有矿井或煤层气地面开发系统的管理，按《中华人民共和国大气污染防治法》第十六条的相关规定执行。

2 规范性引用文件

本标准内容引用了下列文件中的条款。凡不注明日期的引用文件，其有效版本适用于本标准。

AQ 1026 煤矿瓦斯抽采基本指标

AQ 1027 煤矿瓦斯抽放规范

AQ 6201 煤矿安全监控系统通用技术要求

AQ 6204 瓦斯抽放用热导式高浓度甲烷传感器

《污染源自动监控管理办法》（国家环境保护总局令第 28 号）

《环境监测管理办法》（国家环境保护总局令第 39 号）

3 术语和定义

下列术语与定义适用于本标准。

3.1 煤层气 coalbed methane

煤层气指赋存在煤层中以甲烷为主要成分，以吸附在煤基质颗粒表面为主、部分游离于煤孔隙中或溶解于煤层水中的烃类气体的总称。

3.2 煤矿瓦斯 mine gas

煤矿瓦斯简称瓦斯，指煤炭矿井开采过程中从煤层及其围岩涌入矿井巷道和工作面的天然气体，主要由甲烷构成。有时单独指甲烷。

3.3 瓦斯抽放 gas drainage

采用专用设备和管路把煤层、岩层或采空区瓦斯抽出的措施。

3.4 瓦斯抽放系统 gas drainage works

采用专用设备和管路把煤层、岩层和采空区中的瓦斯抽出或排出的系统工程。

3.5 高浓度瓦斯 high concentration mine gas

指甲烷体积浓度大于或等于 30%经煤矿瓦斯抽放系统抽出或排出的瓦斯。

3.6 低浓度瓦斯 low concentration mine gas

指甲烷体积浓度小于 30%经煤矿瓦斯抽放系统抽出或排出的瓦斯。

3.7 风排瓦斯 windblown mine gas

指煤矿采用通风方法并由风井排出的瓦斯。

3.8 标准状态 normal state

指温度 273K，压力 101 325 Pa 时的状态，本标准规定的煤层气、煤矿瓦斯排放浓度均指标准状态下干空气数值。

3.9 绝对瓦斯涌出量 absolute gas emission rate

单位时间内从煤层和岩层以及采落的煤（岩）体所涌出的瓦斯量，单位采用 m^3/min。

3.10 煤（岩）与瓦斯突出 coal/rock and gas outburst

在地应力和瓦斯的共同作用下，破碎的煤、岩和瓦斯由煤体或岩体内突然向采掘空间抛出的异常的动力现象。

3.11 煤（岩）与瓦斯突出矿井 coal/rock and gas outburst mine

在采掘过程中，发生过煤（岩）与瓦斯突出并经鉴定的矿井。

3.12 排放 emission

指抽出的煤层气或煤矿瓦斯向大气排空。

3.13 现有矿井及煤层气地面开发系统、新建矿井及煤层气地面开发系统 existing source, new source

现有矿井及煤层气地面开发系统指本标准实施之日前已建成投产或环境影响评价文件已通过批准的井工煤矿和煤层气地面开发系统。

新（扩、改）建矿井及煤层气地面开发系统是指本标准实施之日起环境影响评价文件通过批准的新、改、扩建井工煤矿和煤层气地面开发系统。

4 技术要求

4.1 煤矿瓦斯抽放要求

4.1.1 有下列情况之一的矿井，必须建立地面永久抽放瓦斯系统或井下移动泵站抽放系统：

a）一个采煤工作面的瓦斯涌出量大于 5 m^3/min 或一个掘进工作面瓦斯涌出量大于 3 m^3/min，用通风方法解决瓦斯问题不合理时；

b）矿井绝对涌出量达到以下条件的：

——大于或等于 40 m^3/min；

——年产量 1.0～1.5 Mt 的矿井，大于 30 m^3/min；

——年产量 0.6～1.0 Mt 的矿井，大于 25 m^3/min；

——年产量 0.4～0.6 Mt 的矿井，大于 20 m^3/min；

——年产量等于或小于 0.4 Mt，大于 15 m^3/min。

c）开采有煤与瓦斯突出危险煤层。

4.1.2 凡符合 4.1.1 条件，并同时具备以下两个条件的矿井，应建立地面永久瓦斯抽放系统：

a）瓦斯抽放系统的抽放量可稳定在 2 m^3/min 以上；

b）瓦斯资源可靠、储量丰富，预计瓦斯抽放服务年限在五年以上。

4.1.3 煤矿瓦斯抽放基本指标按 AQ 1026 执行。

4.1.4 矿井瓦斯抽放系统工程设计要求、瓦斯抽放方法以及瓦斯抽放管理按 AQ 1027 执行。

4.1.5 具备地面煤层气开发条件的矿井，应利用地面煤层气开发技术，实现“先采气、后采煤”。

4.2 煤层气（煤矿瓦斯）排放控制要求

4.2.1 煤层气（煤矿瓦斯）排放限值

自 2008 年 7 月 1 日起，新建矿井及煤层气地面开发系统的煤层气（煤矿瓦斯）排放执行表 1 规定排放限值。

自 2010 年 1 月 1 日起，现有矿井及煤层气地面开发系统的煤层气（煤矿瓦斯）排放执行表 1 规定的排放限值。

表 1 煤层气（煤矿瓦斯）排放限值

受控设施	控制项目	排放限值
煤层气地面开发系统	煤层气	禁止排放
煤矿瓦斯抽放系统	高浓度瓦斯（甲烷浓度≥30%）	禁止排放
	低浓度瓦斯（甲烷浓度＜30%）	—
煤矿回风井	风排瓦斯	—

4.2.2 对可直接利用的高浓度瓦斯，应建立瓦斯储气罐，配套建设瓦斯利用设施，可采取民用、发电、化工等方式加以利用。

4.2.3 对目前无法直接利用的高浓度瓦斯，可采取压缩、液化等方式进行异地利用。

4.2.4 对目前无法利用的高浓度瓦斯，可采取焚烧等方式处理。

5 监测要求

5.1 矿井瓦斯抽放泵站输入管路、瓦斯储气罐输出管路应设置甲烷传感器、流量传感器、压力传感器及温度传感器，对管道内的甲烷浓度、流量、压力、温度等参数进行监测。抽放泵站应设甲烷传感器防止瓦斯泄漏。

5.2 新（扩、改）建矿井瓦斯抽放系统和煤层气地面开发系统应按照《污染源自动监控管理办法》的规定，安装污染物排放自动监控设备，并与环保部门的监控中心联网，并保证设备正常运行。

5.3 甲烷传感器应达到 AQ 6204 规定的技术指标，并符合 AQ 6201 煤矿安全监控系统通用技术要求。

5.4 企业应按照有关法律和《环境监测管理办法》的规定，对排污状况进行监测，并保存原始监测记录。

6 实施与监督

本标准由县级以上人民政府环境保护行政主管部门负责监督实施。

中华人民共和国环境保护行业标准

环境影响评价技术导则
陆地石油天然气开发建设项目

HJ/T 349—2007

前　言

为贯彻《中华人民共和国环境保护法》《中华人民共和国环境影响评价法》和《建设项目环境保护管理条例》，规范陆地石油天然气开发建设项目环境影响评价工作，制定本标准。

本标准以《环境影响评价技术导则》（HJ/T 2.1～2.3—93；HJ/T 2.4—1995；HJ/T 19 —1997）及《建设项目环境风险评价技术导则》（HJ/T 169—2004）为基础，结合陆地石油天然气开发建设项目的特点，详细、具体地规定了陆地石油天然气开发建设项目环境影响评价的工作内容。

本标准为指导性标准。

本标准为首次发布。

本标准由国家环境保护总局科技标准司提出。

本标准起草单位：吉林省环境工程评估中心、中国石油集团工程设计有限责任公司东北分公司、吉林省水文地质工程地质环境地质调查研究所、东北师范大学城市与环境科学学院、中国石油天然气股份有限公司吉林油田分公司。

本标准国家环保总局 2007 年 4 月 13 日批准。

本标准自 2007 年 8 月 1 日起实施。

本标准由国家环境保护总局解释。

1 适用范围

本标准规定了我国境内陆地石油天然气开发建设项目（以下简称建设项目）环境影响评价工作一般性原则、内容和方法。

本标准适用于我国境内陆地石油天然气田勘探、开发、地面工业基础设施建设及相关集输、储运、道路以及油气处理加工过程的建设项目。包括自油气井经各类站场，最终至处理厂的集输管线和油区道路。如果集输管网规模大、线路长，其环评工作技术内容还应符合管道运输建设项目环境影响评价的有关要求。如果油区路网规模大、线路长，其环评工作技术内容还应符合国家环保总局的相关技术要求。

2 规范性引用文件

本标准的内容引用了下列文件中的条款。凡是不注日期的引用文件，其有效本适用于本标准。

GB 3838—2002 地表水环境质量标准

GB 50027—2001 供水水文地质勘察规范

GB/T 3840—91 制定地方大气污染物排放标准的技术方法

GB/T 14158—93 区域水文地质、工程地质、环境地质综合勘查规范（比例尺：1∶50000）

GB/T 14848—93 地下水质量标准

HJ/T 2.1—93 环境影响评价技术导则 总纲

HJ/T 2.2—93 环境影响评价技术导则 大气环境

HJ/T 2.3—93 环境影响评价技术导则 地面水环境

HJ/T 2.4—1995 环境影响评价技术导则 声环境

HJ/T 19—1997 环境影响评价技术导则 非污染生态影响

HJ/T 91—2002 地表水和污水监测技术规范

HJ/T 166—2004 土壤环境监测技术规范

HJ/T 169—2004 建设项目环境风险评价技术导则

DZ 55—87 城市环境水文地质工作规范

DZ/T 0133—1994 地下水动态监测规程

GJ 13—87 供水水文地质钻探与凿井操作规程

SH 3024—95 石油化工企业环境保护设计规范

SY/T 6276—1997 石油天然气工业健康、安全与环境管理体系

《建设项目环境保护分类管理名录》

《国家危险废物名录》(国环发〔1998〕89号)

《关于规范环境影响咨询收费有关问题的通知》(计价格〔2002〕125号)

《关于简化建设项目环境影响评价报批程序的通知》(环办〔2004〕65号)

《关于加强环境影响评价管理防范环境风险的通知》(环发〔2005〕152号)

《关于检查化工石化等新建项目环境风险的通知》(环办〔2006〕4号)

《环境影响评价公众参与暂行办法》(环发〔2006〕28号)

3 术语和定义

下列术语和定义适用于本标准。

3.1 石油天然气开发建设项目

包括石油天然气田勘探、开发、地面工业基础设施建设及相关集输、储运、道路以及油气处理加工过程的建设项目。

3.2 环境因素

各种天然的和经过人工改造的自然因素，主要包括：大气、水、土地、矿藏、森林、草原、野生动物、自然古迹、人文遗迹、自然保护区、风景名胜区、城市和乡村等。

3.3 环境敏感区域

主要指《建设项目环境保护分类管理名录》中所规定的特殊保护区，如自然保护区、风景名胜区、饮用水水源保护区、文物保护单位等；社会关注区，如居民住宅、医疗卫生、文化教育、科研设计、行政办公为主要功能的区域，具有特殊历史、文化、科学、民族意义的保护地等；以及石油天然气开发需关注的特征敏感区，如自然湿地、珍稀动植物栖息地等。

3.4 环境影响因素

石油天然气开采过程中影响环境的因素，主要包括：废水、废气、噪声、固体废物、占地以及各种临时、永久改变环境因素功能的施工活动。

3.5 勘探期

石油天然气开采过程中的物探、试采时期，布设少量探井的试验性开发工程，其工程内容包含建设项目全过程，特点是井数少，分布范围小，影响范围较小。

3.6 施工期

建设项目的钻井、井下作业、地面井场、站场、集输设施、道路、油气处理厂等建设时段为施工期。

3.7 运行期

建设项目的油气采集、油气集输、油气处理时段为其运行期。该时期包括修井过程。

3.8 闭井期

建设项目油气井服务期满后，停运、关闭、恢复土地使用功能时段为闭井期。

3.9 重复水

使用两次以上的水为重复水。

3.10 落地油

指石油天然气开采过程中由于非正常原因散落于地面的原油。

3.11 替代方案

为保护环境敏感区域、规避环境风险，相对于建设项目原井场设置、管线走向设计方案，提出的环境损失最小、抗风险能力强、费用合理的选址、选线方案。

3.12 HSE

健康、安全、环境的英文缩写。

4 一般规定

4.1 环境影响评价工作分类

4.1.1 建设项目环境影响评价工作分类，原则上执行《建设项目环境保护分类管理名录》中有关石油开采、天然气开采部分的规定。

4.1.2 对于未开展开发规划环境影响评价的建设项目应在勘探前编制勘探工程环境影响报告表，在初步环境现状调查和工程分析的基础上，回答建设项目与国家法律、法规和政策的相符性，明确建设项目选址的环境可行性，提出勘探期环境保护的基本要求。

4.1.3 对于已完成开发规划环境影响评价且该规划已获有关部门批准的石油天然气

开发区块，在勘探期前可填写环境影响登记表并报环境保护行政主管部门批准。

4.1.4　开发方案确定后，根据《建设项目环境保护分类管理名录》中的规定，对建设项目施工期、运行期、闭井期的环境影响进行全面评价，编制石油天然气开发建设项目环境影响报告书（表）。

4.1.5　已开展过规划环评的建设项目，在编制报告书过程中，可直接引用规划环评中已完成的技术工作结论。

4.2　环境影响评价的工作程序及管理

4.2.1　建设项目环境影响评价的工作程序应按 HJ/T 2.1—93、HJ/T 2.2—93、HJ/T 2.3 —93、HJ/T 2.4—1995 的规定执行。按规定应编制环境影响报告书的，应先编制环境影响评价工作大纲或工作方案。对于符合《关于简化建设项目环境影响评价报批程序的通知》要求的建设项目，可直接编制环境影响报告书。

4.2.2　环境影响评价工作由项目总负责单位组织实施。总负责单位负责组织、协调各协作单位承担的各项专题和分工，保证环境影响评价的进度和文件质量；负责审核各协作单位的各项工作成果，对建设项目环境影响评价文件的综合评价结论负全面责任。协作单位分别对其承担的专题内容和结论负责。

4.3　环境影响因素及评价因子

建设项目的主要环境影响因素见表 1，主要评价因子见表 2。建设项目环评工作可根据自身特点及周围环境敏感性，从表 1、表 2 中筛选环境影响因素和评价因子，并根据油气组分特点适当补充其他特征评价因子。

表 1　建设项目环境影响因素一览表

影响因素 / 环境因素	施工期						运行期				
		废气	废水	固体废物	噪声	风险	废气	废水	固体废物	噪声	风险
	占地	钻机、车辆废气单井罐挥发的烃类等	钻井废水生活污水	落地油、钻井岩屑及泥浆等	施工车辆、钻机等噪声	井喷套外返水井漏	加热炉等烟气无组织挥发的烃类	生产废水及生活污水	油气集输、处理生产的废干燥剂、催化剂、油泥等	加热炉及机泵噪声	高 H_2S 气田井喷、管线泄漏、储罐泄漏装置爆炸等
环境空气											
地表水											
地下水											
声环境											
土壤											
植被											
动物											
其他											

表 2 建设项目环境影响评价因子一览表

环境空气	评价因子	SO_2	烟尘	NO_x	H_2S	总烃	非甲烷总烃
	现状调查						
	污染源调查						
	影响预测						
地表水	评价因子	COD	石油类	氨氮	硫化物		
	现状调查						
	污染源调查						
	影响预测						
地下水	评价因子	COD	总硬度	石油类	氨氮	硝酸盐氮	
	现状调查						
	污染源调查						
	影响预测						
声环境	评价因子	等效声级					
	现状调查						
	污染源调查						
	影响预测						
生态	评价因子	植被	动物	土壤	土地利用结构		
	现状调查						
	影响预测（分析）						

4.4 评价标准的确定

4.4.1 环境质量评价的标准应根据建设项目所在地区的要求执行相应环境要素的国家环境质量标准或地方环境质量标准。

4.4.2 污染物排放标准应执行地方污染物排放标准或国家污染物排放标准，应优先执行地方污染物排放标准，其执行标准应符合地方环境保护行政主管部门的要求。

4.4.3 当建设项目采用的环境保护标准国内尚未制定，在经地方环境保护行政主管部门书面同意后可参照执行国外的相关标准。

4.5 评价工作等级

4.5.1 环境空气、地表水、声环境、环境风险

按照 HJ/T 2.1—93、HJ/T 2.2—93、HJ/T 2.3—93、HJ/T 2.4—1995、HJ/T 169—2004 中的评价工作等级确定原则，确定环境空气、地表水、声环境、环境风险的评价工作等级。

4.5.2 地下水

4.5.2.1 划分原则

由于建设项目具有区块滚动开发的特点，因此，依据建设项目产生的生态影响范围、影响范围内的环境水文地质条件复杂程度、地下水环境敏感程度，将地下水影响评价工作级别划分为一、二、三级。

4.5.2.2 划分方法

建设项目地下水环境影响评价工作等级划分判据详见表3。

4.5.2.3 影响范围、水文地质的复杂程度及地下水环境的敏感程度判别方法

4.5.2.3.1 建设项目生态影响范围划分方法

影响范围大≥100 km^2

影响范围中等 50～100 km^2

影响范围小≤50 km^2

表3 建设项目地下水环境影响评价工作等级划分判据表

评价级别	建设项目生态影响范围	环境水文地质条件复杂程度	地下水环境敏感程度
一级	大	复杂	敏感
	中等	复杂	敏感
	大	较复杂	敏感
二级	大	较复杂	较敏感
	中等	较复杂	敏感
	小	复杂	敏感
三级	大	简单	不敏感
	中等	较复杂	不敏感
	小	简单	敏感

注：对于天然气田开发建设项目，可根据其与地下水环境关系的紧密程度的差异性，在确定地下水评价级别时可适度放宽要求。

4.5.2.3.2 环境水文地质条件复杂程度划分方法

环境水文地质条件的复杂程度分三类，划分判据见表 4。对以上分类中未予包括的水文地质类型，可按复杂程度相似性原则进行确定。

表 4 环境水文地质复杂程度划分判据表

分类	环境水文地质特征
复杂	处于区域地下水补给区，具有多层含水层结构，地下水含水层与地表水联系密切，不利于污染物的稀释、自净；区块内存在各种环境水文地质问题较多，且较突出
较复杂	处于区域地下水排泄区，含水层结构较稳定，层数不超过 3 层，含水层与地表水联系密切，与油田开发区块相关环境水文地质问题较多
简单	处于区域地下水排泄区或主要为承压水含水层区，现存环境水文地质问题较少、不突出，地下水与地表水力联系不密切

4.5.2.3.3 地下水环境敏感程度划分方法

地下水环境的敏感程度分三类，划分判据见表 5。

表 5 地下水环境敏感程度划分判据表

分类	地下水环境敏感特征
敏感	处于城镇生活集中供水水源地补给区和水源保护区，天然矿泉水带，优于Ⅲ类地下水水质的地区
较敏感	处于Ⅲ类地下水或Ⅳ类地下水水质区，使用功能主要是生产和零星生活供水
不敏感	处于Ⅴ类地下水水质的地区

4.5.3 生态

4.5.3.1 划分原则

根据建设项目的生态影响范围、主要生态现状及可能受影响程度，将生态影响评价工作级别划分为一、二、三级。

4.5.3.2 划分方法

4.5.3.2.1 区域性建设项目，按表 6 中所列的生态现状及可能受影响程度，选择 1～3 个方面，对应生态影响范围进行工作级别划分，如果项目生态影响多于 1 项，则选择其中评价级别最高的一项确定评价工作等级。

4.5.3.2.2 线状建设项目，根据沿线生态环境的不同，可参照表 6 中影响范围为 50～100 km^2 对应的评价级别进行评价。

表 6　生态影响评价工作级别划分判据表

评价工作等级 \ 生态影响范围 主要生态现状及可能受影响程度		$\geqslant$100 km^2	50～100 km^2	$\leqslant$50 km^2
生态系统	系统类型多样、地形地貌多样、稳定性强、结构复杂、环境异质性高	一	二	三
	系统类型单一、稳定性差、结构简单、环境异质性较低	二	三	/
重要生境	以原始、次生为主，不易恢复，完整性生境	一	二	三
	以人工生境为主，易于恢复，破碎性生境	二	二	三
区域环境	绿地数量减少，分布不均，连通程度差	二	三	/
	绿地减少 1/2 以上，分布不均，连通程度极差	二	二	三
水和土地	理化性质改变，土壤盐渍化	二	二	三
	理化性质恶化、土壤荒漠化	一	一	二
景观	影响持久性长，基本不可逆，影响难以控制	二	二	三
	影响持久性短，易控制和恢复	三	三	/
环境敏感区域		一	一	一

4.5.3.3　主要生态现状及可能受影响程度判别方法

4.5.3.3.1　主要生态现状及可能受影响程度宜采用定量方式表述。难以定量的生态影响变化程度可采取专家评估、历史图件综合比较、背景比较分析等方法确定。判定的依据是原始生态系统或次生生态系统的生产力是否降低、降低的范围和程度。

4.5.3.3.2　荒漠化的量化指标如下：潜在荒漠化的生物生产量为 3～4.5 t/（hm^2 • a），正在发展的荒漠化为 2.9～1.5 t/（hm^2 •a），强烈发展的荒漠化为 1.4～1.0 t/（hm^2 •a），严重荒漠化为 0.9～0.0 t/（hm^2 • a）。

4.5.3.3.3　水的理化性质变化依据 GB 3838—2002、GB/T 14848—93 和 HJ/T 19—1997 的相应规定进行判定。

4.5.3.3.4　土壤的理化性质变化要对照本类型土壤的背景值进行度量。

4.5.3.4　评价工作等级调整原则

可根据开发项目的性质、总投资和产值，区域环境的敏感程度，环境影响的程度、时空分布情况等，对评价的级别作适当调整，但调整幅度上下不应超过一级，调整结果应征得负责审批环境影响评价技术文件的环境保护行政主管部门同意。

4.6 评价范围及环境敏感目标

4.6.1 环境空气、地表水、声环境、环境风险

按照 HJ/T 2.1—93、HJ/T 2.2—93、HJ/T 2.3—93、HJ/T 2.4—1995、HJ/T 169—2004 中规定的环境空气、地表水、声环境、环境风险的影响评价的工作等级确定评价范围。

4.6.2 地下水

以废水渗入地下与地下水发生水力、水质联系，经稀释扩散后，地下水水质可能达标的范围为地下水评价范围。

4.6.3 生态

4.6.3.1 确定原则

生态因子之间互相影响和相互依存的关系是划定评价范围的原则和依据。因此确定的生态影响评价的范围应保证评价区域与周边环境的生态完整性。

4.6.3.2 区域性建设项目

以影响区范围向四周外扩原则确定评价范围：

a）一级评价范围为建设项目影响范围并外扩 2～3 km（影响区边界涉及敏感区部分外扩 3 km）；

b）二级评价范围为建设项目影响范围并外扩 2 km；

c）三级评价范围为建设项目影响范围并外扩 1 km。

4.6.3.3 线状建设项目

以向线状两侧外扩原则确定评价范围：

a）一级评价范围为油气集输管线（油区道路）两侧各 0.5 km 带状区域为评价范围；

b）二、三级评价范围为油气集输管线（油区道路）两侧各 0.2 km 带状区域为评价范围。

4.6.4 附图要求

给出附有风向玫瑰图、环境敏感点的评价范围彩图，并标明比例尺。环境空气评价范围图中应标出环境空气监测点；地表水评价范围图应标出监测断面、水流方向、地表径流汇入口和污水排放口；地下水评价范围图应标出监测点位、地下水流向；生态评价范围图应以土地利用现状图为底图。

4.6.5 环境敏感目标

附图表说明评价范围内各环境因素的环境功能类别或级别，各环境因素敏感保

护目标和功能，及其与建设项目的相对位置及距离。

4.7 环境影响评价专题设置

按本标准 1.4.2 节中规定编制环境影响报告书的建设项目，其环境影响评价工作一般应设置如表 7 中所列评价专题；编制环境影响报告表的，应按负责审批的环境保护行政主管部门的要求设置评价专题。

表 7 建设项目环境影响评价专题设置一览表

序号	专题名称	专题设置要求
1	区域自然与社会环境概况调查	**
2	工程分析	**
3	清洁生产与循环经济分析	**
4	环境质量现状调查与评价	**
4.1	环境空气质量现状调查与评价	**
4.2	地表水环境质量现状调查与评价	*
4.3	地下水环境质量现状调查与评价	*
4.4	声环境质量现状调查与评价	*
4.5	生态现状调查	**
5	环境影响预测与评价	**
5.1	环境空气影响预测与评价	**
5.2	地表水环境影响预测与评价	*
5.3	地下水影响预测与评价	*
5.4	声环境影响预测与评价	*
5.5	固体废物环境影响分析	*
5.6	生态影响预测与分析	**
6	环境风险评价	**
7	公众参与评价	**
8	环境保护措施论证分析	**
9	污染物排放总量控制分析	**
10	替代方案及减缓措施	*
11	环境影响经济损益分析	**
12	HSE 管理体系及环境监控	**
13	环境可行性论证分析	**

注：** 必须设置；

* 根据建设项目内容和开发区域环境特征按本节的规定选择设置。

——如果建设项目不向地表水体排放污水，可不设地表水环境现状调查与评价及影响预测与评价专题；或视其具体情况，只设置地表水环境现状调查与评价专题。

——按本标准 4.4 节判别方法规定，建设项目对地下水影响范围中等以下（含中等）、影响范围内水文地质的复杂程度简单且不敏感，可不设地下水环境现状调查与评价及影响预测与评价专题；或视其具体情况，只设置地下水环境现状调查与评价专题。

——如果建设项目评价区域内无声环境保护敏感点，可不设置声环境影响现状评价及预测与评价专题，只进行厂界达标分析。

——未建集中工业固体废物填埋场（不含钻井泥浆储池）的建设项目，可不设置固体废物环境影响分析专题。

——对于选址、选线合理可行、存在零替代方案的建设项目，可不设置替代方案及减缓措施专题。减缓措施可并入环境保护措施论证分析专题。

5 区域自然与社会环境概况调查

5.1 内容和重点

应重点调查了解以下内容：

——自然环境概况：

a）地质、地貌；

b）气象、气候；

c）水文；

d）水文地质；

e）土壤类型与植被分布；

f）野生动物分布；

g）周围自然遗迹、自然保护区的分布情况等。

——社会环境概况：

a）地区经济发展状况；

b）居住区、企事业单位及人口分布；

c）土地利用状况；

d）相关的文物保护遗址分布等。

——相关产业政策及地方区域发展规划；

——环境功能区划及生态功能区划等。

5.2 调查方法

现场踏查、相关部门走访、收集已有资料及图件（如水系图、植被分布图、土地利用图、环境功能区划图等）。

6 工程分析

6.1 内容和重点

a）调查了解建设项目概况，包括项目名称、建设地点、建设性质、生产规模、工程组成内容、占地面积、油气田储藏特征、地质构造、开发方案、地面基础设施建设方案，并给出区域位置图。

b）调查了解建设项目依托的现有工程概况，并对建设项目进行工程分析。建设项目一般包括施工期、运行期、闭井期三个时期。

1）施工期、运行期主要包括钻采、集输、处理三个过程，是对环境造成影响的主要时期。

2）闭井期主要是环境功能恢复时期。由于建设项目在实施时，勘探过程已经发生，因此，工程分析应对勘探期进行回顾调查分析，并以施工期、运行期为重点，进行环境影响因素及产污环节分析，量化环境影响因素和评价因子。闭井期侧重于环境保护措施分析。

6.1.1 现有工程分析

对于涉及（依托）现有工程的建设项目，应调查了解并说明现有（依托）工程的情况，主要包括以下内容：

——井网布设及产能情况；

——油气集输设施的规模、实际集输量及工艺方法；

——油气处理设施的规模、实际处理量及工艺方法；

——现有工程的“三废”排放情况（列表给出，表中列出评价标准规定指标；固体废物给出主要成分、按《国家危险废物名录》要求的分类及编号）；

——污染防治设施的规模、实际处理量及工艺方法、实际运行效果（进出口指标、去除效率）；

——采用标准指数法对污染源进行达标排放分析；

——现存的环境保护问题（说明已运行井场是否存在套外返水、漏油问题，油气集输站场及管线是否存在集输管线腐蚀泄漏问题、油气处理厂及其环保设施处理能力是否满足要求等）；

——按表 8 形式核定出现有工程的污染物产生总量、削减总量、排放总量。

表 8　现有工程污染物排放总量表

类别	名称	生产量（t/a）	消减量（t/a）	排放量（t/a）	备注
废气	废气量				单位：万 m^3/a
	SO_2				
	烟尘				
	NO_x				
	H_2S				
	总烃				
	非甲烷总烃				
	其他				
废水	废水量				单位：万 m^3/a
	COD				
	石油类				
	氨氮				
	硫化物				
	其他				
固体废物	落地油				
	其他				

6.1.2　勘探期回顾

调查勘探期的探井布设、原辅材料及公用工程消耗、勘探过程、土地利用及“三废”排放量，以及已经对环境造成的影响，查找遗留的环境保护问题。

6.1.3　建设项目工程分析

6.1.3.1　施工期

6.1.3.1.1　钻井部分

a）调查并描述钻井、井下作业采用的工艺方法，重点调查钻井工艺过程中保护地下水含水层的措施；

b）调查并列表给出原辅材料及公用工程消耗量及来源、原辅材料的主要成分及物理化学性质。

6.1.3.1.2　集输部分（主要包括集输站场、管线、阀室）

a）调查管线布设走向及站场（阀室）布设位置，给出管线走向及站场（阀室）

位置图；

b）调查并列表说明管线穿越或跨越交通路线、河流、隧道的次数，穿越交通道路的等级、河流的大小等；

c）调查并列表说明不同地段管线的敷设方式及工艺，包括开挖方式、选材、抗震、防腐等工艺措施等。

6.1.3.1.3　道路部分

a）调查并说明道路、路网布设情况，附道路、路网布设图；

b）调查并列表给出道路穿越的环境敏感点或区域；

c）调查并说明道路的修建方式。

6.1.3.1.4　场地布置及土地利用

a）调查并说明井场、站场、处理厂分布及站场、处理厂平面布置情况，给出站场、处理厂平面布置图（标注方向和比例尺）；

b）调查并列表给出建设项目永久、临时占用土地的数量、类型、土石方量以及拆迁数量。

6.1.3.1.5　环境影响因素及产污环节分析

分析施工期环境影响因素及废水、废气、固体废物、噪声的产生环节，给出生产过程的示意图，图中标出环境影响因素及产污环节。列表给出“三废”排放情况，表中须列出评价标准规定指标及预测所需的相关参数。

a）废气污染源表中列出：每个污染源的废气排放量（m^3/h），其中各种污染物的排放浓度（mg/m^3）、速率（kg/h）、排气筒（烟囱）高度（m）、内径（m）、排气温度（℃）、排放规律（连续、间断；间断排放的，要给出单位时间内排放次数，每次持续时间）、排放去向；对于无组织废气排放源只需给出污染物的全年排放总量（t/a）；

b）废水污染源表中列出：每个污染源的废水排放量（m^3/h），其中各种污染物的排放浓度（mg/L）、排放规律（连续、间断；间断排放的，要给出单位时间内排放次数，每次持续时间）、排放去向；

c）固体废物污染源表中列出：固体废物的名称、主要成分、按《国家危险废物名录》要求的分类及编号、处理处置方式；

d）噪声污染源表中列出：噪声设备名称、型号及参数、数量、声功率级（或 1 m 处噪声级），安装地点、噪声控制措施。

6.1.3.2 运行期

6.1.3.2.1 原辅材料、公用工程消耗及来源

调查并列表给出集输部分（含单井罐）、处理、修井作业部分等原辅材料、公用工程消耗量及来源，调查并列表给出原辅材料的主要成分及物理化学性质。

6.1.3.2.2 工艺过程

a）调查并描述油气的集输工艺过程及各类型阀室、站场的工艺过程，给出集输工艺流程图及各类型阀室、站场工艺流程图，图中标出“三废”排放点；

b）调查并描述油、气处理工艺过程，给出工艺流程图，图中标出“三废”排放点。

c）调查并描述修井工艺过程。

6.1.3.2.3 给排水平衡及硫平衡

对于原油处理工程，调查用水、采出水、排水、回注水平衡情况，给出水平衡图或表；对于天然气脱硫处理工程，调查天然气中硫元素的流向分布情况，并分析硫元素在天然气处理过程流入、流出的平衡情况，给出硫平衡图或表。

6.1.3.2.4 产污环节分析

分析油气集输、处理、修井等过程的废水、废气、固体废物、噪声的产生环节，列表给出“三废”排放情况。表中列出评价标准规定指标、预测所需的相关参数、排放去向；固体废物给出主要成分、按《国家危险废物名录》要求的分类及编号。

6.1.3.3 拟采取的环境保护措施

调查并简要介绍建设项目拟采取的，包括闭井期的以及解决勘探期遗留问题的环境保护措施，主要包括以下内容：措施名称、方法、工程量、效果。

6.1.3.4 达标排放分析

采用标准指数法对废气、废水污染源进行达标排放分析，对于未做到达标排放的污染源，提出进一步的技术经济可行的治理措施。

6.1.3.5 污染物排放总量核定

按表 8 形式核定出建设项目施工期、运行期在满足清洁生产、达标排放的前提下污染物产生总量、削减总量、排放总量。

6.2 方法及要求

6.2.1 方法

6.2.1.1 通过收集资料及现场监测对现有工程进行调查；

6.2.1.2 通过现场调查、资料收集、监测进行勘探期的回顾分析；

6.2.1.3 建设项目本身的工程分析方法主要采用收集工程设计资料、物料衡算、燃料衡算、经验公式计算、同时类比同类工程已有污染源监测数据的方法量化污染因子排放量。对于建设项目对生态影响，主要通过了解建设项目建设方案、施工方案、现场实地调查受影响的环境因素的方法，量化其对环境的影响，主要包括占地类型及数量、土石方量、拆迁量等。

6.2.2 要求

本标准工程分析内容是基于建设项目可能涉及的全部工程内容。但在油气田不同的开发阶段，开发方案可能不一定完全包括勘探、钻井、道路修建、采油、集输、处理、修井全部过程，因此，具体的建设项目的工程分析应做到结合其工程内容突出重点、分清层次。

修井过程为运行期的井下作业过程，其作业性质、施工方法、管理方法、"三废"产生过程及治理方法均与施工期的钻井及井下作业相近。因此，为便于管理，使报告书更具有实用性，可将修井过程与施工期的井下作业一起进行工程分析。

7 清洁生产与循环经济分析

7.1 工艺技术选择合理性分析

从采用工艺技术与设备的先进性与合理性、使用原辅材料的清洁性等方面分析钻井、井下作业、油气集输、处理工艺技术选择的合理性及技术先进水平。

7.2 清洁生产措施

调查并详细说明建设项目从钻井至油气采出、处理加工全过程采取的清洁生产措施，分析其效果。

7.3 清洁生产技术指标

给出钻井及井下作业过程、油气处理过程的以下量化指标：

——钻井及井下作业过程。

a）钻井井场占地面积（m^2/井）；

b）钻井废弃泥浆（t/100 m 标准进尺）；

c）钻井泥浆循环率（%）；

d）落地油产生量（t/井）；

e）落地油回收率（%）。

——油气处理过程。

a）油气处理耗新鲜水（m^3/t 标准油气）；

b）水的重复利用率（%）；

c）油气处理综合能耗（kg 标煤/t 采出液或采出气）。

根据油、气田自身特点，选择上述可对比的指标与同类项目（钻井及井下作业过程主要考虑同类地区，油气处理过程主要考虑同水平规模、油气组分类似）进行对比，分析其先进生产水平。

7.4 循环经济分析

从企业或区域内的清洁生产技术、资源重复利用、“三废”治理及综合利用方面，分析建设项目实施循环经济的途径和效果。

7.5 标准油气当量、标准钻井进尺污染物产生量折算系数及水的重复利用率计算方法

7.5.1 标准油气当量

根据原油和天然气的热值折算而成的油气产量，本标准规定：1 255 m^3 天然气＝1 t 原油。

7.5.2 标准钻井进尺污染物产生量折算系数

根据不同井深和钻井产生的污染物量折算系数，折算出标准钻井进尺污染物产生量，本标准规定的折算系数见表 9。

表 9 钻井污染物产生量折算系数

钻井进尺（m）	系数
≤2 000	0.8
2 000～3 000	1
3 000～4 000	1.2
≥4 000	1.5

7.5.3 水的重复利用率

水的重复利用率（%）＝重复水用量/（新鲜水用量＋重复水用量）×100

8 环境质量现状调查与评价

建设项目具有分布范围较广、环境影响由点集面的特点，因此，在环境质量现状调查与评价中，应做到点上调查，面上综合分析，点面结合。

8.1 环境空气

按 HJ/T 2.2—93 中规定，在充分收集、利用已有的有效数据前提下，进行环境空气质量现状监测、评价。对存在的超标问题，分析原因。

8.2 地表水

结合建设项目排水特点及建设项目区域地表径流的特点，按 HJ/T 2.3—93 中的规定，在充分收集、利用已有的有效数据前提下，对受纳水体进行布点、监测、评价。对存在的超标问题，分析原因。

8.3 地下水

8.3.1 环境水文地质调查

8.3.1.1 调查内容

——地貌特征、地质构造、地层岩性及主要外动力地质现象；

——包气带岩性、结构、厚度；

——含水层的岩性组成、厚度、渗透性和富水性；隔水层的岩性、结构、厚度、渗透性；

——地下水类型、水动力特征、地下水水位、水质、水量、水温及地下水补给、径流和排泄条件。

8.3.1.2 原则与方法

——遵循重点关注有供水意义的含水层的原则。

——资料搜集与现场调查、试验相结合、本区调查与类比考察相结合。以搜集利用现有资料为主，当现有资料不能满足环境影响评价要求时，进行现场调查或勘探试验。

——环境水文地质调查精度一般应满足 1∶50 000。其调查点总数，应根据当地水文地质条件复杂程度确定。在调查区内允许存在不同的工作精度，但总体上应能满足评价和预测拟采用的方法或模型所需资料或参数确定的精度要求。

——调查点以现有生产井、地下水天然露头、地表水体、主要现状环境水文地质问题以及对于确定边界条件有控制意义的地点为主。

——对环境水文地质条件复杂而又缺少资料、地下水评价等级确定为一级的地区，应根据环境水文地质条件复杂程度和环境水文地质问题的性质，分别采用钻探、物探以及水土化学分析和室内外测试、试验等手段开展调查工作，具体工作方法参见有关规范。

——环境水文地质试验项目通常有抽水试验、注水试验、渗水试验、浸溶试验、土柱淋滤试验、弥散试验、潜水水量垂直均衡试验、流速试验（连通试验）、地下水含水层储能试验等，有关试验原则与方法见附录 C。在地下水环境影响评价工作中可根据评价等级及资料占有程度等实际情况选用。

8.3.2　地下水环境质量调查

8.3.2.1　监测点布设

8.3.2.1.1　建设项目对地下水环境产生污染影响主要表现在以下几方面：

a）油气采集、加工处理过程中产生的生产、生活废水，排入到沟渠、湖库，经渗漏污染地下水；采用土地处理系统处理废水对地下水产生污染。

b）石油勘探、采油和运输储存过程中的跑、冒、滴、漏油对土壤、地下水的污染。

c）采油井、注水井、废弃油井、气井套管腐蚀破坏和固井质量问题产生的套外返水、返油对地下水环境的污染。因此监测布点重点选择上述所提及的、受建设项目影响处及周围进行布点。

8.3.2.1.2　根据陆相油田沉积盆地特点，一般都具有多层叠置的含水层，因此地下水监测点布设：

a）一级评价地下水水质监测点不得少于 9 个，并控制评价区各个含水层；

b）二级评价地下水水质监测点不得少于 7 个，并控制有供水意义和已开采的含水层；

c）三级评价地下水监测点不得小于 5 个点，主要控制上部和已开采含水层。一般要求上游不得少于 1 个点，下游影响区的地下水监测不得少于 2 个点。

8.3.2.2　监测因子根据建设项目的排水特点及 GB/T 14848—93 的要求，监测因子一般可选为：

—— pH、总硬度、溶解性总固体、COD、高锰酸盐指数、石油类、氨氮、硝酸盐氮、亚硝酸盐氮、挥发酚。

——根据油藏特征，可适当补充铁离子、锰离子、Cl^-、S^{2-}等。

8.3.2.3　监测时间和频率

a）一级评价应在枯、丰水期分别进行采样监测；

b）二级评价应至少采样监测一个地下水水期；

c）三级评价可根据评价工作进度适时安排监测，不受地下水水期限制。

8.3.2.4　监测结果统计与评价按 GB/T 14848—93 要求进行。

8.4 声环境

按 HJ/T 2.4—95 中的规定，在充分收集、利用已有的有效数据前提下，对声环境进行布点、测量、评价。对存在的超标问题，分析原因。

8.5 生态

8.5.1 生态系统调查

调查并介绍评价范围内生态系统类型、结构、分布等。说明各类型生态系统的分布情况，包括分布面积、占评价区总面积的比例等，附土地利用现状图。调查介绍评价范围内的生态功能区划，有否自然保护区、风景名胜区，如有应说明其类型、级别、范围及主要保护对象等。

对于一级评价要调查并说明重大资源环境问题及其产生历史。

建设项目一般涉及的生态系统包括：森林、草原、荒漠等生态系统和农田生态系统、水域生态系统、湿地生态系统。

8.5.2 生态因子调查

8.5.2.1 森林、草原、荒漠等生态系统

调查介绍植被类型、数量及分布，附植被分布图。野生动物种类及分布。珍稀动植物种类、种群规模、生态习性、种群结构、生境条件及分布、保护级别与保护状况等。

进行一级评价时，应进行评价区域内敏感区的生物量调查或实测，调查敏感区内的自然系统生产能力和稳定状况，附资源分布图（以下均同）。

8.5.2.2 农田生态系统

——调查并介绍土地资源的自然历史及利用现状（包括基本农田分布情况）；主要生态环境问题（包括自然灾害）；农作物类型及分布、生长情况；土壤肥力及作物的单产量。

8.5.2.3 水域生态系统

——调查并介绍水域浮游动植物、底栖生物、水生高等植物的种类、数量、分布；鱼类区系组成、种类、产卵场；珍稀水生生物种类、种群规模、生态习性、种群结构、生境条件与分布、保护级别与保护状况等。

8.5.2.4 湿地生态系统

——调查并介绍湿地生态系统的类型、特点、基本结构和功能、湿地的面积、水文、气候等自然地理特征，湿地动植物的种类、种群数量、生境基本状况、生物多样性、湿地资源利用和开发现状及保护对策等。

8.5.2.5 土壤

调查评价区域内土壤类型及其分布、理化性质，一级评价附土壤类型分布图。

8.5.2.6 水土保持状况

调查评价区域水土流失现状，包括水土流失面积、强度、成因、水土流失治理措施及治理效果等。

8.5.3 生态评价

在上述调查基础上，对生态系统及生态因子进行定性评述或定量评价。如植被覆盖率、生物量、物种多样性、土壤理化指标进行定量评价。

一级评价应对评价范围内敏感区生态系统重大资源环境问题及产生历史、生态系统的完整性、稳定性、抗干扰能力及其发展趋势做出评价。

8.5.4 调查、评价方法与评价要求

8.5.4.1 调查方法

——收集现有资料及历史资料。收集农、林、牧、渔业资源管理部门的政策文件、资源管理档案资料、专业研究机构研究成果，以及该区域近期完成的《环境影响报告书》。

——野外调查、室内测定。植被的类型和分布情况需要进行现场实地样方调查；对于生态系统的生产力的调查，必要时需要现场采样、实验室测定。

——对于需编制《水土保持方案报告书》的建设项目，可引用建设项目《水土保持方案报告书》资料。

——一级评价应采用“3S”技术。收集遥感资料，建立地理信息系统，并进行野外定位验证。

8.5.4.2 评价方法

生态现状评价可以应用定性与定量相结合的方法进行。常用的方法有：图形叠置法、系统分析法、生态机理分析法、景观生态学法等（具体方法参见 HJ/T 19 附录 C）。

8.5.4.3 评价要求

本标准规定的生态调查与评价内容是基于建设项目可能涉及的生态系统，但建设项目不一定涉及本标准所列的所有生态系统，因此生态现状调查与评价时应结合区域环境特点，做到突出重点、分清层次。

9 环境影响预测与评价

建设项目的环境影响具有由点集面、范围较广的特点，因此在以下专题的预测评价及影响分析中，应做到点上解剖分析，面上综合分析，点面结合，充分全面地进行预测与影响分析。

9.1 环境空气

9.1.1 污染气象

按 HJ/T 2.2—93 中规定，收集评价区域内的地面气象资料。

9.1.2 环境影响预测与评价

9.1.2.1 预测因子

根据工程分析结果，选择建设项目排放的、等标排放量较大的、当地污染较严重的废气污染物进行影响预测。

9.1.2.2 预测内容

按 HJ/T 2.2—93 中规定确定环境空气影响预测内容。

9.1.2.3 预测方法

采用 HJ/T 2.2—93 中规定的方法。

9.1.2.4 预测评价

采用选择的预测方法，对建设项目废气污染物进行影响预测，采用标准指数法对预测结果进行评价，并进行影响分析。

9.1.2.5 按 GB/T 3840—91 要求，计算并规定各（井）站场、处理厂、联合站、天然气净化厂的卫生防护距离。

9.1.2.6 制定环境空气保护对策，反馈给环境保护措施。

9.2 地表水

9.2.1 预测因子

根据建设项目特点，可主要选择 COD、石油类进行影响预测，同时可结合当地地表水环境特点进行适当筛选预测因子。

9.2.2 预测内容

按 HJ/T 2.3—93 中规定确定地表水环境影响预测内容。

9.2.3 预测方法

采用 HJ/T 2.3—93 中规定的方法。

9.2.4 预测评价

采用选择的预测方法，对建设项目废水污染物进行影响预测，采用标准指数法对预测结果进行评价，并进行影响分析。制定地表水环境保护对策，反馈给环境保护措施。

9.3 地下水

9.3.1 预测点布设

9.3.1.1 已有或拟建的地下水供水水源区；

9.3.1.2 有代表性的地下水长期监测井点；

9.3.1.3 受影响的地下水下游地段；

9.3.1.4 地下水环境影响的敏感地段（如湿地、居民集中生活水源地等）；

9.3.1.5 可能造成不良环境水文地质问题的主要地段；

9.3.1.6 其他需要重点保护的地段。

9.3.2 预测模式选择

9.3.2.1 定解条件简单、明确，而且在已取得足够的水文地质资料和弥散参数资料时，可采用解析模型或数值模型进行水质预测。

9.3.2.2 含水层的边界条件、结构和水文地球化学条件比较复杂，难以确定源汇项和求得弥散参数时，可采用径流函数法、水动力渗流网法等近似的水质模型加修正的方法进行预测。

9.3.2.3 当影响水质的随机因素较多而又有较长时间的实测数据系列时，可采用回归分析、趋势外推、时序分析等随机模型进行水质预测。

9.3.3 地下水污染模型概化

地下水污染渗流场条件概化应根据当地水文地质条件和拟选用的水质预测模式确定。采用地下水动力学模式预测污染物在含水层中的扩散时，通常对下列条件进行假定或概化：

——污染物进入地下水对渗流场没有明显的影响；

——污染物在地下水中的运移按“活塞推挤”方式进行，且污水与洁净水之间的分界线接近于垂直；

——预测区内含水层的基本参数（如渗透系数、有效孔隙度等）不变或变化很小。常用地下水水质模型可参见附录D。

9.3.4 预测评价

采用选择的预测模式，对建设项目废水污染物进行地下水影响预测，预测值与背景值叠加后与标准对比，评价其是否满足标准，并进行影响分析。

——一级评价须采用数值法；二级评价中水文地质条件复杂时应采用数值法，水文地质条件简单时可采用解析法；三级评价可采用回归分析、趋势外推、时序分析和类比预测分析法。

——采用数值法或解析法模型时，数值法或解析法模型结构形式和参数数值确定之后，还必须通过利用独立于识别模型的评价区地下水水位水质长期监测数据验证后，模型才能用于预测。

——采用类比预测分析法时，类比预测分析的对象与拟建预测对象之间，应满足如下要求并给出具体的类比条件：

a）二者环境水文地质条件、水动力场条件相似；

b）二者工程特征及对地下水环境的影响具有相似性。

c）在一级评价中对地下水有重大影响的建设项目，水质模型中的弥散参数须通过现场试验获取。

9.3.5　含水层参数值的确定

9.3.5.1　地下水水量（水位）预测所需用的含水层渗透系数、导水系数、释水系数、给水度等参数值，应从评价区以往水文地质勘查成果资料中选定，或根据相邻地区和类比区最新勘查成果资料确定。

9.3.5.2　评价区内缺少可直接利用的参数值时，选择有代表性的机、民井，开展抽水、注水等试验，求取所需参数值，评价等级较低时，可选用经验值。

9.4　声环境

按 HJ/T 2.4—1995 中的规定，对声环境进行影响预测与评价，并进行影响分析。制定声环境保护对策，反馈环境保护措施。对于声环境较简单的建设项目，该项工作可适当简化。

9.5　固体废物环境影响分析

按“减量化、资源化、无害化”的原则，对建设项目产生的固体废物进行环境影响分析。

对建设项目产生的固体废物按《国家危险废物名录》进行分类，分析其处置方式的可行性和合理性，尤其要注重对土壤、植被和水体可能产生的影响进行分析。其处置方式最终必须符合《中华人民共和国固体废物污染环境防治法》规定。

未建集中工业固体废物填埋场（不含钻井泥浆储池）的建设项目，可不列该专题。应将对土壤、植被和水体可能产生的影响分析列入相应的评价专题。

9.6 生态

9.6.1 预测内容

9.6.1.1 森林、草原、荒漠等生态系统

——预测永久及临时占用土地造成生态系统中各类型植被分布及数量的变化，包括植被覆盖率、种群数量、生物量等；

——预测野生动物生境变化及建设项目生产活动对各类野生动物生存及活动造成的影响。当所占用的土地与某珍稀濒危物种的栖息地有重合，应分析论证对该物种的生存所造成的影响及未来生存趋势；

——对于沿集输管线敷设、油区道路建设施工区，应分析引发的生境切割影响。

9.6.1.2 农田生态系统

预测永久及临时占用耕地造成生态系统中农业用地结构的变化，预测农作物产量及农业产业结构的变化。

9.6.1.3 水域生态系统

预测并分析建设项目废水对水域生态环境带来的理化性质及水域生态系统的可能改变。

9.6.1.4 湿地生态系统

——预测并分析永久及临时占用土地造成湿地生态系统各类型植被分布及数量的变化，包括植被覆盖率、种群数量、生物量等；

——预测并分析建设项目废水对湿地生态系统水体带来的理化性质改变；

——预测野生动物生境变化，分析建设项目生产活动对各类野生动物的生存及活动造成的影响。重点分析对濒危珍稀的物种的种群数量及生存所带来的影响。

——对于工程扰动土地面积较大的集输管线敷设工程、油区道路建设工程，应作水土流失影响预测；

——一级评价以“3S”技术为依托，对土地利用状况、土地荒漠化、植被覆盖状况、生物量、生物多样性以及生态系统稳定性进行综合分析预测，分析建设项目实施后，评价区域生态环境功能是否符合当地生态功能区划要求。

9.6.2 预测方法

生态影响预测一般采用类比分析、生态机理分析、景观生态学方法进行分析与描述，也可以辅之以数学模拟进行预测（具体方法见 HJ/T 19 附录 C）。

9.6.3 预测与评价要求

本标准规定的生态影响预测与生态现状调查结果相对应，并结合区域环境特点，

做到突出重点、分清层次。

10 环境风险评价

建设项目的风险识别、源项分析、后果计算、风险计算和评价、风险管理等除按 HJ/T 169—2004 中规定执行外，还应满足国家环保总局《关于加强环境影响评价管理防范环境风险的通知》和《关于检查化工石化等新建项目环境风险的通知》中与本行业有关的具体技术要求。根据建设项目的特点，按钻井、集输、处理等工艺过程进行环境风险评价，加强对井喷、套外返水、井管破损及集输管线泄漏、储罐及处理装置发生火灾及爆炸的风险计算、评价和管理，重点提出具体环境风险应急防范措施和制定应急预案，防止风险事故对周围环境敏感点造成次生污染。

11 公众参与评价

建设项目公众参与评价在满足本标准所规定要求外，必须执行《环境影响评价公众参与暂行办法》中的规定和要求。

11.1 公众参与的对象

公众参与的对象包括：有关单位，即位于建设项目环境影响（含风险事故）范围内的单位和社区组织及其他组织，特别是与建设项目存在相关利益或承担环境风险的单位和社区组织及其他关心项目建设的有关组织；专家，即熟悉建设项目所属行业专家、熟悉相关环境问题及所需要的其他特定专业的专家和关心项目建设的有关专家；公众，具有完全行为能力的有关自然人，包括直接受影响的人、预期要获得收益的人和其他关注项目建设的人。

根据建设项目周围单位、人口分布特点，充分注意公众意见调查的广泛性与代表性。建设项目周围单位、人口分布较多，应以直接受影响的单位和公众为主。直接受影响的调查人数不应低于调查总人数的 70%，应列出公众意见调查主体对象的名单及其基本情况。如果建设项目周围无直接受影响的单位和个人，则公众参与对象主要是行业专家和关注项目建设的公众及有关部门。

11.2 公众参与的形式

公众意见调查可根据实际需要和具体条件，采取举行论证会、听证会或者其他形式，如会议讨论、座谈，建立信息中心如设立网站、热线电话和公众信箱，新闻媒体发布，以及开展社会调查如问卷、通信、访谈等。通过上述方式征求有关单位、专家和公众的意见。

11.3 公众意见调查的实施

11.3.1 告知公众建设项目的有关信息：包括建设项目概况、清洁生产水平、可能产生的主要环境影响、拟采取的环境保护措施及预期效果、对公众的环保承诺等，可针对征求意见对象的不同对上述告知信息的深度和内容进行调整。

11.3.2 发布征求意见的内容：包括对建设项目实施的态度、对项目选址的态度、对项目主要环境影响的认识及态度、对项目采取环境保护措施的建议、对项目拆迁和扰民问题的态度与要求等。

11.3.3 发放公众意见调查表的份数应以建设项目所在区域或沿线区域居民点的数量而定，一般以 50～100 份为适宜。

11.3.4 公众代表参加听证会或论证会的人数以 20 人左右为适宜，特殊情况可增加人数。组织召开公众代表听证会不限次数，以达到满足大多数公众合理要求为止。

11.4 调查结果的分析和处理

对所征求意见，按征求意见的条款分别按“有关单位、专家、公众”进行归类与统计分析，并在归类分析的基础上进行综合评述。对每一类意见，均应进行认真分析、明确采纳或不采纳并说明理由。

12 环境保护措施论证分析

按《建设项目开发方案》中拟采取的环境保护措施和报告书所提的环境保护措施两个层次在经济合理、技术可行两方面进行分析，环境保护措施论证目的是：解决《建设项目开发方案》提出的环境保护措施存在的问题，完善建设项目的环境保护措施，进一步预防或减缓不良环境影响。上述每个层次包括以下内容。

12.1 污染防治措施

（1）废气污染防治措施

建设项目的废气污染防治措施主要有：

——减少烃类损失的油气集输的密闭流程及储存原油的浮顶罐；

——使用减少烟尘、二氧化硫排放的清洁燃料（脱硫天然气）；

——减少恶臭硫化氢的天然气脱硫净化设施；

——无组织排放的烃类气体收集焚烧设施；

——气田伴生 CO_2 的综合利用及回注；

——其他管理措施。

对建设项目采取的废气污染防治措施给出投资、运行费用，计算出减少物料损失产生的收益。同时介绍工艺方法，对可作为独立单元的环保措施给出工艺流程示意图及设计指标（进出口指标、效率等），分析其技术经济可行性。

对依托原有设施，从原设施运行效果及可承受的负荷可行性进行技术分析。

（2）废水污染防治措施

建设项目的废水污染防治措施主要有：

——钻井废水处理设施；

——含硫等废水（气田采出水）处理设施；

——含油废水（油田采出水，包括高含盐废水）处理设施；

——生活污水处理设施；

——废水回注措施（包括高含盐废水回注措施）；

——其他处理设施。

对建设项目采取的废水污染防治措施给出投资、运行费用，计算出回收物料产生的收益。同时介绍工艺方法、对可作为独立单元的环保措施给出工艺流程示意图及设计指标（进出口指标、效率等），分析其技术经济可行性。对依托原有废水治理设施，从原设施运行效果及可承受的负荷可行性进行技术分析。

（3）固体废物处置措施

对建设项目产生的固体废物如钻井过程产生的钻井泥浆、废岩屑、落地油、生活垃圾等，集输管线敷设时产生的弃渣，天然气脱水时产生的废分子筛、天然气净化硫回收时产生的废催化剂、污水处理产生的油泥（或污泥）等，须按《中华人民共和国固体废物污染环境防治法》及相关标准的有关规定，对照《国家危险废物名录》要求进行分类，根据减量化、资源化、无害化原则，分别提出处理或处置措施，重点提出控制产生落地油的严格措施。

给出固体废物处置设施的一次性投资，对生产运行时产生的固体废物，给出处置费用；对于外委处理处置的危险废物，报告书后应附与有运营资质单位的接收协议。

（4）噪声控制措施

对钻井过程、采油、采气过程及油气处理加工过程采取的控制噪声措施列一览表，注明投资估算，分析其预期控制效果及达标可行性。

12.2 生态保护措施

建设项目对生态的影响主要表现在：施工期占地减少植被覆盖、施工期和生产运行期的生产活动改变生物的生境，上述改变可能造成生态系统结构及功能的改变。针对上述影响应提出以下措施，减缓不良环境影响，恢复生态功能，确保评价区域符合生态功能区划要求。

——建设项目占用土地，减少林地、草原、荒漠植被及农田生态系统的农田数量，应严格按《中华人民共和国森林法》、《中华人民共和国草原法》、《中华人民共和国土地管理法》、国务院《基本农田保护条例》及地方相关的环境保护法规要求提出恢复和补偿等措施，同时提出合理的减少占用土地的方案。

——建设项目对湿地生态系统的影响，必须提出切实可行减缓影响的措施和方案。对于影响程度高、范围大的建设项目，应以生态学理论为指导，遵循自然与社会协调发展、人与自然共存和谐持续发展的原则，选择典型的湿地类型建立生物多样性保护与持续利用示范基地。对已经建立的自然保护区，在按《自然保护区条例》要求提出具体的生态保护措施、加强管理、发挥作用的同时，加大经费投入，提出加强湿地监测方案，特别是对湿地资源利用后的动态变化、生物多样性变化、湿地水文、水质等情况的监测建议。

——建设项目对珍稀濒危生物自然分布区、水源涵养区域、具有科学文化价值的自然遗迹、人文古迹、古树名木、风景名胜区、自然保护区等法定保护对象造成的影响，应依据相关的法律法规提出保护和减缓不良影响和恢复、补偿措施。防止破坏和干扰，保持其真实性、完整性，达到原有生态系统的功能和要求。

——建设项目对生态脆弱区或自然灾害多发区可能造成的影响，应根据相关的法律、法规提出切实可行的生态重建和区域改善措施。

——建设项目由于敷设集输管线，修建油区道路，扰动土地面积较大，应将水行政主管部门已审批的建设项目《水土保持方案报告书》中的水土保持方案作为本项目的环境保护要求纳入本项目环境影响报告书中。

——建设项目应制定油气采区的绿化规划和景观设计方案，并提出油气开采过程中的生态环境管理措施，包括工程施工期、运行期以及生态监测和长期观察等方案。

——建设项目造成居民拆迁，应按相应规定提出拆迁、安置的补偿措施。

——应提出建设项目闭井期的生态保护、恢复方案，包括及时做好场地清理，污染物清除、填埋，废弃井固井、封井等善后处理工作，恢复原有地表景观的措施。

——建设项目对已知的、潜在的和不可恢复等敏感区域或重要生境的影响，应提出影响最小的选址、选线方案。对于一级评价应提出替代方案。

——依据 HJ/T 19—1997 的要求，对其他生态环境影响提出相应的防护、恢复措施。

对于提出的上述生态保护措施给出以下内容：措施名称、工程量、减缓效果、措施投资。

12.3 “以新带老”措施

1）对于涉及（依托）现有工程的建设项目，若现有工程存在环境保护问题，应对其实施技术合理、经济可行的“以新带老”措施。

2）给出“以新带老”措施的名称、工艺或方法、投资、运行费用、效果。

3）核定“以新带老”措施对污染物的削减量。

12.4 “三同时”项目一览表

根据以上环境保护措施分析结果，列表给出环境保护“三同时”项目一览表。表中包括：“三同时”项目名称、投资、工程量、效果。

13 污染物排放总量控制分析

13.1 控制原则

建设项目实施污染物排放总量控制必须满足清洁生产、达标排放、“以新带老”的要求。

13.2 控制因子

根据本行业特点，污染物排放总量控制因子选择如下：

——废气污染物：二氧化硫、烟尘；

——废水污染物：COD、石油类、氨氮；

——固体废物：工业固体废物。

——总量控制因子亦可根据国家环境保护规划及地方环境管理部门的要求及建设项目特点做适当调整。

13.3 控制分析

根据工程分析中建设项目及现有工程污染物排放总量核定结果、“以新带老”措施削减污染物排放总量核定结果，核定出的污染物最终排放总量，按项目所在地环境保护行政主管部门下达给建设单位的污染物排放总量控制指标，分析是否符合污染物排放总量控制要求。

在未下达污染物总量控制指标或超过项目所在地环境保护行政主管部门下达总量控制指标要求的情况下，首先由建设单位在企业内部采取削减措施，在企业内部削减后仍无法满足要求的前提下，按最终核定结果提出总量控制建议值，采取由政府对污染物排放总量进行调配或采用污染物排放总量交易等手段，使建设项目满足污染物排放总量控制要求。

14 替代方案及减缓措施

14.1 根据环境影响评价结果、环境风险评价结果、公众参与评价结果及环境可行性及选址合理性的评价结果，对于建设项目提出保护环境敏感区域、规避风险、满足公众合理要求的、技术经济合理的井场、站场位置设置、集输管线走向的替代选址方案。

14.2 替代方案的确定原则是所选择的方案具有环境损失最小、费用合理、抗风险能力强、生态环境功能赋性最大，应达到与建设项目原方案同样的目的，并取得可接受的效益。

14.3 对于生态评价为一级以上项目，要结合工程特点提出至少一种生态环境保护措施替代方案，并对各方案优缺点进行比较，同时要对关键的单项问题进行替代方案比较，并选择出最优方案。

14.4 对于选址合理可行存在零替代方案的建设项目，应提出环境影响减缓措施。

15 HSE 管理体系及环境监控

15.1 HSE 管理体系及环境监控现状

调查了解并介绍建设单位现有环境管理体系、监测计划。

15.2 建设项目 HSE 管理体系及环境监控

在现有的 HSE 管理体系及环境监控制度下对建设项目进行 HSE 全面管理。可参照 SY/T 6276—1997 规定，提出对建设项目全过程的 HSE 管理要求。同时将闭井后的环境管理、监测全面纳入现有 HSE 管理体系、监测计划中，同时对现有措施进行完善。

15.3 施工期开展环境工程现场监理建议

针对建设项目环境影响时间长、空间分布广且其生态影响主要在施工期的特点，提出开展施工期环境工程现场监理工作的方案与建议。其中包括：

——分别说明业主、施工单位、监理单位施工期环境工程现场监理职责；对于外委施工应提出严格的管理要求。

——施工期环境工程现场主要监理内容。

——施工期环境工程现场监理方法和手段。

——施工期环境工程现场监理费用估算。

16 环境影响经济损益分析

16.1 项目的社会效益和经济效益

参照建设项目开发方案，介绍其社会效益和经济效益。

16.2 项目内部环境保护措施效费分析

参照《石油化工企业环境保护设计规范》《建设项目水土保持方案技术规范》规定，列表给出建设项目各项环境保护措施（包括“以新带老”措施）的内容及投资、每年的成本费用（包括运行费、设备折旧、维修费及排污费等）以及取得的收益（钻井液重复利用、回收落地油等）。计算出环境保护投资占建设项目总投资的百分比。

16.3 项目外部环境损失

按市场价值法或防护费用法等方法，计算出可定量化的建设项目造成的外部环境损失。

16.4 项目环境系统效费分析

根据建设项目开发方案的技术经济评价规定的有关参数及全部现金流量表，编制出项目环境系统效费流量表（见表 10），同时将未计入建设项目效益、费用中的“以新带老”项目的效益、费用及项目可定量计算的外部环境损失计入该表中的项目间接效益、间接费用栏中，计算出项目环境系统净效益现值。

表 10 建设项目环境系统效费流量表

序号	年份 项目									
1	现金流入									
1.1	销售收入									
1.2	固定资产回收									

序号	年份 项目									
1.3	流动资金回收									
1.4	项目间接回收									
2	现金流入									
2.1	建设投资									
2.2	经营成本									
2.3	项目间接费用									
3	现金流量净增量									
4	现金流量净增量现值									
5	现金流量净增量累积现值									

17 环境可行性论证分析

17.1 建设项目环境可行性论证分析

根据建设项目实际情况，结合国家和地方产业政策、清洁生产水平、环境保护措施、污染物达标排放、总量控制、综合效益等方面对建设项目的环境可行性进行综合评价。主要包括以下内容：

——产业政策的符合性分析

——清洁生产的先进性分析

——环保措施的有效性分析

——污染物排放的达标性分析

——总量控制指标的可达性分析

——综合效益的显著性分析

17.2 建设项目选址合理性分析

结合建设项目实际情况，按照“地下决定地上，地下顾及地上”的原则，从当地总体规划、环境敏感程度、环境影响、产业布局、资源利用、公众参与等方面进行选址合理性论述并给出结论。主要包括以下内容：

——总体规划的相容性分析

——选址的环境敏感性分析

——产业布局的合理性分析
——环境影响的可接受性分析
——环境风险的防范和应急措施有效性分析
——公众参与的认同性分析

18 环境影响评价大纲的编制要求

18.1 环境影响评价大纲是环境影响评价工作的总体设计和工作方案，是环境影响评价工作的指导性文件，也是审查和评估环境影响报告书内容和质量的主要依据。

18.2 环境影响评价大纲的编制应按环境影响评价工作程序，在充分调查了解建设项目开发方案，研究国家、行业的法律、法规、政策、标准，并通过现场踏查，向当地环境保护管理行政部门了解地方法律、法规、政策、标准，调查了解环境功能区划、环境敏感因素基础上，识别环境影响因素、筛选评价因子，明确污染控制和环境保护目标，正确确定出评价工作等级、评价范围、评价重点、各评价专题及其工作内容和技术要求，最终编制环境影响评价大纲。

18.3 环境影响评价大纲经技术评估后，如建设项目性质、规模、地点或者采用的生产工艺发生重大变化的，则评价大纲须进行相应的调整，并获得审查部门的批准。

18.4 环境影响评价大纲的格式与内容见本标准附录A。

19 环境影响报告书的编制要求

19.1 编制环境影响报告书的一般规定

19.1.1 环境影响报告书编制应依据环境影响评价大纲及其技术评估意见和批复要求，对各项评价专题工作成果进行概括、分析和提炼，提出科学、客观、公正的环境影响评价结论。

19.1.2 环境影响报告书应全面概括反映环境影响评价的工作，并突出建设项目特点，报告书要做到文字简洁、精练；数据翔实、准确，评价结论客观、明确。

19.2 环境影响报告书的格式与内容见本标准附录B。

附录 A
（规范性附录）
环境影响评价大纲的格式与内容

A.1 总论

A.1.1 项目由来

简要介绍建设项目确立过程及建设意义。

A.1.2 编制依据

研究并列出国家、地方、行业的环境保护法律、法规、政策，建设项目开发方案或《可行性研究报告》、立项文件等开展环境影响评价工作的依据。

A.2 区域概况

A.2.1 自然环境概况

介绍建设项目所处地区自然环境概况，主要包括以下内容：

——地形地貌；

——气象、气候；

——水文（附水系图）；

——地质、水文地质；

——土壤类型与植被分布（附植被分布图）；

——野生动物分布；

——周围自然遗迹、自然保护区的分布情况等。

A.2.2 社会环境概况

介绍建设项目所处地区社会环境概况，主要包括以下内容：

——地区经济发展状况；

——居住区、企事业单位及人口分布；

——土地利用状况（附土地利用图）；

——相关的文物保护遗址分布等。

A.2.3 产业政策及地方区域发展规划

介绍与建设项目相关产业政策和建设项目所在地的区域发展规划，以及建设项目与之符合性。

A.2.4 环境功能区划及生态功能区划

介绍建设项目所在区域的环境功能区划和生态功能区划，以及建设项目与之符合性。

A.2.5 区域环境质量概况

简要介绍建设项目所在地的环境质量现状。

A.3 建设项目概况

介绍建设项目概况，包括项目名称、建设地点、建设性质、生产规模、工程组成内容，占地面积，附区域位置图介绍油气田储藏特征、地质构造、开发方案、地面基础设施建设方案。

A.4 初步工程分析

A.4.1 现有工程分析

对于涉及（依托）现有工程的建设项目，应按本标准 6.1.1 规定要求，简要说明（依托）现有工程的情况，重点查清存在的问题。

A.4.2 勘探期回顾

按本标准 6.1.2 规定要求，进行勘探期回顾简析。

A.4.3 建设项目工程分析

A.4.3.1 施工期

A.4.3.1.1 钻井部分

按本标准 6.1.3.1.1 规定要求，对施工期的钻井工程的工艺、原辅材料消耗进行介绍，并附要求的列表。

A.4.3.1.2 集输部分

按本标准 6.1.3.1.2 要求，初步说明管线走向及敷设工艺、站场（阀室）布设情况，穿越的环境敏感点或区域等，附要求的图表。

A.4.3.1.3 道路部分

按本标准 6.1.3.1.3 规定要求，初步说明道路、路网布设情况，及穿越的环境敏感点或区域等，附道路、路网布设图。

A.4.3.1.4 土地利用

按本标准 6.1.3.1.4 规定要求，初步说明建设项目土地利用情况、土石方量以及拆迁数量，附要求的图表。

A.4.3.1.5 生产过程及影响因素（产污环节）分析

按本标准 6.1.3.1.5 规定要求，进行初步生产过程及影响因素（产污环节）分析，附要求的图表。说明污染源达标排放情况。

A.4.3.2 运行期

按本标准 6.1.3.2 规定要求，对建设项目运行期的原辅材料及公用工程消耗量、来源、主要成分及物理化学性质进行初步介绍；并对生产过程、产污环节、“三废”排放进行初步分析。附要求的图表。对污染源达标情况进行说明。

A.4.3.3 环境保护措施

按本标准 6.1.3.3 规定要求，简要介绍建设项目拟采取的、包括闭井期的以及解决勘探期遗留环境问题的环境保护措施，内容包括：投资、规模或工程量、工艺、效果。

A.5 环境影响因素识别及评价因子筛选

按本标准 4.3 所列，并结合建设项目的特点，分析建设项目的环境影响因素、确定评价因子，并参照表 1、表 2 形式列出。

A.6 评价工作总则

A.6.1 评价目的和原则

按国家、地方、行业的法律、法规、政策、规章要求，明确本次评价的主要目的和坚持的原则。

A.6.2 评价时段

根据建设项目的特点，明确评价时段。

A.6.3 评价标准

按本标准 4.4 的要求，详细列出建设项目使用的评价标准。

A.6.4 污染控制和环境保护目标

明确评价工作中的污染控制目标和环境保护目标，列表给出环境保护敏感点的相对距离、方位及保护要求，附标有环境保护敏感点的彩图。

A.6.5 评价工作等级

按本标准 4.5 规定的评价工作等级确定原则，确定环境空气、地表水、地下水、声环境、生态、环境风险的评价工作等级。

A.6.6　评价范围

按照本标准 4.6 规定的原则，确定环境空气、地表水、地下水、声环境、生态、环境风险的评价范围。并附要求的评价范围图。

A.6.7　专题设置及评价重点

按本标准 4.7 的规定要求，列出报告书中应设置的评价专题。根据建设项目特点及所在地区因素、环境敏感程度确定相应的评价工作重点。

A.7　评价工作内容及技术要求

结合建设项目特点和所在地区环境敏感因素等特点，对所设置的专题和评价重点，确定评价工作具体内容及相应技术要求。

A.8　评价工作成果

明确评价工作拟提交的工作成果，详细列出拟提交的成果——环境影响报告书的 1～3 级目录。

A.9　组织分工、进度安排

由环评工作总负责单位明确各协作单位的分工、责任和工作进度安排。附工作进度计划表。

A.10　评价经费概算

按国家发展计划委员会、国家环境保护总局《关于规范环境影响咨询收费有关问题的通知》及环评工作具体内容，核算出环境影响评价工作费用概算。附评价工作费用概算表。

附录 B
（规范性附录）
环境影响报告书的格式与内容

B.1 前言

简要介绍建设项目确立过程、建设意义，开展环境影响评价的过程。

B.2 总论

按照《环境影响评价大纲》或《环境影响评价工作方案》、其技术评估及批复意见，详细列出以下 B.2.1～B.2.8 内容：

B.2.1 编制依据

B.2.2 评价目的及原则

B.2.3 环境功能区划及评价标准

B.2.4 污染控制和环境保护目标

B.2.5 评价时段

B.2.6 评价工作等级

B.2.7 评价范围

B.2.8 评价工作内容及重点

B.3 区域自然和社会环境概况

B.3.1 自然环境概况

介绍建设项目所处地区自然环境概况，主要包括以下内容：

——地质、地貌；

——气象、气候；

——水文（附水系图）；

——水文地质；

——土壤类型与植被分布（附植被分布图）；

——野生动物分布；

——周围自然遗迹、自然保护区的分布情况等。

B.3.2　社会环境概况

介绍建设项目所处地区社会环境概况，主要包括以下内容：

——地区经济发展状况；

——居住区、企事业单位及人口分布；

——土地利用状况（附土地利用图）；

——相关的文物保护遗址分布等。

B.3.3　产业政策及地方区域发展规划

介绍与建设项目相关产业政策和建设项目所在地的区域发展规划，以及建设项目与之符合性。

B.3.4　环境功能区划及生态功能区划

介绍建设项目所在区域的环境功能区划和生态功能区划，以及建设项目与之符合性。

B.4　建设项目概况

介绍项目名称、建设地点、建设性质、生产规模、占地面积，附区域位置图。介绍油气田储藏特征、地质构造、项目组成内容（包括钻采、道路、集输、处理等工程内容）及土地利用、主要技术经济指标。

B.5　工程分析

B.5.1　现有工程分析

对于涉及（依托）现有工程的建设项目，应按本标准 6.1.1 规定要求，说明（依托）现有工程的情况、重点说明现有环境问题。

B.5.2　勘探期回顾

按本标准 6.1.2 规定要求，对建设项目勘探期进行回顾分析。

B.5.3　建设项目工程分析

B.5.3.1　施工期

B.5.3.1.1　钻井部分

按本标准 6.1.3.1.1 规定要求，对施工期的钻井工程的工艺、原辅材料消耗及性质。给出要求的列表。重点说明钻井工艺过程中保护地下水含水层的措施。

B.5.3.1.2　集输部分

按本标准 6.1.3.1.2 规定要求，说明管线布设走向及站场（阀室）位置、管线敷设工艺及穿越的环境敏感点或区域等情况，附要求的图表。

B.5.3.1.3　道路部分

按本标准 6.1.3.1.3 规定要求，说明道路、路网布设情况，修建方式，穿越的环境敏感点或区域等，附道路、路网布设图。

B.5.3.1.4　场地布置及土地利用

按本标准 6.1.3.1.4 规定要求，说明建设项目站场布置及土地利用情况、土石方量以及拆迁数量，给出要求列出的图表。

B.5.3.1.5　环境影响因素及产污环节分析

按本标准 6.1.3.1.5 要求进行生产过程及影响因素（产污环节）分析，附要求的图表。

B.5.3.2　运行期

按本标准 6.1.3.2 要求，对建设项目运行期的原辅材料及公用工程消耗量、来源、主要成分及物理化学性质进行介绍；并对生产过程、产污环节、“三废”排放进行分析。附要求的图表。

B.5.3.3　拟采取的环境保护措施

按本标准 6.1.3.3 规定要求，简要介绍建设项目拟采取的环境保护措施。

B.5.3.4　达标排放分析

按本标准 6.1.3.4 规定要求，对建设项目的污染源进行达标排放分析。

B.5.3.5　污染物排放总量核定

按本标准 6.1.3.5 规定要求，对建设项目排放污染物总量进行核定。

B.6　清洁生产与循环经济分析

B.6.1　工艺技术选择合理性分析

按本标准 7.1 规定要求，对建设项目选用的工艺合理性及先进水平进行分析。

B.6.2　清洁生产措施

按本标准 7.2 规定要求，分析建设项目采取的清洁生产措施及效果。

B.6.3　清洁生产水平分析

按本标准 7.3 规定要求，计算可对比的量化指标，并与同类项目进行对比，分析建设项目清洁生产水平。

B.6.4　循环经济分析

按本标准 7.4 规定要求，介绍并分析建设项目采取的循环经济措施及效果。

B.7 环境质量现状调查与评价

B.7.1 环境空气现状调查与评价

执行本标准 8.1 规定要求。

B.7.2 地表水现状调查与评价

执行本标准 8.2 规定要求。

B.7.3 地下水现状调查与评价

执行本标准 8.3 规定要求。

B.7.4 声环境现状调查与评价

执行本标准 8.4 规定要求。

B.7.5 生态现状调查与评价

执行本标准 8.5 规定要求。

B.8 环境影响预测与评价

B.8.1 环境空气影响预测与评价

执行本标准 9.1 规定要求。

B.8.2 地表水影响预测与评价

执行本标准 9.2 规定要求。

B.8.3 地下水影响预测与评价

执行本标准 9.3 规定要求。

B.8.4 声环境影响预测与评价

执行本标准 9.4 规定要求。

B.8.5 固体废物环境影响分析

执行本标准 9.5 规定要求。

B.8.6 生态影响分析

执行本标准 9.6 规定要求。

B.9 环境风险评价

执行本标准第 10 章规定要求。

B.10 公众参与评价

B.10.1 公众参与的对象

执行本标准 11.1 规定要求。

B.10.2 公众参与的形式

执行本标准 11.2 规定要求。

B.10.3 公众意见调查的实施

执行本标准 11.3 规定要求。

B.10.4 调查结果的统计分析

执行本标准 11.4 规定要求。

B.11 环境保护措施论证分析

B.11.1 污染防治措施

按本标准 12.1 规定要求，论述建设项目拟采取的污染防治措施技术经济可行性，对项目设计存在的环保问题，进一步提出污染治理措施。

B.11.2 生态保护措施

按本标准 12.2 规定要求，主要从生态减缓、恢复、补偿三个方面论述建设项目拟采取的生态保护措施的技术经济可行性。对项目设计存在的环保问题，进一步提出生态保护措施。

B.11.3 “以新带老”措施

执行本标准 12.3 的规定要求。

B.11.4 “三同时”项目一览表

执行本标准 12.4 的规定要求。

B.12 污染物排放总量控制分析

按本标准第 13 章规定要求，进行污染物总量控制分析。

B.13 替代方案及减缓措施

按本标准第 14 章规定要求进行分析。

B.14 HSE 管理体系及环境监控

执行本标准第 15 章规定要求。

B.15 环境影响经济损益分析

执行本标准第 16 章规定要求。

B.16 环境可行性论证分析

B.16.1 建设项目环境可行性论证分析

按本标准 17.1 规定要求进行分析。

B.16.2 建设项目选址合理性分析

按本标准 17.2 规定要求进行分析。

B.17 评价结论

简洁、准确、客观地总结、概括报告书各专题的主要内容，给出各专题评价结论，最终给出建设项目环境可行性的综合评价结论。

附录 C
（资料性附录）
环境水文地质试验方法

C.1 浸溶试验

目的是查明固体废物受雨水淋滤或在水中浸泡时，使其中的有害成分转移到水中，对水体环境直接形成的污染毒性或通过地层渗漏对地下水造成的间接影响。有关固体废弃物的采样、处理和分析方法，可参照国家环保局颁发的《工业固体废弃物有害物特性试验与监测分析方法》中的有关规定执行。

C.2 土柱淋滤试验

目的是模拟污水的渗入过程，研究污染物在包气带中的吸附、转化、自净机制，确定包气带的防护能力，为评价污水渗漏对地下水水质的污染影响提供依据。

试验土柱必须在评价场地有代表性的包气带地层中采取。通过滤出水水质的测试，分析淋滤试验过程中有机物的降解，无机物的迁移累积等引起地下水水质变化的环境化学效应的机理。

试剂的选取或配制，宜采取评价工程排放的污水做试剂。对于取不到污水的拟建项目，可取生产工艺相同的同类工程污水替代，也可按设计提供的污水成分和浓度配制试剂。如果试验目的是为了制定污水排放控制标准时，需要配制几种浓度的试剂分别进行试验。

C.3 弥散试验

目的是研究污染物在地下水中运移时其浓度的时空变化规律，并通过试验获得进行地下水环境质量定量评价的弥散参数。

试验可采用示踪剂（如食盐、氯化铵、电解液、荧光染料、放射性同位素 ^{131}I 等）进行。试验方法可依据当地水文地质条件、污染源的分布以及污染源同地下水的相互关系确定。一般可采用污染物的天然状态法、附加水头法、连续注水法、脉冲注入法。试验场地应选择在对地质、水文地质条件有足够了解的代表性地区，其基本水文地质参数齐全。观测孔布设一般可采用以试验孔为中心“十”字形剖面，孔距可根据水文地质条件、含水层岩性等考虑，一般可采用 5 m 或 10 m；也可采用试验孔为中心的同心圆布设方法，同心圆半径可采用 3 m、5 m 或 8 m 布设观测孔，在卵砾石含水层中半径一般为 7 m、15 m、30 m 为宜。试验过程中定时、定深在试验孔和观测孔中采取水、土样，进行水、土化学分析，确定弥散参数。

C.4 潜水水量垂直均衡试验

目的是获得评价区潜水水均衡计算中有关均衡要素，以便配合其他水文地质资料，进行地下水均衡计算。

通过试验，可以获取降水垂直入渗补给系数，潜水蒸发系数，灌溉水回渗补给系数以及不同岩层的给水度等资料。同时，还可以研究入渗水在包气带的运移和分布规律。

试验方法主要有地中渗透仪和零通量面法。前者主要应用固定潜水位排水——补偿式地中渗透仪；后者所用的基本仪器为负压计和中子水分仪。具体试验操作方法及仪器的设计、安装和场地要求等，可参见 DZ 55—87 中的有关规定执行。

C.5 流速试验（连通试验）

一般是在地下水的水平运动为主的裂隙、岩溶含水层中进行。可选择有代表性的或已经污染需要进行预测的地段，按照地下水流向布设试验孔与观测孔。试验孔与观测孔数量及孔距，可根据当地的地下水径流条件确定。一般孔距可考虑 10～30 m，试剂可用染色剂、示踪剂或食盐等。投放试剂前应取得天然状态下水位、水温、水质对照值；试验孔内投入试剂，在观测孔内定时取样观测，直至观测到最大值为止，计算出地下水流速和其他有关参数。

C.6 地下水含水层储能试验

地下含水层储能可以调节地下水流量，储存地表水，恢复超采含水层的能力，扩大地下水水源，又能抬高地下水位，有利于控制地面沉降；还可以借回灌水建立地下水幕，拦阻污水，防止海水入侵或阻拦地下水水源外流，也可以调节地下水温、储藏冷、热源。在咸水或水质恶化地区，借助人工回灌淡水，具有改善水质等效能，并可以获得地下水动力场、温度场、化学场等有关参数。

在地下水含水层储能试验过程中，可以开展地下水温度场的水温变化规律及储能含水层水动力场和水质场变化规律的研究。

储能试验场的选择应根据评价区地质、水文地质条件、评价等级和实际需要确定。场地必须要有代表性。试验场的观测设施和采灌工程，一般包括储能井、观测井、专门测温井、土层分层观测标和孔隙水压力观测井、地表水准点等组成。工程布置可采用“十”字形或“米”字形剖面。中心点为储能井，周围按不同距离布置观测井。

附录 D
（资料性附录）
常用地下水水质模型

D.1 地下水水质污染预测的解析解法

a）一维弥散解析模式：适用于污染源为污水沟或被污染了的河流及坝脚侧向渗漏的评价。

根据污染源的排放特点，可分别采用下列数学模式：

瞬时污染源解析模式：

$$C(x,t)=\frac{M}{2nH\sqrt{\pi D_L t/R}}\exp\left[\frac{\left(x-ut/R\right)^2}{4D_L t/R}\cdot\lambda t\right] \qquad (1)$$

连续污染源解析模式：

$$C(x,t)=\frac{C_0}{2}\exp\left(\frac{1-\beta}{2D_L}x\right)\operatorname{erfc}\left[\frac{x-ut/R}{2\sqrt{D_L t/R}}\right] \qquad (2)$$

式中：D_L—— 纵向弥散系数；

M—— 污染源强度；

H—— 含水层厚度；

U—— 孔隙速度（与 X 轴方向一致）；

C_0—— 污染源浓度；

$\beta=\sqrt{u+4\lambda D_L R}$；

erfc（y） —— 余误差函数；

n—— 有效孔隙度；

λ—— 放射性衰变常数（污染物衰减系数）；

R—— 阻滞系数，反映离子交换及吸附作用等反应过程；

t—— 时间；

x—— 笛卡尔坐标系中 X 方向坐标。

b）二维弥散解析式：对于单向稳定态流的均质、各向同性含水系统，存在长

$2a$（垂直于地下水流向）的源，建立笛卡尔坐标系，X 轴沿水流方向。水流方向和垂直水流方向上的弥散系数值分别为 D_L 和 D_T。

1）瞬时污染源解析式：

$$C(x,y,t)=\frac{M}{4\pi nt\sqrt{D_L\cdot D_T}}\exp\left[-\lambda t-\frac{(x-vt)^2}{4D_Lvt}-\frac{y^2}{4D_Tvt}\right] \quad (3)$$

2）连续污染源解析式：

$$C(x,y,t)=\frac{C_0Q}{4\pi nt\sqrt{D_L\cdot D_T}}\exp\left(\frac{xu}{2D_L}\right)W\left[\frac{R^2}{4D_Lt}-\frac{R\cdot a}{\sqrt{D_L}}\right] \quad (4)$$

式中：D_T—— 横向弥散系数；

$W(u,\ b)=\int_u^\infty \exp\left(-y-b^2/4y\right)\frac{\mathrm{d}y}{y}$（汉吐什函数）；

Q—— 污水入渗量；

V—— 孔隙速度（与 Y 轴方向一致）；

y—— 笛卡尔坐标系中 Y 方向坐标；

其他符号同前。

c）径向弥散解析模式：当污水渗坑、尾矿池、灰渣场等污染源，通过包气带不间断地向地下渗漏抬高地下水位形成反漏斗，改变了地下水天然流场时，则：

1）定流量污染源解析模式：

$$C(r,t)=\frac{C_0}{2}\mathrm{erfc}\left[\frac{r^2-\frac{Qt}{\pi Hn}}{\sqrt{\frac{16}{3}\alpha_L\left(\frac{Qt}{\pi Hn}\right)^{3/2}}}\right] \quad (5)$$

2）变流量污染源解析模式：

$$C(r,t)=C_0\left[I-\frac{I-\exp\overline{r}+\overline{r}\exp\sqrt{bt}}{I-\exp\sqrt{bt}+\sqrt{bt}\exp\sqrt{bt}}\right] \quad (6)$$

式中：α_L—— 纵向弥散度；

r—— 径向距离；

$$t=\frac{I}{\alpha_L^2}\int_0^t\frac{Q(t)}{2\pi Hnr}\mathrm{d}t$$；

$$\overline{r}=\frac{r}{\alpha_L}$$；

I—— 贝塞尔函数。

D.2　地下水水质污染预测近似解法

a）确定污染地下水流入水源地的可能性

判定水源地是否受到污染时，一般应绘制包括水源地开采后形成有限补给带范围的渗流场图。根据污染源位置和流网中立流线位置进行判定。凡在补给带内的渗流污水都有可能进入水源地而污染地下水。在水文地质条件较简单时，可根据计算的污染源预测点径流函数值（φ_1）与抽水井补给边界中立流线径流函数值（φ_N）加以比较判定。即当$\varphi_1<\varphi_N$时，污染水将会流入水源地；反之，当$\varphi_1>\varphi_N$时，污染水不会流入水源地。

径流函数φ值与中立流线径流函数φ_N值，可按下列模式计算：

1）无限含水层单井组成的水源地

$$\varphi=\frac{I'}{M}\left(qy+\frac{Q}{2n}\theta\right) \tag{7}$$

$$\varphi_N=\frac{Q}{2m} \tag{8}$$

2）无限含水层线形井排组成的水源地

$$\varphi=\frac{1}{m}\left[qy+\frac{Q_x}{4\pi L}\left(\theta_2\mathrm{tg}\theta_2-\theta_1\mathrm{tg}\theta_1-\mathrm{tg}\frac{r_2}{r_1}\right)\right] \tag{9}$$

$$\varphi_N=\frac{Q}{2m} \tag{10}$$

式中：φ —— 任一点（x，y）的径流函数；

φ_N —— 抽水井中立流线径流函数；

m —— 含水层厚度；

q —— 地下水天然单宽流量，$q=kmi$，i为天然水力坡降；

I' —— 水源地井孔直线排列长度的1/2（如果井数为n，相邻井间距为2δ，则

$l'=n\delta$，即从最后一个井排外推 δ 距离处的点为井排的末端）；

θ—— 从 X 轴（天然水流方向）算起的角度取正值；

θ_1、θ_2—— 预测点到井排两末端点，从 X 轴（天然水流方向）算起的角度（取正值）；

r_1、r_2—— 预测点至井排两末端点的距离。

其他边界条件和不同水源地类型，φ 值与 φ_N 值的表达式，参见《城市地下水工程与管理手册》及有关资料。

b）确定污染地下水流入水源地的可能最大浓度

经预测计算污染水可能流入水源地时，只要污水在渗流途中不能完全自净，便可能对地下水造成污染。其可能出现的最大浓度 C_{max} 值可按以下混合模式计算：

$$C_{\max}=C_{\mathrm{e}}+\frac{Q_{污\max}}{Q}\left(C_{污}-C_{\mathrm{e}}\right) \tag{11}$$

式中：C_e—— 地下水污染物天然浓度；

$C_{污}$—— 渗入污水浓度；

Q—— 水源地的开采量；

$Q_{污max}$—— 可能进入水源地的最大污水量。

对无限含水层单井组成的水源地，污染源所处位置不同，$Q_{污max}$ 可采用下列计算模式：

1）污染源位于中立流线控制区域内，且在 X 轴的一侧时：

$$Q_{污\max}=m\left(\varphi_N-\varphi_1\right)$$

2）污染源位于 X 轴的一侧，且在补给边界上，即 $\varphi_2>\varphi_1$ 而 $\varphi_1<\varphi_N$ 时：

$$Q_{污\max}=m\left(\varphi_2-\varphi_1\right)$$

3）污染源位于水源地上游 X 轴的两侧时：

$$Q_{污\max}=Q-m\left(\varphi_2-\varphi_1\right)$$

4）污染源位于水源地下游补给带内 X 轴的两侧时：

$$Q_{污\max}=Q-m\left(\varphi_1+\varphi_2\right)$$

式中：φ_1、φ_2—— 污染源两个边缘点的径流函数值；

φ_N—— 抽水井中立流线径流函数值；

m—— 含水层厚度；

Q—— 水源地的开采量。

c）确定水源地补给区内污染地下水沿流线到达水源地所需的时间（T）

1）无限含水层单井组成的水源地，可按下式计算：

$$T=\frac{\mu m}{q}\left\{X-\frac{Q}{2\pi q}\ln\left[\frac{x}{y}\sin\left(\frac{2\pi Q}{Q}y\right)+\cos\left(\frac{2\pi q}{Q}y\right)\right]\right\} \tag{12}$$

2）无限含水层线形井排组成的水源地，按主流线（X轴）时：

$$T=\frac{2\pi\mu ml^2}{Q}\int_{\frac{1}{2}}^{Z}\frac{\mathrm{d}Z}{\left(Z+\frac{2\pi ql}{Q}\right)\sin Z} \tag{13}$$

式中：Z—— $\mathrm{arctg}\frac{1}{X}$；

其他符号同前。

中华人民共和国国家环境保护标准

建设项目竣工环境保护验收技术规范
石油天然气开采

HJ 612—2011

前　言

为贯彻《中华人民共和国环境保护法》、《中华人民共和国环境影响评价法》和《建设项目环境保护管理条例》，规范和指导石油天然气开采建设项目竣工环境保护验收工作，制定本标准。

本标准规定了石油天然气开采建设项目竣工环境保护验收工作的范围、内容、工作程序、方法和要求。

本标准附录 A 为规范性附录。

本标准首次发布。

本标准由环境保护部科技标准司组织制订。

本标准起草单位：环境保护部环境工程评估中心。

本标准环境保护部 2011 年 2 月 11 日批准。

本标准自 2011 年 6 月 1 日起实施。

本标准由环境保护部解释。

1 适用范围

本标准规定了陆地、滩海石油天然气开采建设项目竣工环境保护验收的工作范围、工作内容、技术方法及要求等。

本标准适用于陆地、滩海石油天然气开采的新建、改建、扩建建设项目竣工环境保护验收。

2 规范性引用文件

本标准内容引用了下列文件中的条款。凡是不注日期的引用文件，其有效版本适用于本标准。

GB 3096 声环境质量标准
GB 3838 地表水环境质量标准
GB 5468 锅炉烟尘测试方法
GB 8978 污水综合排放标准
GB 9078 工业炉窑大气污染物排放标准
GB 12348 工业企业厂界环境噪声排放标准
GB 12763.1 海洋调查规范
GB 13271 锅炉大气污染物排放标准
GB 14554 恶臭污染物排放标准
GB 15618 土壤环境质量标准
GB 16157 固定污染源排气中颗粒物测定和气态污染物采样方法
GB 16297 大气污染物综合排放标准
GB 17378 海洋监测规范
HJ/T 2.1 环境影响评价技术导则 总纲
HJ 2.2 环境影响评价技术导则 大气环境
HJ/T 2.3 环境影响评价技术导则 地面水环境
HJ 2.4 环境影响评价技术导则 声环境
HJ/T 19 环境影响评价技术导则 非污染生态影响
HJ/T 55 大气污染物无组织排放监测技术导则

HJ/T 91　地表水和污水监测技术规范

HJ/T 164　地下水环境监测技术规范

HJ/T 394　建设项目竣工环境保护验收技术规范　生态影响类

3　术语和定义

下列术语和定义适用于本标准。

3.1　石油天然气开采 oil & natural gas exploitation and development

指石油和天然气勘探、生产及油气田服务业，包括油气田的勘探、钻井、井下作业、采油（气）、油气处理、油气集输等作业过程。不含外输管线和独立的储油库、储气库等建设项目。

3.2　石油勘探 oil & natural gas exploitation

指为了寻找和查明油气资源，而利用各种勘探手段了解地下的地质状况，认识生油、储油、油气运移、聚集、保存等条件，综合评价含油气远景，确定油气聚集的有利地区，找到储油气的圈闭，并探明油气田面积，搞清油气层情况和产出能力的过程。

3.3　油田开发 oil & natural gas development

指在认识和掌握油田地质及其变化规律的基础上，在油藏上合理的分布油井和投产顺序，以及通过调整采油井的工作制度和其他技术措施，把地下石油资源采到地面的全过程。

3.4　井下作业 borehole operation

在油田开发过程中，根据油田调整、改造、完善、挖潜的需要，按照工艺设计要求，利用一套地面和井下设备、工具，对油、水井采取各种井下技术措施，达到提高注采量，改善油层渗流条件及油、水井技术状况，提高采油速度和最终采收率的目的的井下施工工艺技术过程。

4　总则

4.1　工作程序

4.1.1　验收调查工作分准备、初步调查、制定工作方案、详细调查、编制调查报告5个阶段进行。具体工作程序见图1。

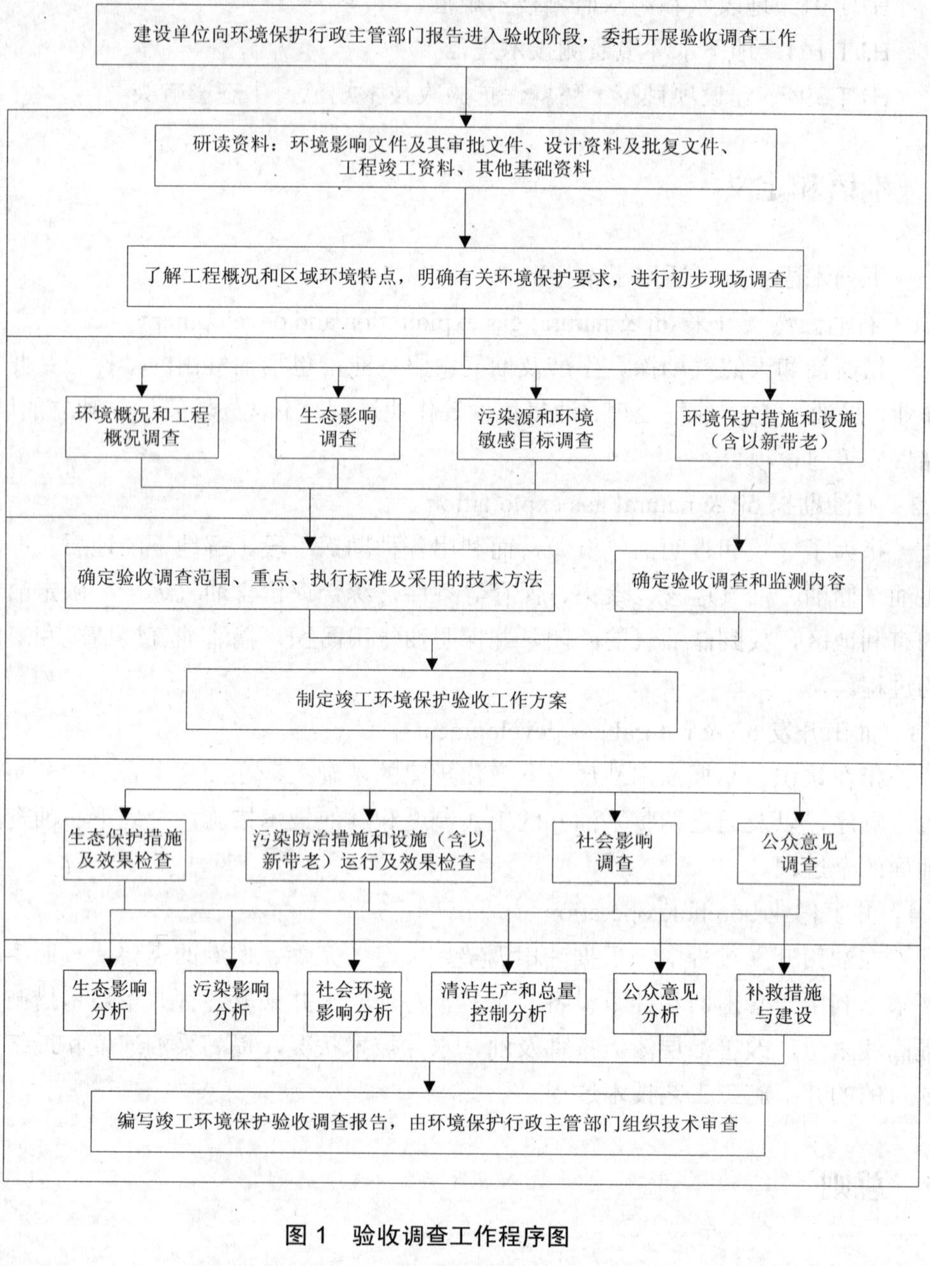

图 1　验收调查工作程序图

4.1.2　验收调查工作结束后，由环境保护行政主管部门组织实施竣工环境保护验收现场检查。

4.2 验收调查时段和范围

4.2.1 根据工程建设过程，验收调查时段一般分为勘探开发期、施工期、试运行期三个时段。

4.2.2 验收调查范围原则上与环境影响评价文件的评价范围一致；当工程实际建设内容发生变更或环境影响评价文件未能全面反映建设项目的实际生态影响和其他环境影响时，应根据工程实际建设情况及环境影响实际情况，结合现场勘察情况对其进行适当调整。

4.3 验收调查标准

4.3.1 原则上采用环境影响评价文件中经环境保护行政主管部门确认的环境保护标准与污染防治设施的相关指标作为验收调查标准，如有已修订新颁布的环境保护标准则用其作为验收调查的标准。

4.3.2 现阶段环境质量标准中暂时还没有的因子，可用环境影响评价文件中的现状值、环境影响评价审批文件确定的因子和限值或区域背景值和本底值作为参照。

4.3.3 环境保护标准中没有该因子但设计文件已对其做出规定的，按设计文件指标进行验收。

4.4 工程运行情况要求

4.4.1 根据行业特征，在建设项目主体工程正常运行、配套环境保护设施建成使用后即可开展验收调查工作。

4.4.2 注明实际调查工况，按环境影响评价文件近期的设计能力对主要环境要素进行影响分析。

4.4.3 对分期建设、分期投入生产的建设项目应分阶段开展验收调查、分阶段进行环境保护验收。

4.5 验收调查方法

宜采用近期资料调研、现场调查、现状监测和公众意见调查相结合的办法，并充分利用先进的科技手段和方法，如全球定位系统、遥感系统、航拍等。

4.6 验收调查内容

4.6.1 环境影响评价制度、“三同时”制度及其他环境保护规章制度执行情况。

4.6.2 实际工程建设内容、工程变更及环境影响情况。

4.6.3 环境敏感保护目标基本情况及变化情况。

4.6.4 环境影响评价文件及其审批文件中提出的主要环境影响、环境保护设施和措施要求（含以新带老），以及环境保护设施和措施的落实情况及其效果。

4.6.5 工程勘探开发期、施工期和试运行期实际存在的环境问题及公众反映强烈的环境问题。

4.6.6 环境影响评价文件对污染因子达标情况预测结果与验收调查结果的符合度。

4.6.7 环境风险防范和应急措施的落实及有效性调查。

4.6.8 建设项目施工期环境管理制度（包括环境监理）的实施情况及有效性调查，并对提出的环境保护措施落实情况进行调查。

4.6.9 健康、安全和环境（HSE）管理体系建立及运行情况。

4.6.10 清洁生产水平和污染物排放总量情况。

4.6.11 环境保护投资情况。

4.6.12 其他新发现的问题，如环境保护政策发生变化带来的要求变化等。

5 技术规定

5.1 工程调查

5.1.1 工程建设过程

说明建设项目立项时间、审批部门，初步设计编制单位、完成时间、审批时间，环境影响评价文件编制单位、完成时间、审批部门及审批时间，工程开工建设时间，环境保护设施设计单位、施工单位和工程环境监理单位，投入试运行时间等。

5.1.2 工程概况及变更情况调查

5.1.2.1 说明建设项目所处的地理位置、开发面积、组成、规模、工程量、主要经济或技术指标（可列表）、主要生产工艺及流程、工程总投资与环境保护投资等情况。

5.1.2.2 与环境影响评价文件对比说明工程实际建设内容，重点说明其变更内容，分析工程变更带来的环境影响、环境保护措施变化等相关内容。

5.1.2.3 主要调查内容包括：

a）钻井、井下作业及采油气情况调查

（1）油气勘探开采井的具体数量、分布状况、开钻时间、完钻时间、完井井深、占地面积、土石方工程量、岩屑量、泥浆量；

（2）泥浆池及废水池的占地面积、防渗措施、处理方法（如固化），泥浆的处置方式；

（3）钻井废水产生量及其主要污染物、废水的处置方式及去向；

（4）油气井的主要经济技术指标；

（5）井下作业污染物产生、处理处置情况调查；

（6）采油气及采油注水作业情况调查。

b）地面工程及集输管线情况调查

（1）采油地面工程重点调查联合站、接转站、计量站、注水站、办公楼及道路网络等配套设施的建设规模、占地面积、土石方工程量、设施建设前的土地类型等内容；采气地面工程重点调查集气站、增压站、清管站、天然气处理厂（净化厂）、办公楼等配套设施的建设规模、占地面积和类型、土石方工程量等；

（2）地面工程的主要经济技术指标；

（3）集油气管网及伴行道路的长度、宽度、土石方工程量、沿线经过的土地类型、采取的施工方式；

（4）输油气管网事故污染情况调查。

c）环境保护措施、设施和管理制度调查

包括生态、水、气、声、固体废物等方面的措施、设施及管理制度。调查具体的措施内容，采取的污染防治设施的位置、规模、工艺、排放去向及效果等。

d）环境保护投资调查

列表分类详细列出，包括勘探开发期、施工期和试运行期的污染（废水、废气、噪声、固体废物、振动等）治理、场站绿化、临时占地恢复、水土保持（包括防止作业区域以及影响区域水土流失的工程费用、防风固沙费用、永久占地绿化费用等）、生态补偿、勘探开发期和施工期的环境监测及环境监理（监督）、HSE 培训和管理等费用。

5.1.3 图件要求

提供适当比例的工程地理位置图和平面布置图（集输管线给出线路走向示意图），明确比例尺，工程平面布置图中应标注主要工程设施、环境保护设施和环境敏感目标。

5.2 环境影响评价文件及其审批文件回顾

5.2.1 环境影响评价文件回顾应明确说明环境影响评价阶段确定的主要环境影响要素、环境敏感目标、环境影响预测结果、采取的环境保护措施和建议、评价结论。

5.2.2 审批文件回顾应简述环境影响审批文件中所提出的要求。

5.3 环境保护措施落实情况调查

5.3.1 调查环境影响评价文件及其审批文件所提各项环境保护措施的落实情况。

5.3.2 对比说明实际采取的生态保护和污染防治措施与环境影响评价、初步设计的变化情况，对未全面落实的措施说明变化原因，并提出后续实施、改进的建议。

5.4 建设过程环境影响调查

5.4.1 调查方法

5.4.1.1 收集分析建设项目勘探开发过程的有关文件，走访相关人员，估算污染物的实际发生量，分析其对环境的主要影响。

5.4.1.2 结合工程调查、环境监理（监督），通过走访当地环境保护和相关部门及公众意见调查，了解建设项目勘探开发过程中产生的生态影响和水、气、声、固体废物的污染情况，以及是否发生过环境污染和居民环境保护投诉事件。

5.4.1.3 收集、利用建设项目勘探开发期和施工期所在地的环境监测资料，结合建设项目勘探开发过程调查和公众意见调查情况，分析建设项目勘探开发期和施工期对所在地区环境质量的影响。

5.4.2 调查内容

5.4.2.1 调查采油地面工程永久占地（包括联合站、接转站、计量站、注水站、办公楼、道路等）、采气地面工程永久占地（包括集气站、增压站、清管站、天然气处理厂或净化厂、办公楼、道路等）和钻井、油气集输管网、材料堆放、施工营地等临时占地的数量、类型和恢复情况等，需特别注意对调查区域内特殊生境，如自然保护区、湿地、水源地等生态敏感目标的影响调查。

5.4.2.2 调查建设项目勘探开发期和施工期用水量、施工人数等相关参数，分析生产废水、生活废水的产生量，调查其处理及排放情况；结合水环境质量的监测资料和公众意见调查结果，分析建设项目勘探开发期和施工期对地表水及地下水环境的影响，重点分析对水环境敏感目标的影响，评价勘探开发期和施工期采取的地表水和地下水环境保护措施的有效性。

5.4.2.3 调查建设项目勘探开发期和施工期燃料种类、用量等相关参数，分析废气的产生量，调查采取的大气污染防治和控制措施；结合建设项目环境空气质量监测资料及公众意见调查结果，分析建设项目勘探开发期和施工期对环境空气质量的影响，评价建设项目勘探开发期和施工期采取的大气环境保护措施的有效性。

5.4.2.4 调查建设项目勘探开发期和施工期主要噪声污染源及采取的降噪措施的情况；结合声环境质量的监测资料及公众意见调查结果（注意建设项目是否有夜间施工等问题），分析建设项目勘探开发期和施工期声环境质量的影响及声环境保护措施的有效性。

5.4.2.5 调查勘探开发期和施工期产生的固体废物（主要是钻井岩屑、废弃钻井泥浆和落地油）、生活垃圾的处置方式和排放去向；结合地下水和土壤环境质量的监测资料及公众意见调查结果，分析建设项目勘探开发期和施工期固体废物的影响及其环境保护措施的有效性。

5.4.2.6 调查了解工程勘探开发期和施工期有无环境污染事件和环境保护投诉事件发生，如有，应调查事件发生时间、地点、原因、损失情况及处理结果，并对其应急处理措施有效性和环境影响后果进行分析。

5.5 生态保护措施及影响调查

5.5.1 调查内容

5.5.1.1 自然环境概况

概括描述调查范围内自然环境基本特征，包括气象气候因素、地形、地貌特征、水资源、土壤资源、动植物资源、珍稀濒危动植物的分布和生理生态特性、历史演化情况及发展趋势等；调查范围内勘探、开发活动对生态系统的干扰方式和强度、对生境的干扰破坏情况、生态系统演变的基本特征等；调查范围内生态敏感目标现状情况等。

5.5.1.2 工程占地影响调查

列表说明工程永久和临时占地的情况，包括占地位置、面积、占地类型与性质、用途等。

5.5.1.3 生态敏感目标调查

重点调查环境影响评价文件中确定的生态敏感目标，若调查过程中发现新增的生态敏感目标，应进行补充说明与详细调查。提供工程与生态敏感目标的相对位置关系图，必要时提供图片辅助说明工程前后生态敏感目标的变化情况。

对工程建设前后因有关环境保护规划、功能区划调整而导致生态敏感目标的数量、位置、范围、敏感程度发生改变的须特别做出说明。工程实际建设内容与初步设计和环境影响评价文件不符，并有可能造成较大生态影响的区域，应重新判定和识别生态敏感目标。

5.5.1.4 土壤环境影响调查

重点调查农田土壤的扰动情况，特别是配套集输管线施工中是否执行了分层开挖、分层回填的有关要求；穿跨越产生的固体废物处理是否满足要求，钻井废物处理是否满足要求，产生的（包括采油、井下作业、集输等）泥浆、落地油等对土壤的污染影响。

5.5.1.5　植被或水生生物影响调查

对比分析工程建设前后区域内植被或水生生物的变化，主要包括植被或水生生物的类型、优势物种等。结合工程采取的环境保护措施，分析工程建设对植被或水生生物的影响。

5.5.1.6　生态功能调查

调查建设项目建设前后生态敏感目标功能完整性的变化情况，结合工程采取的生态减免、补偿措施的落实情况，分析工程建设对生态敏感目标的影响。

5.5.1.7　水土流失影响调查

调查造成水土流失的类型和程度、危害以及对水土保持设施的破坏情况；同时调查建设项目采取工程、植物和管理措施后水土流失的控制情况，必要时辅以图表进行说明。

若建设项目已通过水土保持验收，可适当参考其验收结果。

5.5.1.8　主要生态问题及采取的保护措施调查

对比工程建设前后区域内生态系统的变化情况，核查区域生态现状是否符合环境影响评价文件的预测结论，是否在其可接受的变动范围之内，调查存在的问题、生态保护措施的落实情况及是否符合有关环境保护规划和功能区划的要求。

5.5.2　调查方法

5.5.2.1　文件资料调查

收集和分析建设项目环境影响评价文件、施工期监理记录和报告及工程有关协议、合同等文件，了解建设项目勘探开发期和施工期产生的生态影响，调查因工程建设占用土地（耕地、林地、草地、湿地等）和水域（滩涂等）产生的生态影响及采取的保护措施与补偿措施。

5.5.2.2　现场勘察

a）调查区域与调查对象应基本覆盖调查区域和主要调查对象的50%以上。

b）核查建设项目永久占地或临时占地的位置、面积、类型。

c）勘察建设项目勘探开发对生态敏感目标、水土保持设施的影响情况及采取的生态保护措施情况。

d）勘察建设项目勘探开发对植被的影响情况及目前的恢复情况，如植被覆盖率、主要植被类型、植物种类等。

5.5.2.3　样方调查及土壤监测

a）对于产生重大生态影响和涉及生态敏感目标影响的建设项目须进行植物样方

或水生生态调查。

（1）选择有代表性植物的区域，在施工迹地布设 1 个调查样带（具体样方数和大小根据实际情况确定）和 1 个对照调查样带（距施工迹地 30 m 以外，具体样方数和大小根据实际情况确定）。

（2）水生生态调查重点为核实环境影响评价文件及其审批文件要求的落实情况。如果开展水生生态监测可选择与环境影响评价文件相同的监测点位和因子开展工作，但如环境影响评价时未进行监测或工程变更导致影响位置发生变化，除在影响范围内布设监测点外，还应在非影响区设置对照测点。监测因子和采样分析方法按 GB 12763.1 和 GB 17378.1～7 有关规定执行。

b）判断建设项目配套集输管线是否执行了分层开挖分层回填措施和钻井废物处理是否满足环境保护要求，必要时需进行土壤环境质量监测。

（1）原则上在植物调查样带选择有代表性的施工迹地布设 1 个监测点（施工迹地的上方）和 1 个对照点（距施工迹地外 30 m），并可根据土壤变化情况，加密调查点位。

（2）调查建设项目试运行中落地油对土壤的影响，可选择有代表性的井场，在井场及井场周围 10 m、20 m、30 m、50 m 分别布设 1 个监测点。

（3）监测因子

配套集输管线监测主要为 pH、有机质、速效磷、总氮等 4 项因子，钻井废物处理场监测主要为 pH、石油类、铅、六价铬等 4 项因子，井场监测主要为 pH、石油类、挥发酚等 3 项因子。

（4）采样及分析方法

每个监测点梅花法分别取 2 个样，采样深度根据可能造成的污染情况确定，原则上最深不超过 50 cm，集输管线处测点土壤剖面的开挖深度在建设项目安全允许的范围内。分析方法按 GB 15618 有关规定执行。

5.5.2.4 其他技术方法

建设项目环境影响评价文件采用全球定位系统、地理信息系统、遥感系统技术方法进行生态评价的，竣工验收环境影响调查阶段也应采用该技术进行生态制图，并尽量选择相同的季节时段，以反映工程建设前后油气田用地类型的变化、生态分布的情况等内容，该技术方法必须配合必要的现场勘察验证工作进行。

5.5.3 调查结果分析

5.5.3.1 从植被类型、盖度、人类活动引起景观变化等角度分析工程占地、土地使用类型改变对原有生态系统的影响；根据土壤和植被调查结果分析临时占地生态影响及恢复的效果；分析建设项目占地对农业生产的影响。

5.5.3.2 分析生产井、配套集输管网等在事故状态下对周围生态系统，尤其是土壤和植被的影响。

5.5.3.3 分析由于油气田开发导致的人类活动的增加，对区域生态系统长期、潜在的影响。

5.5.4 生态保护措施及对策建议

根据生态调查及分析的结果，对已采取的生态恢复措施有效性进行分析，提出进一步采取恢复及保护措施建议。

5.6 水污染防治措施及环境影响调查

5.6.1 水污染源及环境保护措施调查

5.6.1.1 调查对象

油田重点调查联合站、办公区、公寓等处产生的工艺废水和生活污水；气田重点调查天然气处理厂、办公区、公寓等处产生的工艺废水和生活污水。

5.6.1.2 调查内容

废（污）水产生量、排放量，污染物种类、浓度和数量；废（污）水处理方法、排放去向，处理设施的设计单位、设计参数、工艺流程、施工单位及完工时间、运行效果等。

5.6.1.3 调查方法

可采用现场监测与已有资料收集分析相结合的方法获取数据，其中环境保护设施排放口须进行现场监测，其余定量分析数据可视情况依据现场监测获取或收集利用已有资料。

5.6.1.4 监测要求

a）环境影响评价文件或环境影响评价审批文件对污水处理设施效率有明确要求的，应在污水处理或回用设施的进、出口及污水总排口设置监测点，否则可只在污水处理或回用设施的出口及污水总排口设置监测点位，并提供监测点位图。

b）生产废水监测因子主要包括 pH、COD、BOD_5、氨氮、SS、石油类、挥发酚、硫化物等，生活污水监测因子主要包括 pH、COD、BOD_5、氨氮、SS、动植物油类、阴离子表面活性剂（LAS）等。

c）监测频次、采样和分析方法按照 GB 8978、HJ/T 91 的要求进行。

5.6.2 环境影响调查

5.6.2.1 调查建设项目影响范围内的主要地表水体名称、与工程关系（包括废水受纳水体）、环境功能区划，必要时须调查地下水分布、流向、用途、影响因素等内容。

5.6.2.2 原则上选择与环境影响评价文件中相一致的地表水监测断面及监测因子进行监测，可根据建设项目的实际建设内容和影响酌情增减。

5.6.2.3 地下水监测一般视情况选择地下水井（如固体废物处理场周围）进行监测，监测因子主要有 pH、石油类、挥发酚、总硬度、溶解性总固体、氟化物、铜、砷、六价铬等；根据油藏特征，可适当补充铁、锰、氯、硫等离子。

5.6.2.4 监测频次、采样和分析方法按照 GB 3838、HJ/T 91 和 HJ/T 164 的要求进行。

5.6.3 监测结果达标分析

5.6.3.1 统计监测结果，分析达标情况。

5.6.3.2 明确污水处理设施效果。

5.6.3.3 分析污水排放对环境敏感目标的影响，包括影响程度、范围及环境功能区管理目标的可达性。

5.6.4 环境保护措施有效性分析及建议

5.6.4.1 根据监测结果及达标情况，分析现有环境保护措施的有效性、存在的问题及原因。

5.6.4.2 分析污水处理设施事故排放的可能性，评估事故排放应急措施的有效性和可靠性。

5.6.4.3 针对存在的问题，提出具有可操作性的整改、补救措施与建议。

5.7 大气污染防治措施及环境影响调查

5.7.1 大气污染源及环境保护措施调查

5.7.1.1 调查对象

联合站、天然气处理厂和基地锅炉排放的烟气，联合站加热炉排放的烟气，天然气处理厂硫磺回收及尾气处理装置排放的废气，集气站产生的废气，燃烧伴生气的火炬所排放的污染物，油气集输过程中挥发损失的烃类气体等。

5.7.1.2 调查内容

废气排放量，污染物种类、浓度和数量，排气筒高度、出口内径、温度；废气处理设施设计参数、工艺流程、建成和投入运行时间、运行效果；排放口及无组织排放达标情况等。

5.7.1.3 调查方法

采用现场监测和资料收集分析相结合的方法获取废气污染源调查数据，对同类废气污染源选择有代表性的排放源进行监测。

5.7.1.4 监测要求

a)油田重点在联合站、接转站的加热炉和基地锅炉的排气筒等位置设置监测点，并在联合站厂界设置无组织排放监控点；气田重点在天然气处理厂、集气站加热炉排气筒和基地锅炉的排气筒、天然气处理厂硫磺回收及尾气处理装置排气筒等位置设置监测点，并在天然气处理厂厂界设置无组织排放监控点；根据环境影响评价文件及其审批文件要求确定环境敏感目标是否需要设置监测点；提供监测点位图。

b）排气筒监测 SO_2、NO_x、烟尘等因子，同步记录排气筒高度、内径、烟气温度、烟气量、燃气量等工况参数；厂界无组织排放监控点监测非甲烷总烃浓度和特征因子（如 H_2S、压气站的 NO_x），同步记录风速、风向、气温、气压等气象要素。

c)监测频次、采集、保存、分析的原则和方法按照 GB 5468、GB 9078、GB 13271、GB 14554、GB 16297、GB 16157、HJ/T 55 相关要求进行。

5.7.2 监测结果达标分析

5.7.2.1 统计监测结果，分析达标情况。

5.7.2.2 如进行了废气处理设施去除效率的监测，需明确处理设施效果。

5.7.2.3 分析废气排放对环境敏感目标的影响程度，包括影响程度、范围及环境功能区管理目标的可达性。

5.7.3 环境保护措施有效性分析及建议

5.7.3.1 根据监测结果及达标情况，分析现有环境保护措施的有效性、先进性、存在的问题及原因。

5.7.3.2 分析废气处理设施事故排放的可能性，评估事故排放应急措施的有效性和可靠性。

5.7.3.3 针对存在的问题，提出具有可操作性的整改、补救措施与建议。

5.8 噪声防治措施及环境影响调查

5.8.1 调查内容

5.8.1.1 调查工程影响范围内声环境敏感目标的分布情况，列表说明其名称、与工程的相对位置关系（包括方位、距离、高差）、规模等。

5.8.1.2 调查建设项目主体工程所在地区的声环境功能区划，如联合站、天然气处理厂、增压站等，明确声环境敏感目标和建设项目厂界应执行的环境噪声标准。

5.8.1.3 调查建设项目试运行期的噪声源情况，包括源强种类、声场特征、声级范围、分布等。

5.8.1.4 调查建设项目降噪措施的实施和落实情况，并结合环境监测分析其实际降噪效果。

5.8.2 监测要求

5.8.2.1 布点原则

一般选择与环境影响评价文件中相一致的点位进行监测，当其不能满足调查要求时，可根据实际情况选择合适的监测点位。

5.8.2.2 监测点位

一般选择联合站、天然气处理厂或增压站的厂界和声环境敏感目标设置监测点，注意靠近噪声源和临近声环境保护目标的厂界应适当加密监测点位。

5.8.2.3 监测频率、采样与分析方法按照 GB 12348、GB 3096 的要求进行。

5.8.2.4 提供监测点位图，注明监测点位与建设项目的相对位置关系。

5.8.3 监测结果达标分析

5.8.3.1 统计监测结果，分析建设项目厂界和声环境敏感目标达标情况，对环境影响评价文件中预测超标的点位进行重点分析。

5.8.3.2 当建设项目所在地区环境背景值较高时，应结合现状监测情况进行背景值的修正。

5.8.3.3 分析对环境敏感目标的影响程度，包括影响程度、范围及环境功能区管理目标的可达性。

5.8.4 环境保护措施有效性分析与建议

5.8.4.1 分析声环境保护措施是否满足环境影响评价文件、环境影响评价审批文件或初步设计要求，厂界和声环境敏感目标是否满足相应标准要求。

5.8.4.2 针对存在的问题，提出具有可操作性的整改、补救措施与建议。

5.9 固体废物污染控制措施及环境影响调查

5.9.1 调查对象

主要调查钻井废弃泥浆、钻井岩屑，落地油，油气生产和集输过程中的油泥、油沙，基地的生活垃圾等。

5.9.2 调查内容

5.9.2.1 分类核查固体废物的主要来源、发生量，区分危险废物和一般固体废物，并将危险废物作为调查重点。

5.9.2.2　调查各类固体废物的处置方式和处置量、综合利用方式和利用量，检查处置方式和综合利用情况是否符合相关技术规范和标准要求，废弃钻井泥浆的处置方式应作为调查重点。

5.9.2.3　一般固体废物委托处理，应核查委托合同和执行情况；危险废物委托处理，应核查被委托方的资质和委托合同，并检查合同中处理的固体废物的种类、产生量和处理处置方式是否与其资质相符合，必要时对固体废物的去向做相应的跟踪调查。

5.9.3　影响分析

5.9.3.1　分析固体废物的收集、贮运及处置是否满足环境影响评价文件及其审批文件或初步设计文件的环境保护要求。

5.9.3.2　分析现有固体废物处置措施的有效性、存在的问题及原因。

5.9.4　环境保护措施有效性分析与建议

5.9.4.1　分析建设项目在勘探、开发和最大产能条件下，所采取的固体废物收集、贮运及处置措施是否满足环境保护要求。

5.9.4.2　针对存在的问题，提出具有可操作性的整改、补救措施与建议。

5.10　清洁生产调查

5.10.1　根据石油天然气开采业清洁生产的一般要求，可从生产工艺与装备要求、资源能源、利用指标、污染物产生指标（末端处理前）、废物回收利用指标和环境管理要求等 5 方面开展清洁生产调查。

5.10.2　从生产工艺与装备、资源能源利用、污染物产生、废物回收利用等方面调查建设项目投入试运行后的能耗、物耗和污染物排放情况，核算清洁生产指标，参考环境影响评价文件或初步设计要求，分析建设项目的清洁生产水平。

5.10.3　主要清洁生产指标包括环境保护设施运转率、固体废物和危险废物处置率、钻井井场占地、落地原油回收率和废水回用率等。

一些清洁生产指标说明或计算方法如下：

a）环境保护设施运转率：环境保护设施包括水、气、声、固体废物等污染防治设施。运转率是指企业环境保护设施正常运转天数与环境保护设施应正常运转天数的百分比。

b）固体废物和危险废物处置率：指企业固体废物和危险废物处置量与产生量的百分比。处置量系指企业将不能综合利用的固体废物焚烧或者最终置于符合环境保护规定的场所的工业固体废物量（包括当年处置往年的工业固体废物累计贮存量），以及危险废物安全填埋量。

c）落地原油回收率

$$E_{回收}(\%)=\frac{T_{回收}}{T_{产生}}\times 100 \qquad (1)$$

式中：$E_{回收}$ —— 落地原油回收率，%；

$T_{回收}$ —— 落地原油回收量，t；

$T_{产生}$ —— 落地原油产生量，t。

d）废水回用率 100%

$$E_{回用}(\%)=\frac{Q_{回用}}{Q_{产生}}\times 100 \qquad (2)$$

式中：$E_{回用}$ —— 废水回用率，%；

$Q_{回用}$ —— 回用废水量，m^3；

$Q_{产生}$ —— 废水产生量，m^3。

5.11　社会环境影响调查

5.11.1　拆迁安置影响调查

调查拆迁区的再利用和恢复情况、拆迁安置区的分布及环境概况，重点调查集中安置区的设置对周边环境的影响、所采取的环境保护措施及其效果。

5.11.2　文物保护措施调查

调查环境影响评价文件及其审批文件中要求的环境保护措施的落实情况；明确文物保护级别，提供文物与工程相对位置关系图。

5.12　公众意见调查

5.12.1　为了了解公众对工程勘探开发期、施工期和试运行期环境保护工作的意见及对工程影响范围内的居民工作和生活的影响情况，须开展公众意见调查工作。

5.12.2　在公众知情的原则下开展，可采用问询、问卷调查、座谈会、媒体公示等方法，较为敏感或知名度较高的建设项目也可采取听证会的方式。

5.12.3　调查对象应选择与工程环境影响有关的人群、单位和社会团体，以及政府有关部门。民族地区必须有少数民族的代表。

5.12.4　根据建设项目的影响范围、实际受影响人群数量、人群分布特征在满足代表性的前提下确定合理的调查样本数量。

5.12.5　调查内容可根据建设项目的工程特点、环境影响和所在区域环境特征设置，一般包括：

a）建设项目勘探开发期、施工期、试运行期是否发生过环境污染或扰民事件，事件的后果及处理情况。

b）公众对建设项目勘探开发期、施工期、试运行期存在主要环境问题和可能存在的环境影响方式的看法与认识，主要是可能对居民生活质量产生影响的水、气、声、固体废物等方面。

c）公众对建设项目勘探开发期、施工期、试运行期采取的环境保护措施效果的满意度及其他意见。

d）对涉及环境敏感目标或公众环境利益的建设项目，应针对环境敏感目标或公众环境利益设计调查问题，了解其是否受到影响。

e）公众最关注的环境问题及希望采取的环境保护措施。

f）公众对建设项目环境保护工作的总体评价。

5.12.6 结果分析应包括以下内容：

a）给出公众意见调查逐项分类统计结果及各类意向或意见数量和比例。

b）定量说明公众对建设项目环境保护工作的认同度，分析公众反对建设项目的主要意见和原因。

c）重点分析建设项目各时期对社会和环境的影响、公众对建设项目建设的主要意见和合理性。

d）结合调查结果，提出热点、难点环境问题的解决方案。

5.13 污染物排放总量控制调查

5.13.1 调查内容

5.13.1.1 根据环境影响评价文件及其审批文件有关总量控制指标要求，确定建设项目污染物排放总量调查对象。

5.13.1.2 调查建设项目试运行期主要污染物的实际产生量、削减量和排放量，并折算成年度产生量、削减量和排放量。

5.13.1.3 调查建设项目达到设计生产能力后的污染物排放总量，并与环境影响评价文件的预测结果进行对比；对于尚不能达到设计生产能力的建设项目，应分析最大产能时的污染物排放量。

5.13.1.4 环境影响评价文件及其审批文件中对污染物有“区域削减”要求的，应对“区域削减”措施落实情况进行调查，并分析其效果。

5.13.2 总量控制指标符合性分析

分析评判建设项目试运行期及达到设计生产能力后能否满足环境影响评价文件及其审批文件中提出的污染物总量控制指标要求。

5.14 环境风险事故防范及应急措施调查

5.14.1 根据建设项目可能存在的风险事故的特点及环境影响评价文件有关要求确定调查内容，一般包括：

a）工程勘探开发期、施工期和试运行期存在的环境风险因素。

b）工程勘探开发期、施工期和试运行期环境风险事故发生情况、原因及造成的环境影响。

c）工程环境风险防范措施与应急预案的制定和设置情况，国家、地方及行业有关环境风险事故防范与应急方面相关规定的落实情况。

d）工程环境风险事故防范与应急管理机构的设置情况。

e）工程环境风险应急物资的配备和应急队伍培训情况。

5.14.2 评述建设项目现有环境风险防范措施与应急预案的有效性，针对存在的问题提出具有可操作性的改进措施与建议。

5.15 环境管理及环境监测计划落实情况调查

5.15.1 调查建设项目 HSE 管理体系的建立及执行情况。

5.15.2 调查建设项目环境管理机构和制度制定、实施情况，环境保护人员设置情况，环境保护档案资料齐备情况。

5.15.3 调查建设项目勘探开发期、施工期和试运行期监测计划实施情况。

5.15.4 调查建设项目施工期环境监理实施情况，包括环境监理单位、环境监理计划、执行情况及效果。

5.15.5 总结环境影响评价文件及其审批文件要求的环境管理、环境监理和环境监测计划的落实情况，根据调查结果，提出健全运行期环境管理与环境监测计划的建议。

5.16 调查结论与建议

竣工环境保护验收调查报告结论中应包括工程概况、建设项目环境保护工作执行情况、生态影响调查结论、污染类要素环境影响调查结论、社会类要素环境影响调查结论，同时应提出明确的验收意见。

5.16.1 总结建设项目对环境影响评价文件及其审批文件要求的落实情况。

5.16.2 概括说明工程建设成后产生的主要环境问题（包括生态、水、气、声、固体废物、拆迁安置、文物保护等）及现有环境保护措施的有效性，在此基础上，对环境保护措施提出改进措施和建议。

5.16.3 明确建设项目清洁生产、总量控制指标、环境风险事故防范及应急措施、环境管理与监测计划落实情况等方面的调查结论。

5.16.4 明确建设项目目前遗留的主要问题，提出补救措施与建议。

5.16.5 根据调查和分析的结果，客观、明确地从技术角度论证建设项目是否符合竣工环境保护验收条件，主要包括：

a）建议通过竣工环境保护验收。

b）限期整改后，建议通过竣工环境保护验收。

6 竣工环境保护验收现场检查

6.1 环境保护设施检查

a）检查生态保护设施的建设与运行情况。

b）检查环境风险应急设施的配备情况。

c）检查其他环境保护设施的建设与运行情况，包括污水处理设施、废气无组织排放、烟气脱硫措施、隔声降噪、固体废物处理等设施的建设与运行情况。

6.2 环境保护措施检查

a）检查生态保护措施的落实情况，包括生态敏感目标保护措施、临时占地的恢复措施、基本农田保护措施、生态补偿措施、绿化措施等。

b）检查排污口的规范化建设、污染源在线监测仪的安装、监测仪器配置情况等。

c）检查环境风险应急措施的落实情况。

d）检查其他环境保护措施的落实情况。

附录 A
（规范性附录）
调查报告编排结构及内容

A.1 格式要求

参见 HJ/T 394 中附录 A.1。

A.2 内容要求

石油天然气开采建设项目竣工环境保护验收调查报告一般应包括前言、综述、工程概况及变更情况调查、环境影响报告书及审批文件回顾、环境保护措施落实情况调查、生态影响调查、污染防治措施及环境影响调查、社会环境影响调查、清洁生产调查、污染物排放总量控制调查、环境风险事故防范及应急措施调查、环境管理及环境监测计划落实情况调查、公众意见调查、调查结论与建议等调查内容。但在实际调查中，可根据工程特点、环境特征、环境影响、国家和地方的环境保护要求，选择上述但不限于上述全部或部分内容。

A.3 主要内容

A.3.1 前言

简要阐述建设项目主要工程内容、建设项目各建设阶段至试运行期的时间、建设项目验收条件或工况、建设项目环境影响评价制度执行过程，以及建设项目验收调查的工作过程。

A.3.2 综述

明确编制依据、调查目的及原则、调查方法、调查范围、验收标准、环境敏感目标和调查重点等内容。编制依据应包括建设项目须执行的国家、地方性法规及相关规划；建设项目设计及批复文件、工程建设中环境保护设施变更报批及批复文件；环境影响评价文件及其审批文件；委托调查文件及其他有关文件等。

A.3.3 工程概况及变更影响调查

说明工程的建设过程和工程实际建设内容，重点明确工程实际建设内容与环境影响评价阶段相比的变化情况，分析相应的环境影响变化及采取的环境保护措施情况。

A.3.4 环境影响报告书及审批文件回顾

A.3.5 环境保护措施落实情况调查

按设计、施工、试运行三个阶段，列表说明工程对环境影响报告书及其审批文件所提各项环境保护措施的落实情况，分析未落实措施原因，并提出进一步的改进措施与建议。

A.3.6 建设过程环境影响调查

调查建设项目勘探开发期、施工期的环境影响及采取措施的有效性。

A.3.7 生态影响调查

A.3.7.1 逐一明确建设项目勘探开发期、施工期和试运行期对环境影响报告及审批文件要求的生态保护措施落实情况。

A.3.7.2 从生态敏感目标影响、工程占地影响、植被影响、土壤影响、生态功能影响、水土流失等方面分析工程影响情况，并对存在的问题提出补救措施与建议。

A.3.8 污染防治措施及环境影响调查

A.3.8.1 逐一明确建设项目、施工期和试运行期对环境影响报告及审批文件要求的防止水、气、声、固体废物污染采取的保护措施的落实情况。

A.3.8.2 结合监测结果，分析环境敏感目标、环境质量的达标情况及措施的有效性，并对存在的问题提出补救措施与建议。

A.3.9 社会环境影响调查

A.3.10 清洁生产调查

A.3.11 污染物排放总量控制调查

A.3.12 环境风险事故防范及应急措施调查

A.3.13 环境管理及环境监测计划落实情况调查

A.3.14 公众意见调查

A.3.15 调查结论与建议

A.4 图件要求

提供建设项目的地理位置图、开发区块和集输管网走向示意图、主要地面工程平面布置图、调查范围和环境敏感目标位置图、环境保护设施及污染源位置图、监测点位图等必要图件。

A.5 附件要求

提供竣工环境保护验收调查委托书、建设项目初步设计审批文件、建设项目环境影响报告书审批文件、竣工验收环境监测报告、“三同时”验收登记表及其他相关文件（如环境影响评价执行标准的批复、试生产批准文件、相关管理部门对工程通过环境敏感目标的准许文件、“三废”委托处理证明等）。

中华人民共和国国家标准

废矿物油回收利用污染控制技术规范（节选）

HJ 607—2011

前　言

为贯彻《中华人民共和国环境保护法》《中华人民共和国固体废物污染环境防治法》，规范废矿物油回收利用、处置行为，防治废矿物油对环境的污染，保护环境，保障人体健康，制定本标准。

本标准规定了废矿物油收集、运输、贮存、利用和处置过程中的污染控制技术及环境管理要求。

本标准为首次发布。

本标准由环境保护部科技标准司组织制定。

本标准主要起草单位：济南市环境保护规划设计研究院、济南市鑫源物资开发利用有限公司。

本标准环境保护部 2011 年 2 月 16 日批准。

本标准自 2011 年 7 月 1 日起实施。

本标准由环境保护部解释。

1　适用范围

本标准规定了废矿物油收集、贮存、运输、利用和处置过程中的污染控制技术及环境管理要求。

本标准适用于废矿物油收集、贮存、运输、利用和处置过程中的污染控制，可用于指导废矿物油经营单位建厂选址、工程建设以及建成后工程运营的污染控制工作。

2 规范性引用文件

本标准内容引用了下列文件中的条款。凡不注明日期的引用文件，其有效版本适用于本标准。

GB 8978 污水综合排放标准
GB 12348 工业企业厂界噪声排放标准
GB 13015 含多氯联苯废物污染控制标准
GB 13271 锅炉大气污染物排放标准
GB 16297 大气污染物综合排放标准
GB 17145 废润滑油回收与再生利用技术导则
GB 18484 危险废物焚烧污染控制标准
GB 18597 危险废物贮存污染控制标准
GB 18598 危险废物填埋污染控制标准
HJ/T 55 大气污染物无组织排放监测技术导则
HJ/T 91 地表水和污水监测技术规范
HJ/T 166 土壤环境监测技术规范
HJ/T 176 危险废物集中焚烧处置工程建设技术规范
HJ/T 373 固定污染源检测质量保证与质量控制技术规范（试行）
HJ/T 397 固定源废气监测技术规范
《道路危险货物运输管理规定》（交通部令 2005 年第 9 号）
《水路危险货物运输规则》（交通部令 1996 年第 10 号）
《铁路危险货物运输管理规则》（铁运〔1995〕104 号）
《危险废物经营许可证管理办法》（国务院令 2004 年第 408 号）
《危险废物转移联单管理办法》（国家环境保护总局令 1999 年第 5 号）
《危险废物经营单位编制应急预案指南》（国家环境保护总局公告 2007 年第 48 号）
《危险废物经营单位记录和报告经营情况指南》（环境保护部公告 2009 年第 55 号）

3 术语和定义

下列术语和定义适用于本标准

3.1 废矿物油 Used Mineral Oil

从石油、煤炭、油页岩中提取和精炼，在开采、加工和使用过程中由于外在因素作用导致改变了原油的物理和化学性能，不能继续被使用的矿物油。

3.2 废矿物油产生单位 Used Mineral Oil Generator

在生产、经营、可研及其他活动中有废矿物油产生的单位。

3.3 废矿物油经营单位 Used Mineral Oil Operator

获得环境保护主管部门核发的危险废物经营许可证，从事废矿物油收集、利用、贮存、处置经营活动的单位。

3.4 收集 Collection

指废矿物油经营单位将分散的废矿物油进行集中的活动。

3.5 贮存 Storage

指废矿物油经营单位在废矿物油处置前，将其放置在符合环境保护标准的场所或者设施中，以及将分散的废矿物油进行集中，在自备的临时设施或者场所放置。

3.6 利用 Recycling

指从废矿物油中提取物质作为原材料或者燃料的活动。

3.7 焚烧 Inflammation

指焚化燃烧废矿物油使之分解并无害化的过程。

4 总体要求

4.1 废矿物油焚烧、贮存和填埋厂址选择应符合 GB 18484、GB 18597、GB 18598 中的有关规定，并符合当地的大气污染防治、水资源保护和自然生态保护要求。废矿物油再生利用的厂址选择应参照上述规定和要求执行。

4.2 废矿物油生产单位和废矿物油经营单位应按《危险废物污染防治技术政策》中的有关规定从事相关的生产、经营活动。

4.3 废矿物油生产单位和废矿物油经营单位应采取防扬散、防流失、防渗漏及其他防止污染环境的措施。

4.4 废矿物油应按照来源、特性进行分类收集、贮存、利用和处置。

4.5 含多氯联苯废矿物油属于多氯（溴）联苯废物，其收集、贮存、运输、利用和处置应按 GB 13015 和相关规定执行。

5 废矿物油的分类及标签要求

5.1 废矿物油分类按照《国家危险废物名录》执行，按行业来源分类如下：

—原油和天然气开采；

—精炼石油制品制造；

—涂料、油膜、颜料及相关产品制造；

—专用化学品制造；

—船舶及浮力装置制造；

—非特定行业。

5.2 应在废矿物油包装容器的适当位置粘贴废矿物油标签，标签应清晰易读，不应人为遮盖或污染。

5.3 废柴油、废煤油、废汽油、废分散油、废松香油等闭杯试验闪点等于或低于60℃的废矿物油，应标明“易燃”。

6 收集污染控制技术要求

6.1 一般要求

6.1.1 废矿物油收集容器应完好无损，没有腐蚀、污染、损毁或其他能导致其使用效能减弱的缺陷。

6.1.2 废矿物油收集过程产生的废旧容器应按照危险废物进行处置，仍可转作他用的，应经过消除污染的处理。

6.1.3 废矿物油应在产生源收集，不宜在产生源收集的应设置专用设施集中收集。

6.1.4 废矿物油收集过程产生的含油棉、含油毡等含废矿物油废物应一并收集。

6.2 原油和天然气开采

6.2.1 原油和天然气开采作业现场宜采取铺设塑料膜等措施防止废矿物油污染场地。

6.2.2 原油和天然气开采应将开采现场沾染废矿物油的泥、沙、水全部收集。

6.2.3 原油和天然气开采产生的残油、废油、油基泥浆、含油垃圾、清罐油泥等应全部回收，不应排放或弃置。

6.2.4 原油和天然气开采中产生的数量较大的废矿物油，可收集在符合《危险废物污染防治技术政策》和 GB 18597 的自备临时设施或场所，不应随意堆积。

7 贮存污染控制技术要求

7.1 废矿物油贮存污染控制应符合 GB 18597 中的有关规定。

7.2 废矿物油贮存设施的设计、建设除符合危险废物贮存设计原则外，还应符合有关消防和危险品贮存设计规范。

7.3 废矿物油贮存设施应远离火源，并避免高温和阳光直射。

7.4 废矿物油应使用专用设施贮存，贮存前应进行检验，不应与不相容的废物混合，实行分类存放。

7.5 废矿物油贮存设施内地面应作防渗处理，并建设废矿物油收集和导流系统，用于收集不慎泄漏的废矿物油。

7.6 废矿物油容器盛装液体废矿物油时，应留有足够的膨胀余量，预留容积应不少于总容积的 5%。

7.7 已盛装废矿物油的容器应密封，贮油油罐应设置呼吸孔，防止气体膨胀，并安装防护罩，防止杂质落入。

8 运输污染控制技术要求

8.1 废矿物油的运输转移应按《道路危险货物运输管理规定》《铁路危险货物运输管理规则》《水路危险货物运输规则》等的规定执行。

8.2 废矿物油的运输转运过程控制应按《危险废物转移联单管理办法》的规定执行。

8.3 废矿物油转运前应检查危险废物转移联单，核对品名、数量和标志等。

8.4 废矿物油转运前应制定突发环境事件应急预案。

8.5 废矿物油转运前应检查转运设备和盛装容器的稳定性、严密性、确保运输途中不会破裂、倾倒和溢流。

8.6 废矿物油在转运过程中应设专人看护。

9 利用和处置技术要求

9.1 一般要求

9.1.1 废润滑油的再生利用应符合 GB 17145 中的有关规定。

9.1.2 废矿物油不应用做建筑脱模油。

9.1.3 不应使用硫酸/白土法再生废矿物油。

9.1.4 废矿物油利用和处置的方式主要有再生利用、焚烧处置和填埋处置，应根据含油率、黏度、倾点（凝点）、闪点、色度等指标合理选择利用和处置方式。

9.1.5 废矿物油的再生利用宜采用沉降、过滤、蒸馏、精制和催化裂解工艺，可根据废矿物油的污染程度和再生产品质量要求进行工艺选择。

9.1.6 废矿物油再生利用产品应进行主要指标的监测，确保再生产品质量。

9.1.7 废矿物油进行焚烧处置，鼓励进行热能综合利用。

9.1.8 无法再生利用或焚烧处置的废矿物油及废矿物油焚烧残余物应进行安全处置。

9.2 原油和天然气开采

9.2.1 含油率大于 5%的含油污泥、油泥沙应进行再生利用。

9.2.2 油泥沙经油沙分离后含油率应小于 2%。

9.2.3 含油岩屑经油屑分离后含油率应小于 5%，分离后岩屑宜采用焚烧处置。

10 利用和处置污染控制技术要求

10.1 废矿物油经营单位应对废矿物油在利用和处置过程中排放的废气、废水和场地土壤进行定期监测，检测方法、频次应符合 HJ/T 55、HJ/T 397、HJ/T 91、HJ/T 373、HJ/T 166 等的相关要求。

10.2 废矿物油利用和处置过程中排放的废水、废气、噪声应符合 GB 8978、GB 13271、GB 16297、GB 12348 等的相关要求。

10.3 废矿物油的焚烧应符合 GB 18484 中的有关规定。

10.4 废矿物油焚烧工程的建设应符合 HJ/T 176 中的有关规定。

10.5 废矿物油的填埋应符合 GB 18598 中的有关规定。

11 管理要求

11.1 废矿物油经营单位应按照《危险废物经营许可证管理办法》的规定执行。

11.2 废矿物油经营单位应按照《危险废物经营单位记录和报告经营情况指南》建立废矿物油经营情况记录和报告制度。

11.3 废矿物油产生单位的产生记录，废矿物油经营单位的经营情况记录，一级污染物排放监测记录应保存 10 年以上，并接受环境保护主管部门的检查。

11.4 废矿物油产生单位的废矿物油经营单位应建立环境保护管理责任制度，设置环境保护部门或专（兼）职人员，负责监督废矿物油收集、贮存、运输、利用和处置过程中的环境保护及相关管理工作。

11.5 废矿物油经营单位应按照《危险废物经营单位编制应急预案指南》建立污染预防机制和环境污染事故应急预案制度。

中华人民共和国国家环境保护标准

采油废水治理工程技术规范

HJ 2041—2014

前 言

为贯彻《中华人民共和国环境保护法》和《中华人民共和国水污染防治法》，规范采油废水治理工程的建设与运行管理，防治环境污染，保护环境和人体健康，制定本标准。

本标准规定了采油废水治理工程设计、施工、验收和运行管理等的技术要求。

本标准为指导性文件。

本标准为首次发布。

本标准由环境保护部科技标准司组织制订。

本标准主要起草单位：中国环境保护产业协会、中国石化集团公司胜利油田分公司采油工艺研究院、中国石油大学（华东）。

本标准环境保护部 2014 年 6 月 10 日批准。

本标准自 2014 年 9 月 1 日起实施。

本标准由环境保护部解释。

1 适用范围

本标准规定了采油废水治理工程设计、施工、验收和运行管理等的技术要求。

本标准适用于油田采油废水治理工程建设与运行的全过程，可作为采油废水治理工程环境影响评价、环境保护设施设计与施工、建设项目竣工环境保护验收及建成后运行与管理的技术依据。

2　规范性引用文件

本标准内容引用了下列文件中的条款。凡是不注日期的引用文件，其有效版本适用于本标准。

GB 12348　工业企业厂界环境噪声排放标准
GB 12801　生产过程安全卫生要求总则
GB 50009　建筑结构荷载规范
GB 50014　室外排水设计规范
GB 50016　建筑设计防火规范
GB 50019　采暖通风与空气调节设计规范
GB 50052　供配电系统设计规范
GB 50058　爆炸和火灾危险环境电力装置设计规范
GB 50093　自动化仪表工程施工及验收规范
GB 50183　石油天然气工程设计防火规范
GB 50191　构筑物抗震设计规范
GB 50204　混凝土结构工程施工质量验收规范
GB 50231　机械设备安装工程施工及验收通用规范
GB 50236　现场设备、工业管道焊接工程施工及验收规范
GB 50268　给水排水管道工程施工及验收规范
GB 50275　压缩机、风机、泵安装工程施工及验收规范
GB 50303　建筑电气工程施工质量验收规范
GB 50428　油田采出水处理设计规范
GBJ 87　工业企业噪声控制设计规范
HJ/T 9　地表水和污水监测技术规范
HJ/T 92　水污染物排放总量监测技术规范
HJ/T 242　环境保护产品技术要求　污泥脱水用带式压榨过滤机
HJ/T 245　环境保护产品技术要求　悬挂式填料
HJ/T 246　环境保护产品技术要求　悬浮填料

HJ/T 252 环境保护产品技术要求 中、微孔曝气器
HJ/T 260 环境保护产品技术要求 鼓风式潜水曝气机
HJ/T 263 环境保护产品技术要求 射流曝气器
HJ/T 283 环境保护产品技术要求 厢式压滤机和板框压滤机
HJ/T 335 环境保护产品技术要求 污泥浓缩带式脱水一体机
HJ/T 336 环境保护产品技术要求 潜水排污泵
HJ/T 337 环境保护产品技术要求 生物接触氧化成套装置
HJ/T 369 环境保护产品技术要求 水处理用加药装置
HJ/T 493 水质采样 样品的保存和管理技术规定
HJ 576 厌氧-缺氧-好氧活性污泥法污水处理工程技术规范
HJ 577 序批式活性污泥法污水处理工程技术规范
HJ 2006 污水混凝与絮凝处理工程技术规范
HJ 2007 气浮处理工程技术规范
HJ 2008 污水过滤处理工程技术规范
HJ 2009 生物接触氧化法污水处理工程技术规范
HJ 2010 膜生物法污水处理工程技术规范
SY/J 4039 石油工程建设基本术语
SY/T 0048 石油天然气工程总图设计规范
SY/T 0049 油田地面建设规划规范设计
SY/T 5329 碎屑岩油藏注水水质推荐指标及分析方法
SY/T 6276 石油天然气工业健康、安全与环境管理体系
CECS 111 寒冷地区污水活性污泥法处理设计规程
《建设项目（工程）竣工验收办法》（国家计委 计建设〔1990〕1215 号）
《建设项目竣工环境保护验收管理办法》（国家环境保护总局令 2001 年第 13 号）
《污染源自动监控管理办法》（国家环境保护总局令 2005 年第 28 号）

3 术语和定义

GB 50428 和 SY/J 4039 确立的以及下列术语和定义适用于本标准。

3.1 油田采出水 oilfield produced water

油田开采过程中产生的含有原油的水，经净化处理后可重新注回油层作驱油剂

使用，是注水水源之一。

3.2　采出水处理系统　produced water treatment system

通过一系列水处理设施对油田采出水（包括少量洗井、井下作业废水及采出水处理设备反冲洗排水等）进行净化处理，使其达到生产用回注水、工艺回掺水或其他用途水质要求。

3.3　采油废水　oilfield discharged wastewater

油田采油过程中，除作为回注、工艺回掺或其他用途等生产用水以外，需外排的废水。

3.4　生化后处理　after biochemical treatment

设在生化处理后，进一步去除污染物的处理过程。

4　污染物和污染负荷

4.1　采油废水来源

采油废水来源如图1所示。

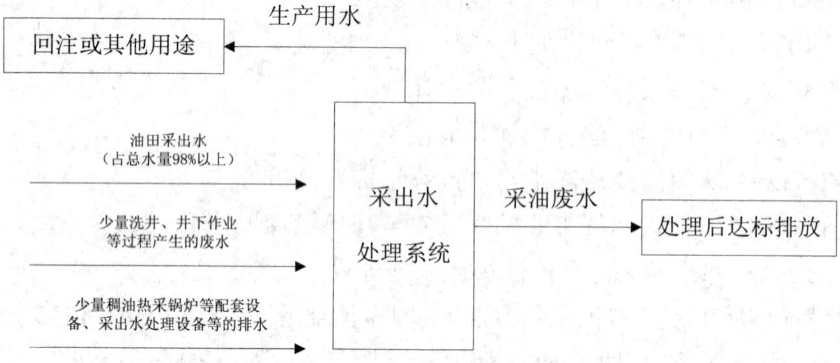

图1　采油废水来源

4.2　废水水量

4.2.1　采油废水水量与油田开发程度、工艺、规模、边底水活跃程度、注采比等有关。

4.2.2　废水水量应以实测数据为准；没有实测数据的，可类比现有同等开发程度、生产规模和同种采油工艺的油田的排放水量来确定废水排放量。

4.2.3 无类比数据时，废水水量可按下式计算：

$$Q=Q_i-Q_1-Q_2$$

式中：Q——采油废水水量，m^3/h；

Q_i——经采出水处理系统处理后的水量，m^3/h；

Q_1——用于生产的回注水量，m^3/h；

Q_2——用于工艺掺水等其他用途的生产水量，m^3/h。

4.3 废水水质

4.3.1 采油废水水质与油田地质条件、开发工艺、油层改造措施、注水水质及采出水处理系统处理工艺及处理效率等有关。

4.3.2 采油废水水质应结合油田水质生产数据、变化情况以及未来生产、开发规划等因素，并根据现场取样检测的统计数据综合确定。取样点宜设置在采出水处理系统外输口。

4.3.3 采油废水的取样检测应符合 HJ/T 91 和 HJ/T 92 的要求。各水质指标的分析按照 HJ/T 91、SY/T 5329 等相关要求执行。

4.3.4 当无实测数据时，采油废水的水质指标可参考表 1。

表 1 采油废水水质指标

污染物指标	pH	石油类/（mg/L）	化学需氧量（COD_{Cr}）/（mg/L）	生化需氧量（BOD_5）/（mg/L）	聚合物/（mg/L）	氨氮/（mg/L）	悬浮物（SS）/（mg/L）
浓度范围	6.5～8.5	20～200	100～800	50～150	0～200	6～80	10～150

4.4 设计水量和设计水质

设计水量和设计水质应根据油田整体生产、开发规划和实际生产情况，结合实际测量数据确定，水量和水质的设计取值应在污染负荷原数值上增加 15%～30%的设计余量。

5 总体要求

5.1 一般规定

5.1.1 采油废水处理工程的设计和建设除应遵守本标准和环境影响评价审批文件的规定外，还应符合国家基本建设程序以及有关标准、规范和规划的规定。

5.1.2 油田企业应积极采用节能减排及清洁生产技术，从源头控制污染物产生，削减污染负荷。

5.1.3 洗井、井下作业等生产、作业过程产生的废液及稠油注汽锅炉等配套设备产生的废水应收集到具有防渗措施的设施内，经初步处理后运至采出水处理系统进行集中处理。

5.1.4 应加强采油井、油气集输与处理设施的检测与维护，防止油水泄漏。应建立应对生产突发事件的废水收集系统，事故性泄漏污水应收集后运至采出水处理系统进行集中处理。

5.1.5 采油废水处理工程设计应优先选用处理效率高、能耗低、投资省的处理工艺，并应保证采油废水处理设施稳定、可靠运行，且易于操作和维护。

5.1.6 采油废水处理工程在建设和运行中，应采取防止二次污染的措施，恶臭和固体废物的处理处置应符合国家相关标准的规定。

5.1.7 采油废水处理厂（站）的噪声应符合 GB 12348 的规定，建筑物内部噪声源的控制应符合 GBJ 8 中的有关规定。

5.1.8 采油废水处理厂（站）应按照国家和地方的有关规定设置规范化排污口。废水总排放口应按照《污染源自动监控管理办法》的规定安装在线监测系统。

5.2 建设规模

5.2.1 采油废水处理工程的建设规模，应根据废水处理厂（站）服务范围内油田开发过程中实际外排水量、污染物浓度和预期变化情况等综合确定。

5.2.2 采油废水处理工程各构筑物的建设规模按正常状态下的最大日流量计算，污泥处理与处置系统的建设规模按平均日流量计算。

5.3 工程构成

5.3.1 采油废水处理工程主要包括：废水处理主体工程、辅助工程和配套设施等。

5.3.2 采油废水处理主体工程包括：预处理单元、厌氧生物处理单元、好氧生物处理单元、生化后处理单元、污泥处理处置单元和事故应急处理等。

5.3.3 辅助工程包括：厂（站）区道路、供排水和消防、监测化验和计量、采暖通风与空调、电气自动化等设施。

5.3.4 配套设施包括：办公室、休息室、食堂、卫生间等。

5.4 工程选址和总平面布置

5.4.1 采油废水处理工程选址应符合下列规定：

a）应符合规划要求并具有良好的工程地质条件；

b）宜靠近油田作业区，便于废水收集；

c）站址的面积应满足总平面布置的需要，根据总体规划要求，可适当预留扩建用地；

d）站址宜具备可靠的供水、排水、供电及通信等条件，便于施工、维护和管理；

e）站址的选择还应符合 SY/T 0048 的有关规定。

5.4.2 采油废水处理厂（站）的平面布置应满足各处理单元的功能和工艺流程的要求；建（构）筑物设施的间距应紧凑、合理，并满足施工、安装的要求；各类管线连接应简洁，设置宜方便维修管理。

5.4.3 采油废水处理厂（站）应合理布置超越管线和维修放空设施。

5.4.4 采油废水处理厂（站）的建（构）筑物及设施的竖向设计应充分利用地形、地质条件，以便实现废水的良好排放、土方平衡和降低能耗。

5.4.5 采油废水处理厂（站）应根据需要，设置堆放材料、药剂、污泥等的固定场所，不得露天堆放。污泥临时堆放场所及各处理单元构筑物均应采取相应的防腐、防渗等处理措施。

5.4.6 采油废水处理厂（站）可根据场地条件进行适当的绿化或设置隔离带。

5.4.7 沼气利用等需要防火、防爆的设施应设置在相对独立的区域，并考虑一定的防护距离。

5.4.8 采油废水处理厂（站）的围墙设置视具体情况确定，围墙高度不宜低于 2 m。

5.4.9 采油废水处理厂（站）大门尺寸应满足最大设备进出需要，并设废渣、污泥、化学品运输门。

6 工艺设计

6.1 工艺选择原则

6.1.1 采油废水处理工艺路线和单元技术的选择应以连续稳定达标排放为目标，并应对废水水质、水量及其变化规律进行全面调查和必要的分析试验，综合考虑环境影响评价批复要求、排放标准要求以及处理工艺的合理性、适用性、经济性及控制水平等因素，通过现场中试后确定。

6.1.2 采油废水处理工程应选用生物处理与物理、化学处理相结合的综合处理工艺。

6.1.3 工程设计时应考虑采油废水含盐量、聚合物含量及采油用化学药剂等对工程运行稳定性和各单元处理效率的影响。

6.2 工艺流程

6.2.1 采油废水宜采用图 2 所示的基本工艺流程：

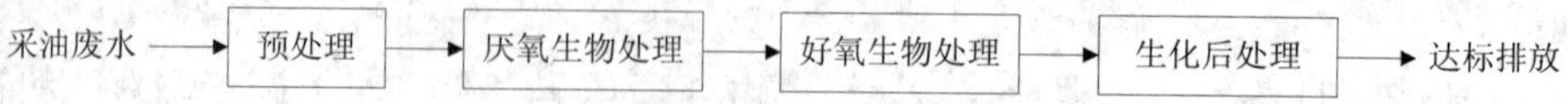

图 2 采油废水处理工艺流程图

6.2.2 采油废水预处理包括冷却、隔油、调节、混凝/（气浮）沉淀等处理单元，处理单元的取舍与组合应根据采油废水的水质特性和设施建设要求确定。

6.2.3 采油废水厌氧生物处理宜选用水解酸化法，也可选用厌氧生化池；好氧生物处理宜选用生物接触氧化法、传统活性污泥法或膜生物反应器（MBR）等。

6.2.4 采油废水生化后处理宜选用微絮凝-过滤、化学氧化等处理工艺。

6.2.5 采油废水处理效率应通过试验确定，各处理单元污染物去除效率可参考表 2。

表 2 采油废水处理厂（站）处理单元污染物去除效率

处理单元	处理方法	主要工艺环节	污染物去除效率/%			
			COD_{Cr}	SS	氨氮	石油类
预处理	自然沉淀	隔油、沉淀	10～20	20～40	—	10～35
	混凝沉淀	隔油、调节、混凝沉淀	25～60	40～70	—	30～60
	混凝气浮	隔油、调节、混凝气浮	25～60	40～80	—	30～60
厌氧生物处理	厌氧生化	厌氧生化池	15～40	20～45	—	30～60
	水解酸化	水解酸化	15～40	20～45	—	30～60
好氧生物处理	活性污泥	活性污泥生物反应池、沉淀池	65～90	60～90	50～86	80～96
	生物膜	生物接触氧化	65～90	60～90	50～86	80～96
	膜生物反应器	膜生物反应器	65～90	60～92	70～95	80～96
生化后处理	过滤	微絮凝、过滤	10～20	50～60	—	＞30
	混凝	混凝、沉淀、过滤	15～30	50～70	—	＞30
	吸附	活性炭吸附	＞40	＞40	—	＞70

6.3 主体处理单元

6.3.1 预处理

6.3.1.1 冷却处理

a）水温较高的采油废水应设置冷却处理装置，并设置实时监控；

b）冷却处理装置宜采用换热降温和冷却塔降温等方式。

6.3.1.2 隔油处理

隔油池（罐）的设计应满足以下技术条件和要求：

a）隔油池（罐）的有效容积应根据水质、水量变化情况确定，有效停留时间宜取 2～8 h；

b）隔油池（罐）应设计为封闭式，应设有通排风设施及对高温采油废水逸散气体的处理设施；

c）隔油池（罐）应设置原油回收和底部排泥装置。

6.3.1.3 废水调节处理

采油废水水质、水量变化较大，生化处理单元抗冲击负荷能力较弱时，应设置调节池。废水调节池的设计应满足以下技术条件和要求：

a）采油废水调节池应具备均质、均量、调节 pH、防止沉淀、补加营养盐等功能；

b）调节池的水力停留时间宜取 10～24 h；

c）废水调节池应设置去除浮渣和污泥的装置；

d）调节池内应设置水力混合或机械搅拌装置。采用空气搅拌时，宜按曝气强度计，取 3～4.5 m^3/（m^2·h）；采用机械搅拌时，功率宜采用 4～8 W/m^3。

6.3.1.4 混凝-沉淀/气浮处理

采油废水中含聚合物或为油水密度差较小的稠油废水时，宜采用“混凝-沉淀/气浮”处理工艺，设计应满足以下技术条件和要求：

a）使用水处理药剂时，一般须设置混凝反应区。水处理药剂与废水的混合及反应宜采用机械搅拌或水力搅拌方式，反应时间与废水性质、药剂种类、投加量和反应形式等因素有关，一般为 15～30 min；

b）采用混凝沉淀工艺时，混合区 G 值 300～600 s^{-1}，混合时间 30～120 s，反应区 G 值 30～60 s^{-1}，反应时间 5～20 min，沉淀池表面负荷 0.6～1.2 m^3/（m^2·h）；

c）采用混凝气浮工艺时，气浮处理宜采用溶气气浮、涡凹气浮或射流气浮。气浮进水含油量宜小于 100 mg/L。气浮处理产生的浮渣宜采用机械式清渣。刮渣机的行车速度宜控制在 1～5 m/min；

d）其他工艺设计应符合 HJ 2007 的相关技术要求。

6.3.2 厌氧生物处理

6.3.2.1 厌氧生物处理宜控制水温为：冬季 30～40℃，夏季 25～40℃。

6.3.2.2 厌氧生物处理系统进水 pH 值宜为 6.5～7.5，石油类宜小于 20 mg/L，硫酸盐浓度应小于 1 000 mg/L。

6.3.2.3　厌氧生物处理后可设置沉淀池，停留时间宜为 1.5～3.0 h。

6.3.2.4　厌氧生物处理宜选用水解酸化法，也可选用厌氧生化池，相关参数应通过试验确定。

6.3.2.5　厌氧生物处理应避免产甲烷，可通过调节氧化还原电位高于-300 mV 等措施来抑制产甲烷。

6.3.2.6　采用水解酸化法时，应符合以下技术要求：

a）水解酸化池进水 COD_{Cr} 宜小于 1 000 mg/L。

b）水解酸化池容积负荷宜为 0.7～2.0 kgCOD/（m^3·d）。停留时间可设计为 6～12 h；

c）水解酸化池底部应设置潜水搅拌器，以防止污泥沉淀。潜水搅拌机的搅拌功率宜采用 2～4 W/m^3；

d）布水系统应从底部进水，且应保证均匀布水，废水的上升流速宜小于 2.5 m/h；

e）水解酸化池的有效水深宜为 4.0～6.0 m；

f）水解酸化池池宽与有效水深之比宜采用 1∶1～2∶1；

g）水解酸化后沉淀池表面负荷宜为 0.5～1.5 m^3/（m^2·h）。

6.3.3　好氧生物处理

6.3.3.1　好氧生物处理系统的进水 COD_{Cr} 应不大于 500 mg/L。

6.3.3.2　采用传统活性污泥法时，污泥负荷宜按 0.05～0.20 kgBOD_5/（kg MLSS·d）设计，污泥浓度宜为 2～4 g/L。采用 A^2O、SBR 或 MBR 时，其工艺设计应分别符合 HJ 576、HJ 577、HJ 2010 的规定。当污水处理设施位于寒冷地区时，还应符合 CECS 111 的规定。

6.3.3.3　采用生物接触氧化法时，其技术要求如下：

a）应选用性能优良的高效生物膜填料，固定生物膜填料的支架应满足防腐要求；

b）容积负荷应根据试验或相似废水处理的实际运行数据确定，当无数据时，宜采用 0.3～1.5 kgCOD/（m^3·d），并按水力停留时间进行校核；

c）好氧池应保持足够的充氧曝气，溶解氧宜取 2.0～4.0 mg/L；

d）其他工艺设计应符合 HJ/T 337 及 HJ 2009 的技术要求。

6.3.3.4　曝气池应考虑设置消泡设施，宜采用加大曝气池超高、添加消泡剂、喷淋消泡和机械消泡等措施。

6.3.4　生化后处理

6.3.4.1　采油废水生化后处理工艺可采用微絮凝—过滤、混凝—沉淀/气浮—过滤等工艺，工艺的选用及单元工艺参数，应根据水质、水量情况，并进行处理工艺试验，进行技术经济比较后确定。

6.3.4.2 相关工艺设计可参照 HJ 2006、HJ 2007 和 HJ 2008 等相关标准。

6.3.4.3 有更严格排放要求时，经试验验证和技术经济分析，也可选用其他生化后处理单元技术中的一种或几种组合，其他单元技术有化学氧化处理、吸附、活性炭生物滤池、超滤、纳滤、反渗透等。

6.4 污泥处理单元

6.4.1 污泥产生量宜根据工艺条件计算。生化污泥产生量应根据生物处理工艺、有机物浓度、产泥系数等进行计算，当缺乏资料时，常规情况下可按好氧产泥系数 0.3～0.7 kgDS/kgBOD$_5$ 计算；物化污泥量应根据处理工艺、水量、悬浮物浓度、药剂投加量等进行计算。

6.4.2 污泥脱水前应对污泥进行加药调理。投加药剂的种类和投药量应根据试验或参照同类型污泥脱水的数据确定，不宜过量投加。

6.4.3 污泥脱水机类型应根据污泥性质、污泥产量、脱水要求进行选择，脱水污泥含水率宜≤80%。

6.4.4 脱水污泥应按照国家固体废物处置的相关规定进行无害化集中处置。

6.5 恶臭控制

6.5.1 应有效控制恶臭污染源，并符合下列技术要求：

a）应优化工艺单元设计，以减少废水收集及处理系统臭气的产生和扩散；

b）应定期清理工艺过程中产生的浮渣和污泥等污染物。

6.5.2 宜对臭气进行收集和处理，并符合下列技术要求：

a）采取密闭、局部隔离及负压抽吸等措施，集中收集工艺过程（调节池、水解池、污泥脱水机等）中产生的臭气；

b）污水泵房、加药间等应设置通风或臭气收集设施，并确保排放废气符合相关标准的要求。

6.5.3 宜采用物理、生物、化学除臭等工艺处理收集的臭气，采油废水治理工程宜选用生物过滤法除臭、吸附除臭等工艺。

7 主要工艺设备和材料

7.1 曝气设备

7.1.1 应选用氧利用率高、混合效果好、运行稳定可靠、阻力损失小、容易安装维护的产品。

7.1.2 应考虑采油废水腐蚀、结垢等对曝气设备效率及运行稳定性的影响。

7.1.3 选用曝气设备的具体要求如下：

a）中、微孔曝气器应符合 HJ/T 252 的规定；

b）射流曝气器应符合 HJ/T 263 的规定；

c）鼓风式潜水曝气机应符合 HJ/T 260 的规定。

7.2 污泥处理设备

7.2.1 污泥脱水用厢式压滤机和板框压滤机应符合 HJ/T 283 的规定。

7.2.2 污泥脱水用带式压榨过滤机应符合 HJ/T 242 的规定。

7.2.3 污泥浓缩带式脱水一体机应符合 HJ/T 335 的规定。

7.3 加药设备

加药设备应符合 HJ/T 369 的规定。

7.4 泵

潜水排污泵应符合 HJ/T 336 的规定。

7.5 填料

7.5.1 生物膜填料应优先选用技术性能高、使用寿命长的产品。

7.5.2 悬挂式填料应符合 HJ/T 245 的规定，悬浮填料应符合 HJ/T 246 的规定。

7.6 其他设备、材料

其他机械、设备、材料应符合国家或行业标准的规定。

8 检测与过程控制

8.1 检测

8.1.1 应根据采油废水处理厂（站）工艺控制的要求设置水量计量、水质监测、水位观察、取样检测化验、药品计量的仪器、仪表。

8.1.2 用于为采油废水治理工程实现闭环控制和性能考核提供数据的在线检测装置，其检测点分别设在受控单元内或进、出口处，采样频次和监测项目应根据工艺控制要求确定。

8.1.3 预处理系统宜检测进、出口流量、pH 值、SS、COD_{Cr}、BOD_5、氨氮、总氮、总磷等指标。

8.1.4 厌氧处理单元宜检测进、出口的 pH 值、COD_{Cr}、BOD_5、石油类和反应器内的温度、碱度、污泥性状、污泥浓度等指标。

8.1.5 好氧处理单元宜检测进、出口的pH值、SS、COD_{Cr}、BOD_5、石油类、氨氮、总氮、总磷，以及反应池内的溶解氧、污泥性状、污泥浓度等指标。

8.1.6 生化后处理单元宜检测出口pH值、SS、COD_{Cr}、BOD_5、石油类、挥发酚、硫化物、氨氮、总氮、总磷、总汞、总镉、总铬、六价铬、总砷、总铅、总镍、总铍、总银、总α放射性、总β放射性等指标。

8.1.7 相关指标的测定应执行HJ/T 91、HJ/T 493及SY/T 5329等相关标准。

8.2 过程控制

8.2.1 采油废水处理厂（站）应根据工程规模、工艺流程和运行管理要求选用适合的控制方式，确定必要的控制参数和技术要求。

8.2.2 采油废水处理厂（站）应采用集中管理、分散控制的自动控制系统。

8.2.3 现场检测仪表应具备防腐、防爆、抗渗漏、防结垢、自清洗等功能。

8.2.4 关键设备附近应设置独立的控制箱，同时保有“手动/自动”的运行控制切换功能。

8.2.5 采油废水处理厂（站）的过程控制应参照GB 50014的相关规定。

9 主要辅助工程

9.1 电气

9.1.1 采油废水处理厂（站）的供电等级宜与油田采出水处理站相同。独立的废水处理厂（站）供电宜按二级负荷设计。

9.1.2 供配电系统设计应符合GB 50052及SY/T 0049的规定。

9.2 给排水和消防

9.2.1 采油废水处理厂（站）排水一般宜采用重力流排放；当潮汛、暴雨可能使排水口标高低于地表水水位时，应设防潮闸和排水泵站。

9.2.2 给水管与处理装置衔接时应采取防止污染给水系统的措施。

9.2.3 采油废水处理厂（站）的消防设计应符合GB 50016及GB 50183的有关规定，易燃易爆的车间或场所应符合GB 50058对防爆的要求和区域划分，并按要求设置消防器材和采用具有防爆性能的电气设备。

9.3 采暖、通风与空调

9.3.1 采油废水处理厂（站）建筑物内应有采暖通风与空气调节系统，并应符合

GB 50019 等标准的规定。

9.3.2 采油废水处理厂（站）采暖系统设计应与生产系统统一规划，热源宜由厂区采暖系统提供；当建筑物机械通风不能满足工艺对室内温度、湿度要求时应设空调装置。

9.3.3 各类建筑的通风设计应符合下列原则：

a）加盖构筑物、地下构筑物应设通风设施；

b）对有可能放散有毒和有害气体的建筑物，应根据满足室内最高允许浓度所需换气次数确定通风量，室内空气严禁再循环，有条件应设有毒有害气体的监测和报警装置，有毒有害气体的排放应符合现行国家标准和要求；

c）对有防爆要求的车间应设事故通风，事故风机应为防爆型。

9.3.4 寒冷地区的处理构筑物应设有防冻措施。

9.4 建筑与结构

9.4.1 建（构）筑物平面布置和空间布局应满足工艺流程要求，同时应考虑今后生产发展和技术改造的可能性。

9.4.2 处理构筑物应符合 GB 50009、GB 50014 和 GB 50191 的有关规定，并采取防腐蚀、防渗漏措施。

9.4.3 采油废水处理构筑物应设排空设施，出现事故或出水不达标时，排出水应重新处理。

10 劳动安全与职业卫生

10.1 采油废水处理厂（站）劳动安全管理应符合 GB 12801 和 SY/T 6276 中的有关规定。

10.2 各构筑物应设有便于行走的操作平台、过道、安全护栏和扶手等措施，栏杆高度和强度应符合国家有关劳动安全规定。

10.3 高架处理构筑物应设置适用的栏杆、防滑梯和避雷针等安全设施。

10.4 地下构筑物应有清理、维修工作时的安全防护措施。

10.5 所有电气设备的金属外壳均应采取接地或接零保护措施，钢结构、排气管、排风管和铁栏杆等金属物应采用等电位联接。

10.6 对地下构筑物、厌氧反应器及其他密闭式建（构）筑物进行清理、维修时，应强制通风 24 h，并经过仪器检测确定符合安全条件后人员方可进入。

10.7 设备安装和检修时应有相应的警示和保护设施，必须多人同时作业。

10.8 各种机械设备裸露的传动部分应设置防护罩，不能设置防护罩的应设置防护栏杆，周围应保持一定的操作活动空间。

10.9 应配备必要的劳动安全设施和卫生防护用品，各种设施及防护用品应由专人维护保养，保证其完好、有效；各操作人员上岗时必须穿戴相应的劳保用品。

10.10 应加强作业场所的职业卫生防护，做好隔声减振和防暑、防中毒等工作。

11 施工与验收

11.1 施工

11.1.1 工程施工应符合国家和行业施工程序及管理文件的要求。

11.1.2 工程施工应按设计文件进行，工程变更应取得设计单位的设计变更文件后再进行施工。

11.1.3 工程施工中所使用的设备、材料、器件等应符合相关的国家、行业标准要求，并取得供应商的产品合格证后方可使用，关键设备还应向供应商索取产品出厂检验报告、型式检验报告和环保产品认证证书等技术文件。

11.1.4 设备安装应按照产品说明书进行，关键设备安装后应进行性能测试与单机调试。

11.1.5 工程施工单位除应遵守相关的技术标准外，还应遵守国家有关部门颁布的劳动安全及卫生、消防等强制性标准。

11.2 竣工验收

11.2.1 采油废水处理工程应按《建设项目（工程）竣工验收办法》、相应专业验收规范和本标准的有关规定组织进行验收，验收合格前不得投入生产性使用。

11.2.2 验收前的调试包括：

a）单项工程中的设备安装工程应在验收前进行单体调试和试运行；

b）池体等构筑物工程的验收应事先进行注水试验；

c）管道安装工程应先进行压力试验。

11.2.3 采油废水治理工程相关专业验收的程序和内容应符合 GB 50231、GB 50236、GB 50268、GB 50275、GB 50093、GB 50204 和 GB 50303 等的相关规定。

11.2.4 各设备、建（构）筑物单体应按国家或行业的有关标准（规范）验收后，进行清水联通启动试车和整体调试。联通试车应持续 48 h 以上，各系统应运转正常，自动化控制系统符合运行实际控制要求，各项技术指标达到设计要求。

11.2.5 试运行应在系统通过整体调试、各单元运转指标达到设计和合同要求后启动。

11.3 环境保护验收

11.3.1 采油废水处理工程环境保护验收应按《建设项目竣工环境保护验收管理办法》的规定执行。

11.3.2 工程在生产试运行期应对处理工艺进行性能试验，性能试验报告可作为环境保护验收的技术支持文件。性能试验内容包括：

a）各构筑物的渗水试验；

b）电能消耗试验，分别测量各主要设备单体运行和设施系统运行的电能消耗；

c）充氧效果试验，测试氧转移系数、氧利用率、充氧量等参数，分析供氧效果；

d）风机运行试验，测试单台风机运行和全部风机连动运行的供气量、风压、噪声等参数，包括启动运行和稳定运行的参数；

e）满负荷运行测试，处理系统满负荷进水，考察各工艺单元、构筑物和设备的运行工况；

f）水质检测，按照规定频次、指标和测试方法进行水质检测，分析各工艺单元污染物去除效果；

g）采油废水处理厂（站）排放口各污染因子达标情况。

12 运行与维护

12.1 一般规定

12.1.1 采油废水处理厂（站）在正常运行条件下，各项污染物排放应符合环评批复文件的规定。

12.1.2 未经当地环境保护行政主管部门批准，废水处理设施不得停止运行。由于紧急事故造成设施停止运行时，应立即向当地环境保护行政主管部门报告。

12.1.3 采油废水处理厂（站）运行管理人员应具有相应的职业教育背景，并经过技术培训合格后方可上岗操作。

12.1.4 采油废水处理厂（站）由第三方运营时，运营方必须具有相应等级的环境污染治理设施运营能力。

12.1.5 采油废水处理厂（站）应建立健全规章制度、岗位操作规程和质量管理文件等。

12.1.6 对活性污泥或生物膜应加强观察，微生物营养配比不符合运行要求时，应有针对性补加营养物质。

12.1.7 厌氧生物处理如果产生沼气，应加强对其收集和利用系统的运行管理、检查与维护，防止沼气泄漏、爆炸等事故。

12.2 人员与运行管理

12.2.1 运行管理应实施质量控制，保证废水处理工程的正常运行及运行质量。

12.2.2 操作人员应定期进行岗位培训，持证上岗。操作管理人员上岗前均应进行相关法律法规、专业技能、安全防护、应急处理等方面的理论知识和操作技能的培训。

12.2.3 化验人员应掌握 HJ/T 91、HJ/T 493 等规定的取样、样品处理与保存要求，并定期接受技术培训。

12.2.4 操作人员应严格按照操作规程作业，如实填写运行记录，并妥善保存。

12.2.5 电气设备的运行与操作应执行供电管理部门的安全操作规程。

12.2.6 采油废水处理厂（站）设备的维护和保养应纳入日常的设备维护管理工作，根据工艺要求，定期对构筑物、设备和自控仪表等进行检查维护，确保处理设施稳定运行。

12.2.7 应建立采油废水处理厂（站）运行工况、设施维护和生产活动等的记录制度。

12.3 水质管理

12.3.1 安装在线监测系统的，应定期进行人工比对。

12.3.2 生产周期内每日采样次数不少于 3 次，采样间隔不低于 6 h，COD_{Cr}、溶解氧、悬浮物、石油类、pH 值、生物镜检等指标每天至少分析 1 次，氨氮、总磷、总氮、BOD_5 等指标至少每周分析 1 次。

12.3.3 应在采油废水处理设施排放口和根据处理工艺选取的控制点进行水质取样。

12.3.4 调试、停车后重新启动或发生突发事故时应增加检测项目的检测频率。

12.4 应急措施

12.4.1 根据采油废水处理厂（站）生产及周围环境实际情况，考虑各种可能的突发性事件，编制应急预案（包括环保应急预案）。应急预案应包括：预警、响应、指挥、处理等方面的内容，并配备相应的人力和设备等资源，预留应急处置的条件。

12.4.2 采油废水处理厂（站）内应设置事故池，当采出水处理系统内有可用的事故池时，也可不另设事故池。

12.4.3 发生事故时，应将废水排至事故池。生产恢复正常或废水处理设施排除故障后，可将事故池存放的废水输送到处理系统进行处理。

12.4.4 采油废水处理厂（站）发生异常情况或重大事故时，应及时分析解决，并按规定向有关主管部门报告。

国家环境保护总局局函

环函〔2000〕103 号

关于石油开采行业回灌污水适用标准问题的复函

甘肃省环境保护局：

你局《关于对石油开采行业回灌污水适用标准的请示》（甘环控发〔2000〕06 号）收悉。经研究，函复如下：

一、《污水综合排放标准》（GB 8978—1996）不适用于石油开采行业的回灌污水。

二、石油开采行业的含油污水，回注到地下油层，应按《油田采出水处理设计规范》（SY/T 0006—1999）和《油田注水设计规范》（SY/T 0005—1999）等要求进行，加强操作管理，不得造成地下水污染。造成地下水污染的，根据《中华人民共和国水污染防治法》第五十三条、第五十五条的规定，石油开采企业应承担相应的法律责任。

二〇〇〇年三月十日

国家环境保护总局局函

环函〔2005〕125 号

关于油田回注采油废水适用标准的复函

山东省环境保护局：

你局《关于油田回注采油废水适用标准的请示》（鲁环发〔2004〕247 号）收悉。经研究，函复如下：

一、石油开采废水（包括原油脱出水、钻井以及井下作业等生产工艺生产排放水）应处理达到《碎屑盐油藏注水水质推荐指标及分析方法》（SY/T 5329—94）规定的回注标准后回注，同时要采取切实可行的措施，防止地层污染。排放的废水如不回注，应符合《污水综合排放标准》（GB 8978—1996）的要求。对外排放的油田废水，按照《排污收费管理条例》的有关规定收取排污费。

二〇〇五年四月十四日

中华人民共和国国家发展和改革委员会
中华人民共和国工业和信息化部
公告

2009年第3号

为评价企业清洁生产水平，根据《中华人民共和国清洁生产促进法》和《国务院办公厅转发发展改革委等部门关于加快推行清洁生产意见的通知》（国办发〔2003〕100号）要求，国家发展和改革委员会、工业和信息化部制定了《石油和天然气开采行业清洁生产评价体系指标（试行）》《精对苯二甲酸（PTA）行业清洁生产评价指标体系（试行）》《电石行业清洁生产评价体系指标（试行）》《黄磷行业清洁生产评价体系指标（试行）》《有机磷农药行业清洁生产评价体系指标（试行）》和《日用玻璃行业清洁生产评价体系指标（试行）》，现予以发布，并于发布之日起实施。

中华人民共和国国家发展和改革委员会
中华人民共和国工业和信息化部
二〇〇九年二月十九日

石油和天然气开采行业清洁生产评价体系指标（试行）

前 言

为了贯彻落实《中华人民共和国清洁生产促进法》，指导和推动石油和天然气开采企业依法实施清洁生产，提高资源利用率，减少和避免污染物的产生，保护和改善环境，制定石油和天然气开采行业清洁生产评价指标体系（试行）（以下简称“指标体系”)。

本指标体系用于评价石油天然气开采企业的清洁生产水平，作为创建清洁先进生产企业的主要依据，为企业推行清洁生产提供技术指导。

本指标体系依据综合评价所得分值将企业清洁生产等级划分为两级，即代表国内先进水平的“清洁生产先进企业”和代表国内一般水平的“清洁生产企业”。随着技术的不断进步和发展，本指标体系每3～5年修订一次。

本指标体系由中国石油集团安全保护技术研究院起草。

本指标体系由国家发展和改革委员会负责解释。

本指标体系自公布之日起试行。

1 石油和天然气开采行业清洁生产评价指标体系适用范围

本评价指标体系适用于石油天然气开采行业，主要包括钻井、修井、采油（气）等油气勘探开发企业。

2 石油和天然气开采行业清洁生产评价指标体系的结构

根据清洁生产的原则要求和指标的可度量性，本评价指标体系分为定量评价和定性要求两大部分。

定量评价指标选取了有代表性的、能反映“节约能源、降低消耗、减轻污染、增加效益”等有关清洁生产最终目标的指标，建立评价模式；通过对比企业各项指标的实际达到值、评价基准值和指标的权重值，进行计算和评分，综合考评企业实施清洁生产的状况和企业清洁生产水平。

定性评价指标主要根据国家有关推行清洁生产的产业发展和技术进步政策、资源环境保护政策规定以及行业发展规划选取，用于定性考核企业对有关政策法规的符合性及其清洁生产工作实施情况。

定量指标和定性指标分为一级指标和二级指标。一级指标为普遍性、概括性的指标，二级指标为反映油气勘探开发企业清洁生产各方面具有代表性的、易于评价考核的指标。

考虑到石油天然气开采企业不同作业环节，其作业工序和工艺过程的不同，本指标体系根据不同类型企业各自的实际生产特点，对其二级指标的内容及其评价基准值、权重值的设置有一定差异，使其更具有针对性和可操作性。

不同类型油气勘探开发企业定量和定性评价指标体系框架分别见图1～图3。

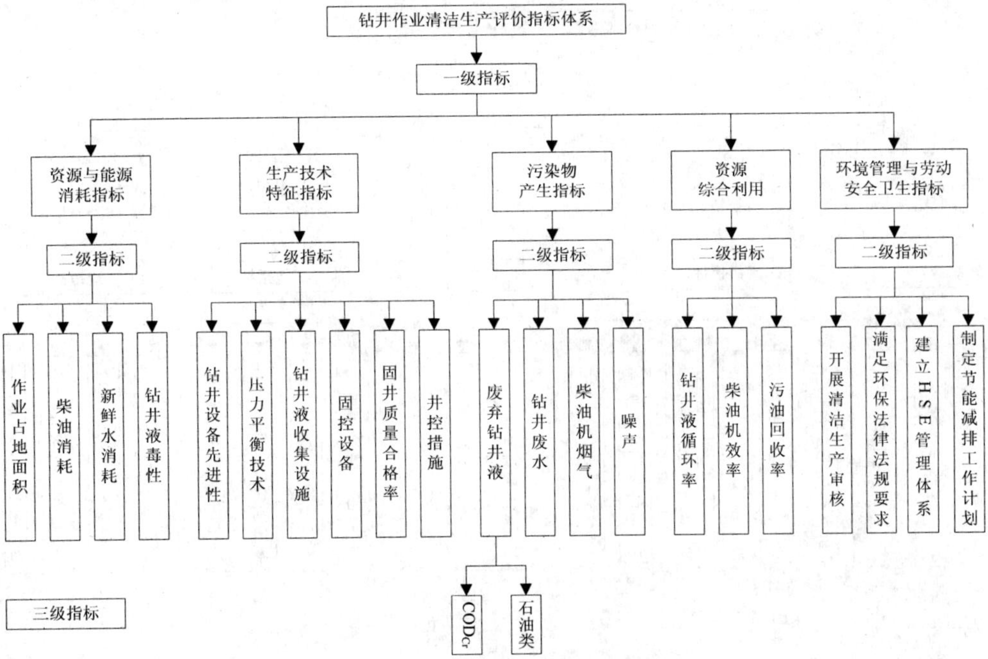

图 1　钻井作业清洁生产评价指标体系框架

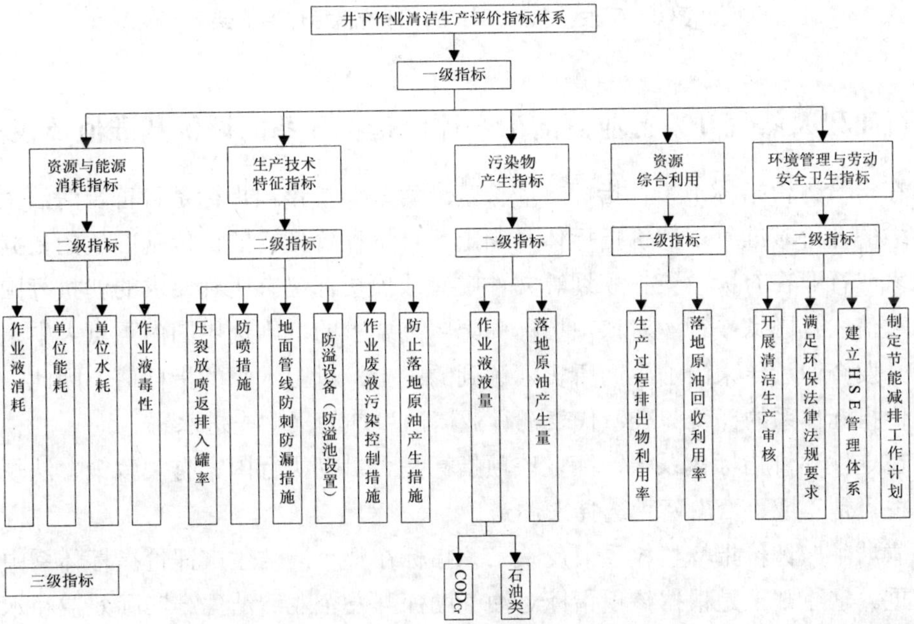

图 2　井下作业清洁生产评价指标体系框架

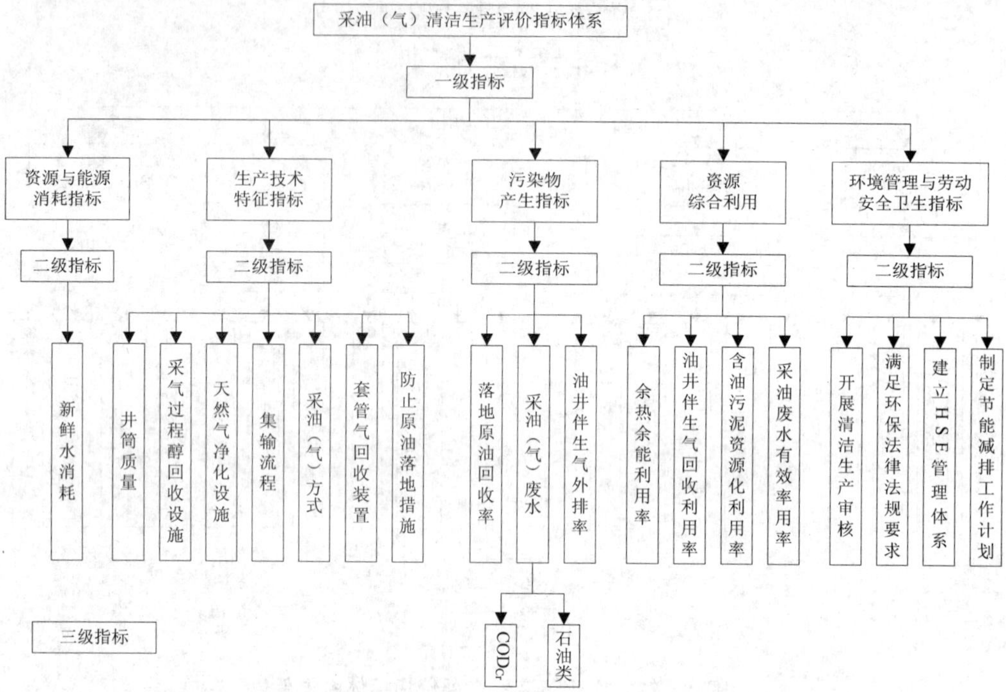

图 3　采油（气）清洁生产评价指标体系框架

3　石油和天然气开采行业清洁生产评价指标体系的评价基准值及权重值

在定量评价指标中，各指标的评价基准值是衡量该项指标是否符合清洁生产基本要求的评价基准。本评价指标体系确定各定量评价指标的评价基准值的依据是：凡国家或行业在有关政策、规划等文件中对该项指标已有明确要求的就执行国家要求的数值；凡国家或行业对该项指标尚无明确要求的，则选用国内重点大中型油气勘探开发企业近年来清洁生产所实际达到的中上等以上水平的指标值。因此，本定量评价指标体系的评价基准值代表了行业清洁生产的平均先进水平。

在定性评价指标体系中，衡量该项指标是否贯彻执行国家有关政策、法规的情况，按“是”或“否”两种选择来评定。

清洁生产评价指标的权重值反映了该指标在整个清洁生产评价指标体系中所占的比重。它原则上是根据该项指标对油气勘探开发企业清洁生产实际效益和水平的影响程度大小及其实施的难易程度来确定的。

不同类型油气勘探开发企业清洁生产评价指标体系的各评价指标、评价基准值和权重值见表 1～表 3。

表 1　钻井作业定量和定性评价指标项目、权重及基准值

定量指标

一级指标	权重值	二级指标	单位	权重分值	评价基准值
（1）资源和能源消耗指标	30	占地面积	m^2	15	符合行业标准要求
		新鲜水消耗	t/100 m 标准进尺	15	≤25
（2）生产技术特征指标	5	固井质量合格率	%		≥95
（3）资源综合利用指标	30	钻井液循环率	井深 2 000 m 以下	10	≥40%
			井深 2 000～3 000 m		≥50%
			井深 3 000 m 以上		≥60%
		柴油机效率	%	10	≥80
		污油回收率	%	10	≥90
（4）污染物产生指标	35	钻井废水	t/100 m 标准进尺	10	甲类区：≤30 乙类区：≤35
		石油类	mg/L	5	≤10
		COD	≤10	5	甲类区：≤100 乙类区：≤150
		废弃钻井液	m^3/100 m 标准进尺	10	≤10
		柴油机烟气		2	符合排放标准要求

定性指标

一级指标	指标分值	二级指标		指标分值
（1）资源与能源消耗指标	15	钻井液毒性	可生物降级或无毒钻井液	10
		柴油消耗	具有节油措施	5
（2）生产技术特征指标	30	钻井设备	国内领先	5
		压力平衡技术	具备欠平衡技术	5
		钻井液收集设施	配有收集设施，且使钻井液不落地	5
		固控设备	配备振动筛、除气器、除泥器、除砂器、离心机等固控设备	5
		井控措施	具备	5
		有无防噪措施	有	5
（3）管理体系建设及清洁生产审核	35	建立 HSE 管理体系并通过认证		10
		开展清洁生产审核、并通过验收		20
		制订节能减排工作计划		5
（4）贯彻执行环境保护法规的符合性	20	废弃钻井泥浆处置措施满足法规要求		10
		污染物排放总量控制与减排措施情况		5
		满足其他法律法规要求		5

表 2 井下作业定量和定性评价指标项目、权重及基准值

<table>
<tr><th colspan="6">定量指标</th></tr>
<tr><th>一级指标</th><th>权重值</th><th>二级指标</th><th>单位</th><th>权重分值</th><th>评价基准值</th></tr>
<tr><td rowspan="3">（1）资源和能源消耗指标</td><td rowspan="3">30</td><td>洗井液消耗</td><td>m^3/井次</td><td>10</td><td>≤5.0</td></tr>
<tr><td>新鲜水消耗</td><td>m^3/井次</td><td>10</td><td>≤5.0</td></tr>
<tr><td>单位能耗</td><td></td><td>10</td><td>行业基本水平</td></tr>
<tr><td>（2）生产技术特征指标</td><td>20</td><td>压裂放喷返排入罐率</td><td>%</td><td>20</td><td>100</td></tr>
<tr><td rowspan="2">（3）资源综合利用指标</td><td rowspan="2">20</td><td>落地原油回收率</td><td>%</td><td>10</td><td>100</td></tr>
<tr><td>生产过程排出物利用率</td><td>%</td><td>10</td><td>100</td></tr>
<tr><td rowspan="5">（4）污染物产生指标</td><td rowspan="5">20</td><td>作业废液量</td><td>m^3/井次</td><td>10</td><td>≤3</td></tr>
<tr><td>石油类</td><td>mg/L</td><td>5</td><td>甲类区：≤10
乙类区：≤50</td></tr>
<tr><td>COD</td><td>mg/L</td><td>5</td><td>甲类区：≤100
乙类区：≤150</td></tr>
<tr><td>含油污泥</td><td>kg/井次</td><td>5</td><td>甲类区：≤50
乙类区：≤70</td></tr>
<tr><td>一般固体废物（生活垃圾）</td><td>kg/井次</td><td>5</td><td></td></tr>
</table>

<table>
<tr><th colspan="5">定性指标</th></tr>
<tr><th>一级指标</th><th>指标分值</th><th colspan="2">二级指标</th><th>指标分值</th></tr>
<tr><td rowspan="6">（1）生产工艺及设备要求</td><td rowspan="6">40</td><td>防喷措施</td><td>具备</td><td>5</td></tr>
<tr><td>地面管线防刺防漏措施</td><td>按标准试压</td><td>5</td></tr>
<tr><td>防溢设备（防溢池设置）</td><td>具备</td><td>5</td></tr>
<tr><td>防渗范围</td><td>废水、使用液、原油等可能落地处</td><td>5</td></tr>
<tr><td>作业废液污染控制措施</td><td>集中回收处理</td><td>10</td></tr>
<tr><td>防止落地原油产生措施</td><td>具备原油回收设施</td><td>10</td></tr>
<tr><td rowspan="3">（2）环境管理体系建设及清洁生产审核</td><td rowspan="3">40</td><td colspan="2">建立 HSE 管理体系并通过认证</td><td>15</td></tr>
<tr><td colspan="2">开展清洁生产审核</td><td>20</td></tr>
<tr><td colspan="2">制订节能减排工作计划</td><td>5</td></tr>
<tr><td>（3）贯彻执行环境保护法规的符合性</td><td>20</td><td colspan="2">满足其他法律法规要求</td><td>20</td></tr>
</table>

表 3　采油（气）作业定量和定性评价指标项目、权重及基准值

<table>
<tr><th colspan="6">定量指标</th></tr>
<tr><th>一级指标</th><th>权重值</th><th>二级指标</th><th>单位</th><th>权重分值</th><th>评价基准值</th></tr>
<tr><td>（1）资源和能源消耗指标</td><td>30</td><td>综合能耗</td><td>kg 标煤/t 采出液（kg 标煤/t 天然气）</td><td>30</td><td>稀油：≤65
稠油：≤160
天然气：≤50</td></tr>
<tr><td rowspan="3">（2）资源综合利用指标</td><td rowspan="3">30</td><td>余热利用率</td><td>%</td><td>10</td><td>≥60</td></tr>
<tr><td>油井伴生气回收利用率</td><td>%</td><td>10</td><td>≥80</td></tr>
<tr><td>油泥资源化利用率</td><td>%</td><td>10</td><td>≥90</td></tr>
<tr><td rowspan="6">（3）污染物产生指标</td><td rowspan="6">40</td><td>石油类</td><td>mg/L</td><td>5</td><td>≤10</td></tr>
<tr><td>COD</td><td>mg/L</td><td>5</td><td>甲类区：≤100
乙类区：≤150</td></tr>
<tr><td>落地原油回收率</td><td>%</td><td>10</td><td>100</td></tr>
<tr><td>采油废水回用率</td><td>%</td><td>10</td><td>≥60</td></tr>
<tr><td>油井伴生气外排率</td><td>%</td><td>10</td><td>≤20</td></tr>
<tr><td>采出废水达标排放率</td><td>%</td><td>10</td><td>≥80</td></tr>
</table>

<table>
<tr><th colspan="8">定性指标</th></tr>
<tr><th>一级指标</th><th>指标分值</th><th colspan="5">二级指标</th><th>指标分值</th></tr>
<tr><td rowspan="5">（1）生产工艺及设备要求</td><td rowspan="5">45</td><td colspan="4">井筒质量</td><td>井筒设施完好</td><td>5</td></tr>
<tr><td rowspan="2">采气</td><td>采气过程醇回收设施</td><td>10</td><td rowspan="2">采油</td><td>套管气回收装置</td><td>10</td></tr>
<tr><td>天然气净化设施</td><td>20</td><td>防止落地原油产生措施</td><td>10</td></tr>
<tr><td colspan="4">采油方式</td><td>采油方式经过综合评价确定</td><td>10</td></tr>
<tr><td colspan="4">集输流程</td><td>全密闭流程，并具有轻烃回收装置</td><td>10</td></tr>
<tr><td rowspan="3">（2）环境管理体系建设及清洁生产审核</td><td rowspan="3">35</td><td colspan="5">建立 HSE 管理体系并通过认证</td><td>10</td></tr>
<tr><td colspan="5">开展清洁生产审核</td><td>20</td></tr>
<tr><td colspan="5">制订节能减排工作计划</td><td>5</td></tr>
<tr><td rowspan="4">（3）贯彻执行环境保护政策法规的执行情况</td><td rowspan="4">20</td><td colspan="5">建设项目环保“三同时”制度执行情况</td><td>5</td></tr>
<tr><td colspan="5">建设项目环境影响评价制度执行情况</td><td>5</td></tr>
<tr><td colspan="5">老污染源限期治理项目完成情况</td><td>5</td></tr>
<tr><td colspan="5">污染物排放总量控制与减排指标完成情况</td><td>5</td></tr>
</table>

清洁生产是一个相对概念，它将随着经济的发展和技术的更新而不断完善，达到新的更高、更先进水平，因此清洁生产评价指标及指标的基准值，也应视行业技术进步趋势进行不定期调整，其调整周期一般为 3 年，最长不应超过 5 年。

4 石油和天然气开采行业清洁生产评价指标体系的考核评分计算方法

4.1 定量评价指标的考核评分计算

企业清洁生产定量评价指标的考核评分，以企业在考核年度或有关生产作业过程中（一般以一个生产年度为一个考核周期，并与生产年度同步，对于技术服务企业以其作业队伍的一个井次作业为考核周期，作业队伍可以抽样选择确定）各项二级指标实际达到的数值为基础进行计算，综合得出该企业定量评价指标的考核总分值。定量评价的二级指标从其数值情况来看，可分为两类情况：一类是该指标的数值越低（小）越符合清洁生产要求（如物料消耗量、取水量、综合能耗、污染物产生量等指标）；另一类是该指标的数值越高（大）越符合清洁生产要求（如水的钻井液循环利用率、含油污泥资源化利用率、余热余能利用率等指标）。因此，对二级指标的考核评分，根据其类别采用不同的计算模式。

4.1.1 定量评价二级指标的单项评价指数计算

对指标数值越高（大）越符合清洁生产要求的指标，其计算公式为：

$$S_i=S_{xi}/S_{oi} \tag{1}$$

对指标数值越低（小）越符合清洁生产要求的指标，其计算公式为：

$$S_i=S_{oi}/S_{xi} \tag{2}$$

式中：S_i —— 第 i 项评价指标的单项评价指数。如采用手工计算时，其值取小数点后两位；

S_{xi} —— 第 i 项评价指标的实际值（考核年度实际达到值）；

S_{oi} —— 第 i 项评价指标的评价基准值。

本评价指标体系各二级指标的单项评价指数的正常值一般在 1.0 左右，但当其实际数值远小于（或远大于）评价基准值时，计算得出的 S_i 值就会较大，计算结果就会偏离实际，对其他评价指标的单项评价指数产生较大干扰。为了消除这种不合理影响，应对此进行修正处理。修正的方法是：当 $S_i>k/m$ 时（其中 k 为该类一级指标的权重值，m 为该类一级指标中实际参与考核的二级指标的项目数），取该 S_i 值为 k/m。

4.1.2 定量评价考核总分值计算

定量评价考核总分值的计算公式为：

$$P_1=\sum_{i=1}^{n} S_i \cdot K_i \tag{3}$$

式中：P_1 —— 定量评价考核总分值；

n —— 参与定量评价考核的二级指标项目总数；

S_i —— 第 i 项评价指标的单项评价指数；

K_i —— 第 i 项评价指标的权重值。

若某项一级指标中实际参与定量评价考核的二级指标项目数少于该一级指标所含全部二级指标项目数（由于该企业没有与某二级指标相关的生产设施所造成的缺项）时，在计算中应将这类一级指标所属各二级指标的权重值均予以相应修正，修正后各相应二级指标的权重值以 K_i'表示：

$$K_i' = K_i \cdot A_j \tag{4}$$

式中：A_j —— 第 j 项一级指标中，各二级指标权重值的修正系数。$A_j=A_1/A_2$。A_1 为第 j 项一级指标的权重值；A_2 为实际参与考核的属于该一级指标的各二级指标权重值之和。

如由于企业未统计该项指标值而造成缺项，则该项考核分值为零。

4.2　定性评价指标的考核评分计算

定性评价指标的考核总分值的计算公式为：

$$P_2 = \sum_{i=1}^{n''} F_i \tag{5}$$

式中：P_2 —— 定性评价二级指标考核总分值；

F_i —— 定性评价指标体系中第 i 项二级指标的得分值；

n'' —— 参与考核的定性评价二级指标的项目总数。

4.3　企业清洁生产综合评价指数的考核评分计算

为了综合考核油气勘探开发企业清洁生产的总体水平，在对该企业进行定量和定性评价考核评分的基础上，将这两类指标的考核得分按不同权重（以定量评价指标为主，以定性评价指标为辅）予以综合，得出该企业的清洁生产综合评价指数和相对综合评价指数。

4.3.1　综合评价指数（P）

综合评价指数是描述和评价被考核企业在考核年度内清洁生产总体水平的一项综合指标。国内油气勘探开发企业之间清洁生产综合评价指数之差可以反映企业之间清洁生产水平的总体差距。综合评价指数的计算公式为：

$$P=0.6P_1+0.4P_2$$

式中：P —— 企业清洁生产的综合评价指数；

P_1、P_2 —— 分别为定量评价指标中各二级指标考核总分值和定性评价指标中各二级指标考核总分值。

4.3.2 相对综合评价指数（P'）

相对综合评价指数是企业考核年度的综合评价指数与企业所选对比年度的综合评价指数的比值。它反映企业清洁生产的阶段性改进程度。相对综合评价指数的计算公式为：

$$P'=P/P_n$$

式中：P' —— 企业清洁生产相对综合评价指数；

P、P_n —— 分别为企业所选定的对比年度的综合评价指数和企业年度和综合评价指数。

4.4 石油和天然气开采行业清洁生产企业的评定

对石油和天然气开采企业清洁生产水平的评价，是以其清洁生产综合评价指数为依据的，对达到一定综合评价指数的企业，分别评定为清洁生产先进企业或清洁生产企业。

根据目前我国石油和天然气开采行业的实际情况，不同等级的清洁生产企业的综合评价指数列于表 4。

表 4 石油和天然气开采行业不同等级清洁生产企业综合评价指数

清洁生产企业等级	清洁生产综合评价指数
清洁生产先进企业	$P \geqslant 90$
清洁生产企业	$75 \leqslant P < 90$

同时，按照现行环境保护政策法规以及生产政策要求，凡参评企业被地方环保主管部门认定为主要污染物排放未“达标”（指总量未达到控制指标或主要污染物排放超标）；生产淘汰类产品或仍继续采用要求淘汰的设备、工艺进行生产；一年内发生国家相关部门认定的重大环境污染事故；一年内发生死亡事故，则该企业不能被评定为“清洁生产先进企业”或“清洁生产企业”。

5 指标解释

《石油和天然气开采行业清洁生产评价指标体系》部分指标的解释如下：

（1）一级评价指标 first grade assessment indicator

指标体系中具有普适性、概括性的指标。

（2）二级评价指标 second grade assessment indicator

一级评价指标之下，可代表行业清洁生产特点的、具体的、可操作的、可验证的指标。

（3）钻井液循环率

在钻井正常工况（不含井漏等非正常工况）下，同一口井某一开钻过程中，钻井液循环量占钻井液总用量（补充量与循环量之和）的份额，即钻井液总的循环量除以补充的钻井液量。

$$\text{钻井液循环率（\%）}=\frac{\text{循环钻井液量}}{\text{补充钻井液量}+\text{循环钻井液量}}\times 100$$

（4）标准钻井进尺

根据不同钻井深度下污染物产生量的不同，对实际钻井进尺按照规定系数折算而成的钻井进尺。标准钻井进尺＝实际钻井进尺×*A*，其中折算系数 *A* 按表 5 取值。

表 5 标准钻井进尺折算系数（*A*）

实际钻井进尺/m	系数 *A*
＜1 000	0.8
≥1 000，＜2 000	1.0
≥2 000，＜3 000	1.2
≥3 000，＜4 000	1.4
≥4 000，＜5 000	1.6
≥5 000	1.8

（5）钻井液毒性

钻井液可分为有毒钻井液、微毒钻井液和无毒钻井液三种类型，EC_{50} 值≤1 000 ppm 的钻井液为有毒钻井液；EC_{50} 值＞1 000 ppm，但≤25 000 ppm 的钻井液为微毒钻井液；EC_{50}＞25 000 ppm 的钻井液为无毒钻井液。

（6）钻井废物

主要指钻井岩屑、钻井结束后的剩余泥浆等废物。

（7）钻井废水

是生产于钻井作业过程的一种特殊工业废水，可看成是钻井泥浆高倍稀释产物和油类的混合物，是油田主要的污染源之一。

（8）平衡压力钻井

在钻井过程中，始终保护井眼压力等于地层压力的一种钻井方法叫平衡压力钻井。

（9）可生物降解钻井液

BOD_5/COD_{Cr}≥15%的钻井液。

（10）无毒钻井液

EC_{50}值＞25 000 ppm 的钻井液。

（11）落地原油

在采油过程中由于跑、冒、滴、漏等原因，使从井下采出的原油散落到地面上的部分。

（12）落地原油回收利用率

$$落地原油回收率（\%）=\frac{落地原油回收量}{落地原油产生量}\times 100$$

（13）采出废水回用率

$$废水回用率（\%）=\frac{回用废水量}{废水产生量}\times 100$$

（14）油气集输

把分散的油井所产生的石油、伴生天然气和其他产品集中起来，经过必要的处理、初加工，合格的油和天然气分别外输到炼油厂和天然气用户的工艺全过程称为油气集输。主要包括油气分离、油气计量、原油脱水、天然气净化、原油稳定、轻烃回收等工艺。

（15）综合能耗

加工每吨原料所消耗的各种能源折合为标准油的量。

（16）油井伴生气

油井里除了原油以外，还会产生一种可燃性气体被称为“油井伴生气”。

6 监督实施

本指标体系自发布之日起实施，由国家发展和改革委员会负责监督实施。

中华人民共和国石油天然气行业标准

碎屑岩油藏注水水质指标及分析方法（节选）

SY/T 5329—2012

代替 SY/T 5329—1994

前　言

本标准按照 GB/T 1.1—2009《标准化工作导则　第 1 部分：标准的结构和编写》给出的规则起草。

本标准代替 SY/T 5329—1994《碎屑岩油藏注水水质指标及分析方法》。与 SY/T 5329—1994 相比，本标准的主要变化如下：

——增加了含聚水样中悬浮固体含量的测定方法、颗粒直径中值的激光粒度仪测定方法。

——修改了推荐水质主要控制指标、颗粒直径中值的颗粒计数器测定方法。

——删除了溶解氧指标测定中的靛胭脂比色法和 SY/T 5329—1994 中的附录 B、附录 C、附录 D。

本标准由油气田开发专业标准化技术委员会提出并归口。

本标准起草单位：中国石化股份胜利油田分公司地质科学研究院。

本标准主要起草人：林永红、张继超、张本艳、汤战宏。

本标准代替了 SY/T 5329—1994。

SY/T 5329—1994 的历次版本发布情况为：

——SY/T 5329—1988。

1 范围

本标准规定了对碎屑岩油藏注水水质的基本要求、推荐指标及检测水质的分析方法。

本标准适用于碎屑岩油藏不同渗透层对注水水质的要求和油藏注入水的水质分析。

2 规范性引用文件

下列文件对于本文件的应用是必不可少的。凡是注日期的引用文件，仅注日期的版本适用于本文件。凡是不注日期的引用文件，其最新版本（包括所有的修改单）适用于本文件。

SY/T 5358 储层敏感性流动实验评价方法

SY/T 5523—2006 油田水分析方法

3 术语和定义

下列术语和定义适用于本文件。

3.1 悬浮固体 suspended solids

通常是指在水中不溶解而又存在于水中不能通过过滤器的物质。在测定其含量时，由于所用的过滤器的孔径不同，对测定的结果影响很大。本标准规定的悬浮固体是指采用平均孔径为 0.45 μm 的纤维素酯微孔膜过滤，经汽油或石油醚溶剂洗去原油、经蒸馏水洗盐后，膜上不溶于油和水的物质。

3.2 颗粒直径中值 diameter median of suspended solids

水中颗粒的累积体积占颗粒总体积 50%时的颗粒直径。

3.3 含油 oil content

在酸性条件下，水中可以被汽油或石油醚萃取出的石油类物质，称为水中含油。

3.4 铁细菌 iron bacteria（IB）

能从氧化二价铁中得到能量的一群细菌，形成的氢氧化铁可在细菌膜鞘的内部或外部储存。

3.5　腐生菌 total growth bacteria（TGB）

是“异养”型的细菌，在一定条件下，它们从有机物中得到能量，产生活性物质，与某些代谢产物累积沉淀可造成堵塞。

3.6　硫酸盐还原菌 sulfate reducing bacteria（SRB）

在一定条件下能够将硫酸根离子还原成二价硫离子，进而形成副产物硫化氢，对金属有很大腐蚀作用的一类细菌，腐蚀反应中产生硫化铁沉淀可造成堵塞。

4　注水水质基本要求、控制指标和辅助指标

4.1　注水水质基本要求

注水水质的要求如下：

a）水质稳定，与油层水相混不产生明显沉淀。

b）水中不得携带大量悬浮物。

c）对注水设施腐蚀性小。

注：评价注水水源确定注水水质可参考附录 A 进行。

4.2　推荐水质主要控制指标

推荐水质主要控制指标见表 1。

表 1　推荐水质主要控制指标

注入层平均空气渗透率，μm^2		≤0.01	>0.01～≤0.05	>0.05～≤0.5	>0.5～≤1.5	>1.5
控制指标	悬浮固体含量，mg/L	≤1.0	≤2.0	≤5.0	≤10.0	≤30.0
	悬浮物颗粒直径中值，μm	≤1.0	≤1.5	≤3.0	≤4.0	≤5.0
	含油量，mg/L	≤5.0	≤6.0	≤15.0	≤30.0	≤50.0
	平均腐蚀率，mm/年	≤0.076				
	SRB，个/mL	≤10	≤10	≤25	≤25	≤25
	IB，个/mL	$n\times10^2$	$n\times10^2$	$n\times10^3$	$n\times10^4$	$n\times10^4$
	TGB，个/mL	$n\times10^2$	$n\times10^2$	$n\times10^3$	$n\times10^4$	$n\times10^4$

注 1：$1<n<10$。

注 2：清水水质指标中去掉含油量。

4.3　注水水质辅助性检测项目及指标

水质的主要控制指标已达到注水要求，可以不考虑辅助性指标；如果达不到要求，为查其原因可进一步检测辅助性检测项目及指标。注水水质辅助性检测项目包

括溶解氧、硫化氢、侵蚀性二氧化碳、铁、pH 值等。辅助性检测项目及指标见表 2。

表 2 推荐水质辅助性控制指标

辅助性检测项目	控制指标	
	清水	污水或油层采出水
溶解氧含量，mg/L	≤0.50	≤0.10
硫化氢含量，mg/L	0	≤2.0
侵蚀性二氧化碳含量，mg/L	$-1.0\leqslant\rho_{CO_2}\leqslant1.0$	

注 1：侵蚀性二氧化碳含量等于零时此水稳定；大于零时此水可溶解碳酸钙并对注水设施有腐蚀作用；小于零时有碳酸盐沉淀出现。

注 2：水中含亚铁时，由于铁细菌作用可将二价铁转化为三价铁而生成氢氧化铁沉淀。当水中含硫化物（S^{2-}）时，可生成 FeS 沉淀，使水中悬浮物增加。

5 注水水质分析方法

5.1 样品采集要求

5.1.1 采集注水系统的水样应具有代表性。

5.1.2 取样前应以 5～6 L/min 的流速畅流 3 min 后取样。

5.1.3 悬浮固体含量分析时，漂浮或沉淀的不均匀固体不属于悬浮物质，应从采集的水样中除去。

5.1.4 溶解氧、硫化物需在现场及时测定。分析污水中的溶解氧含量时，水样要杜绝气泡。

5.1.5 腐生菌、硫酸盐还原菌、铁细菌含量分析应在现场接种，同时测定水温，室内培养。

5.1.6 含油量分析取样时应直接取样，不应用所取水样冲洗取样瓶，并且水样不可注满取样瓶。

5.1.7 取侵蚀性二氧化碳水样时，需在取样瓶中加入固体碳酸钙 3～5 g。

5.1.8 采样后随即贴上标签，标签上应注明取样日期、时间、地点、取样条件及取样人。

5.2 悬浮固体含量

5.2.1 原理

水样通过已称至恒重的滤膜，根据过滤水的体积和滤膜的增重计算水中悬浮固体的含量。

5.2.2　设备及材料

设备及材料包括：

a）微孔薄膜过滤试验仪或其他同类仪器。

b）真空泵。

c）烘箱。

d）天平：感量 0.1 mg。

e）滤膜：孔径 0.45 μm。

f）氮气。

g）无铅汽油。

5.2.3　分析步骤

5.2.3.1　将滤膜放入蒸馏水中浸泡 30 min，并用蒸馏水洗 3～4 次。

5.2.3.2　取出滤膜放至烘箱中，90℃下烘干，在室温下恒重（二次称量差小于 0.2 mg），记为 m_q。

5.2.3.3　水样装入微孔薄膜过滤试验仪中。

5.2.3.4　已恒重的滤膜用水润湿装到微孔滤器上。

5.2.3.5　用氮气加压，使薄膜过滤试验仪内压力保持在 0.1～0.15 MPa，打开阀门过滤水样，并记录流出体积 V_w。

5.2.3.6　用镊子从滤器中取出滤膜并烘干，用汽油冲洗滤膜直到滤液无色为止（至少洗 4 次），取出滤膜烘干。

5.2.3.7　用蒸馏水洗滤膜至水中无氯离子。

5.2.3.8　再按 5.2.3.2 步骤操作，记为 m_h。

5.2.4　计算结果

悬浮固体含量按公式（1）计算：

$$C_x = \frac{m_h - m_q}{V_w} \tag{1}$$

式中：C_x —— 悬浮固体含量，单位为毫克每升（mg/L）；

m_q —— 试验前滤膜质量，单位为毫克（mg）；

m_h —— 试验后滤膜质量，单位为毫克（mg）；

V_w —— 通过滤膜的水样体积，单位为升（L）。

5.2.5　注意事项

5.2.5.1　若水样不含油，则在分析步骤中可省去洗油操作。

5.2.5.2　应根据悬浮固体含量的大小来决定取样量的多少，最少不能低于 50 mL。

5.2.5.3　选用洗提损耗合格的纤维素醋滤膜，或使用惰性滤膜。

5.2.5.4　对含聚水样中悬浮固体含量的测定，需先将待测含聚合物水样在 60℃恒温水浴中放置 30 min，除去或降低聚合物对悬浮固体含量测定的影响，然后再取水样放入抽滤器中进行抽滤，滤后用 60℃去离子水滤洗滤膜至无氯离子，再按 5.2.3.6 和 5.2.3.8 的步骤操作。

5.3　颗粒直径中值

5.3.1　颗粒计数器测定

5.3.1.1　仪器、材料和试剂

仪器、材料和试剂包括：

a）颗粒计数器。

b）过滤器及孔径为 0.2～0.45 μm 的滤膜或超级过滤器。

c）氯化钠：分析纯。

d）标准颗粒。

5.3.1.2　准备工作

分析水样前应做以下准备工作：

a）配制电解质溶液：配制 20 g/L 的氯化钠溶液 1 L。用孔径 0.2～0.45 μm 的滤膜或超级过滤器过滤。

b）选用合适的小孔管和适宜的标准颗粒对仪器进行校正，校正方法详见仪器说明书。

c）悬浮颗粒含量较高的水样，应采用电解质溶液进行稀释。

5.3.1.3　分析步骤

取水样 150～200 mL 放到样品架上，将取样方式开关指向压力计，同时选择进样体积开关使之指向需要的体积，按照仪器操作规程进行操作。

5.3.2　激光粒度仪测定

5.3.2.1　仪器、材料和试剂

仪器、材料和试剂包括：

a）激光粒度仪。

b）过滤器及孔径为 0.45 μm 的滤膜或超级过滤器。

5.3.2.2　分析步骤

用蒸馏水标定仪器背景值，要求吸光值在 120 以内；取 200～2 000 mL 水样于烧杯里，放入仪器的进样器；用超声波除气 3～5 min；按照仪器操作规程进行操作。

5.3.2.3　注意事项

5.3.2.3.1　颗粒计数器适合于测试颗粒分布范围较窄的体系，如污水站外输水、精细过滤水、清水等。激光粒度仪适合于测试颗粒分布范围较宽或颗粒含量较多的体系，如采出液、污水站原水、含聚污水等。

5.3.2.3.2　在使用激光粒度仪时，为了减小测量误差，搅拌速度宜选择 1 500～2 500 r/min。

5.4　含油量

5.4.1　原理

污水中的油质可以被石油醚、汽油、三氯甲烷等有机溶剂提取，提取液的颜色深浅度与含油量浓度呈线性关系。

5.4.2　仪器及试剂

仪器及试剂包括：

a）分光光度计。

b）天平：感量 0.1 mg。

c）无水氯化钙或无水硫酸钠：分析纯。

d）石油醚（60～90℃）。

e）分液漏斗：250 mL，500 mL。

f）细口瓶：100 mL，500 mL。

g）刻度移液管：1 mL，5 mL。

h）比色管（或容量瓶）：50 mL，100 mL。

i）盐酸溶液（1+1）。

j）量筒：100 mL，250 mL，1 000 mL。

5.4.3　标准曲线

5.4.3.1　标准油的提取

取适量含油水样置于分液漏斗中，加入一定量的石油醚或汽油，在酸性条件下提取水中油品，提取液经无水氯化钙或无水硫酸钠（500℃煅烧 1 h）脱水后过滤，滤液于 80℃水浴上蒸去石油醚或汽油，即得标准油样。

5.4.3.2　标准油溶液的配制

称取 0.500 0 g 标准油，用石油醚或汽油溶解于 100 mL 容量瓶内并稀释至刻度，此溶液含油浓度为 5.0 mg/mL。

5.4.3.3　标准曲线的绘制

用移液管分别吸取 0.00 mL、0.50 mL、1.00 mL、1.50 mL、2.00 mL、2.50 mL、3.00 mL 标准油溶液置于 7 只 50 mL 比色管中，用汽油稀释至刻度并摇匀，以汽油为空白，在分光光度计上比色，根据测得的光密度值和对应的含油量绘制标准曲线。

5.4.4　分析步骤

分析步骤如下：

a）将水样移入分液漏斗中，加盐酸溶液 2.5～5.0 mL。用 50 mL 汽油分 2 次萃取水样，每次都将洗取样瓶后的汽油倒入分液漏斗中并振摇 1～2 min。

b）将 2 次萃取液都收集于 50 mL 比色管中，用汽油稀释到刻度，盖紧瓶塞并摇匀，同时测量被萃取后水样体积（应减去加盐酸体积），若萃取液混浊，应加入无水硫酸钠或无水氯化钙，脱水后再进行比色测定。

c）用萃取剂（汽油）作空白样，在分光光度计上测其光密度值（测定条件同 5.4.3.3），在标准曲线上查出含油量。

5.4.5　计算结果

含油量按公式（2）计算：

$$\rho_0 = \frac{m_0}{V_w} \times 10^3 \quad (2)$$

式中：ρ_0 —— 含油量，单位为毫克每升（mg/L）；

m_0 —— 在标准曲线上查出的含油量，单位为毫克（mg）；

V_w —— 萃取水样体积，单位为毫升（mL）。

5.5　平均腐蚀率

5.5.1　原理

根据悬挂在注水体系内的试片试验前后试片的损失量计算平均腐蚀率。

5.5.2　材料及试剂

材料及试剂包括：

a）滤纸。

b）干燥器。

c）游标卡尺：精度 0.02 mm。

d）天平：感量为 0.1 mg。

e）石油醚：分析纯。

f）丙酮：分析纯。

g）无水乙醇：分析纯。

h）柠檬酸三铵：分析纯。

i）缓蚀剂。

5.5.3 试片的加工

5.5.3.1 材质应以现场实际适用的钢材加工成试片或 A3 钢。

5.5.3.2 试片外形尺寸 76 mm×13 mm×1.5 mm，在一端距边线 10 mm 处钻一直径为 8 mm 的小孔并打号。

5.5.3.3 试片经刨、磨工序使其表面粗糙度 *Ra* 为 0.63～1.25 μm。

5.5.4 准备工作

5.5.4.1 用游标卡尺测量试片尺寸并计算表面积。

5.5.4.2 用石油醚脱脂，再用无水乙醇清洗，取出试片用滤纸擦干，放于干燥器中 4 h 后称重，称准至 0.1 mg。

5.5.5 配制试片清洗液

配制试片清洗液的步骤如下：

a）称取柠檬酸三铵 10 g，加入 90 mL 蒸馏水使其溶解（使用时应在水浴上将溶液加热到 60℃）。

b）在 5%～10%的盐酸溶液中加 1%～2%缓蚀剂（缓蚀剂浓度由空白片失重小于 1 mg 确定），摇匀待用。

5.5.6 现场挂片

将准备好的试片固定在试片夹座上，然后安装到注水流程上，应使试片的侧面迎着水流方向，挂片时间 30 d±2 d，具体安装方法参见附录 B。

5.5.7 试验后试片的处理

将试片取出，用滤纸轻轻擦去油污。用丙酮洗油后放于清洗液 5.5.5a）或 b）项中 1～5 min，清洗时可用毛刷轻轻刷洗。试片清洗后用蒸馏水冲洗，再用乙醇脱水并用滤纸擦干表面，将其存放于干燥器中 4 h 称重。

5.5.8 计算结果

平均腐蚀率按公式（3）计算：

$$F=\frac{\left(m_{gf}-m_{hf}\right)\times 3\,650}{S\cdot t_{f}\cdot \rho} \tag{3}$$

式中：F—— 平均腐蚀率，单位为毫米每年（mm/年）；

m_{gf}—— 试验前试片质量，单位为克（g）；

m_{hf}—— 试验后试片质量，单位为克（g）；

S—— 试片表面积，单位为平方厘米（cm^2）；

t_f—— 挂片时间，单位为天（d）；

ρ—— 试片材质密度，单位为克每立方厘米（g/cm^3）。

5.6 腐生菌（TGB）、硫酸盐还原菌（SRB）与铁细菌（IB）含量

5.6.1 原理

采用绝迹稀释法，即将欲测定水样用无菌注射器逐级注入到测试瓶中进行接种稀释，送试验室培养。根据细菌瓶阳性反应和稀释的倍数，计算出细菌的数目。

5.6.2 材料

材料包括：

a）腐生菌（TGB）测试瓶。

b）铁细菌测试瓶（IB）。

c）硫酸盐还原菌（SRB）测试瓶。

d）注射器：1 mL。

e）恒温培养箱。

f）电热消毒器。

5.6.3 分析步骤

细菌测定推荐采用三次重复法，也可采用二次重复法。分析步骤如下：

a）将测试瓶排成一组，并依次编上序号。

b）按 5.1.2 操作后，用 120℃温度下灭菌 20 min 的无菌注射器取 1.0 mL 水样注入 1 号瓶内，充分振荡。

c）用另一支无菌注射器从 1 号瓶内取 1.0 mL 水样注入 2 号瓶内充分振荡。

d）再更换一支无菌注射器从 2 号瓶中取 1.0 mL 水样注入到 3 号瓶中，充分振荡。

e）依次类推一直稀释到最后一瓶为止。根据细菌含量决定稀释瓶数，一般稀释到 7 号瓶。

f）把上述测试瓶放入恒温培养箱中培养，温度控制在现场水温的±5℃内，7 d

后读数。

5.6.4 细菌生长的鉴别

SRB 瓶中液体变黑或有黑色沉淀，即表示有硫酸盐还原菌。TGB 瓶中液体由红变黄或混浊即表示有腐生菌。铁细菌测试瓶出现棕红色沉淀即表示有铁细菌。

5.6.5 菌量计量

5.6.5.1 稀释法三次重复菌量统计见表 3。

表 3 稀释法三次重复菌量计数表

生长指标	菌量（个/mL）	生长指标	菌量（个/mL）	生长指标	菌量（个/mL）
000	0.0	201	1.4	302	6.5
001	0.3	202	2.0	310	4.5
010	0.3	210	1.5	311	7.5
011	0.6	211	2.0	312	11.5
020	0.6	212	3.0	313	16.0
100	0.4	220	2.0	320	9.5
101	0.7	221	3.0	321	15.0
102	1.1	222	3.5	322	20.0
110	0.7	223	4.0	323	30.0
111	1.1	230	3.0	330	25.0
120	1.1	231	3.5	331	45.0
121	1.5	232	4.0	332	110.0
130	1.6	300	2.5	333	140.0
200	0.9	301	4.0		

5.6.5.2 稀释法二次重复菌量统计见表 4。

表 4 稀释法二次重复菌量计数表

生长指标	菌量（个/mL）	生长指标	菌量（个/mL）	生长指标	菌量（个/mL）
000	0.0	110	1.3	211	13.0
001	0.5	111	2.0	212	20.0
010	0.5	120	2.0	220	25.0
011	0.9	121	3.0	221	70.0
020	0.9	200	2.5	222	110.0
100	0.6	201	5.0		
101	1.2	210	6.0		

5.6.5.3 重复样细菌计数示例见表 5。

细菌的查表只与重复度有关，菌量数由表 3 或表 4 中查出近似值，再扩大相应的次方数即可。细菌生长结果计算示例见表 5。

表 5 细菌菌量计数示例表

示例	长菌观察					生长指标	菌量（个/mL）
	1 号瓶	2 号瓶	3 号瓶	4 号瓶	5 号瓶		
	0 级	1 级	2 级	3 级	4 级		
1	++	++	--	--	--	200×10^1	2.5×10^1
2	+-	--	--	--	--	100×10^0	0.6×10^0
3	+++	+++	+++	++-	—	320×10^2	9.5×10^2
4	+++	+++	+++	+++	+++	$\geqslant300\times10^4$	$\geqslant2.5\times10^4$

5.7 溶解氧含量

5.7.1 碘量法

5.7.1.1 原理

水中溶解氧在碱性溶液中能定量地将沉淀的氢氧化锰氧化成锰酸；在酸性溶液中，锰酸能与溶液中的碘化钾作用定量析出碘，用硫代硫酸钠标准溶液滴定之，根据消耗体积计算溶解氧含量。

5.7.1.2 材料及试剂

材料及试剂包括：

a）烧杯：200 mL，500 mL。

b）滴定管：25 mL。

c）三角瓶：250 mL。

d）移液管：1.0 mL。

e）细口瓶：250～300 mL。

f）天平：感量 0.1 mg。

g）硫酸：分析纯，密度 1.84 g/cm^3。

h）取样瓶：100～150 mL。

i）硫代硫酸钠：分析纯。

j）硫酸锰：分析纯。

k）氢氧化钠：分析纯。

l）碘化钾：分析纯。

m）可溶性淀粉。

5.7.1.3　准备工作

配制下列溶液：

a）碱性碘化钾溶液：称取 70 g 氢氧化钠置于烧杯中，加入约 60 mL 蒸馏水使其溶解并冷却至室温；称取 15 g 碘化钾置于另一烧杯中，加入 20 mL 蒸馏水使其溶解；然后将两种溶液合并，用蒸馏水稀释至 100 mL，溶液保存于棕色瓶中。

b）硫酸锰溶液：称取 48 g 硫酸锰（$MnSO_4 \cdot 4H_2O$）置于烧杯中，加入 100 mL 蒸馏水使其溶解。

c）1%淀粉溶液：称取 1.0 g 可溶性淀粉置于烧杯中，加入少量蒸馏水调成糊状，再加入沸蒸馏水 100 mL，搅匀。

d）0.010 0 mo1/L 硫代硫酸钠标准溶液。

5.7.1.4　分析步骤

分析步骤如下：

a）用称量法测定每个取样用的细口瓶体积。

b）将取样管插入已知体积（100～150 mL）的取样瓶底部，当水满瓶后继续溢流 3～5 min。

c）取出取样管，立即将移液管插入水面下，加入碱性碘化钾与硫酸锰溶液各 1.0 mL，立即盖好瓶塞摇动 1 min，静置到沉淀降至样瓶一半的高度再摇动一次。

d）当瓶中沉淀物已沉降到样瓶底部三分之一时，打开瓶塞加入 2 mL 浓硫酸，盖紧瓶塞摇匀，静置 3 min。

e）将全部溶液转移到 250 mL 的三角瓶中，用少量蒸馏水洗样瓶，将清洗液合并于三角瓶中。

f）用 0.010 0 mol/L 硫代硫酸钠标准溶液滴定至微黄色，加淀粉指示剂 1 mL，继续滴定到蓝色为终点，记下硫代硫酸钠标准溶液的消耗体积。

5.7.1.5　计算结果

溶解氧含量按公式（4）计算：

$$C_y = \frac{8C_L \cdot V_L}{V_{wb} - V_z} \times 10^3 \tag{4}$$

式中：C_y —— 水中溶解氧含量，单位为毫克每升（mg/L）；

C_L —— 硫代硫酸钠标准溶液的浓度，单位为摩尔每升（mol/L）；

V_L —— 消耗硫代硫酸钠标准溶液的体积，单位为毫升（mL）；

V_z —— 加入硫酸锰和碱性碘化钾溶液的总体积，单位为毫升（mL）；

V_{wb} —— 取样瓶的体积，单位为毫升（mL）。

5.7.1.6 相对偏差

溶解氧含量小于 1.0 mg/L 时，平行样的相对偏差小于 10%；溶解氧含量大于 1.0 mg/L 时，平行样相对偏差小于 5%。

5.7.1.7 注意事项

5.7.1.7.1 取样时加各种溶液要备有专用的移液管。

5.7.1.7.2 测定地下水或污水中的溶解氧时，还应补加饱和氯化钠碘溶液（0.010 0～0.050 0 mol/L，视有机物含量高低而定）1.0 mL，同时作空白样以消除有机物和还原性物质的干扰。

5.7.1.7.3 测定时也可虹吸出上部清液，然后加硫酸使沉淀溶解，补加水后摇匀，放 3 min 后直接在此瓶中滴定。

5.7.2 测氧管比色法

5.7.2.1 原理

水中的溶解氧与测氧管内试剂发生化学反应而显蓝色或红色。颜色的深浅与溶解氧含量成正比，显色后进行比色测出水中溶解氧含量。

5.7.2.2 分析步骤

分析步骤如下：

a）打开取样阀门，以 5～6 L/min 的流速使水畅流 3 min。

b）将测氧塑料杯与取样胶管相接（不能漏气），将流速调至 0.5～1.0 L/min，把测氧管插入杯内，待水流稳定后用力下按使测氧管尖端折断。

c）在水面下按紧断口，取出测氧管，擦干管壁并颠倒数次，直到水溶液混匀为止。

d）通过比色读出溶解氧含量。

5.8 硫化物（指二价硫）含量

5.8.1 亚甲蓝比色法

亚甲蓝比色法见 SY/T 5523—2006 中 6.3.32.3 的要求。

5.8.2 测硫管比色法

5.8.2.1 原理

水中的硫与测硫管内的试剂发生化学反应而显色，颜色的深浅与硫含量成正比，显色后进行比色测出水中硫含量。

5.8.2.2　分析步骤

分析步骤如下：

a）打开取样阀门，使水畅流 5 min。

b）取水样，把测硫管插入杯内，折断，取出测硫管，颠倒数次，直到水溶液混匀为止。

c）通过比色读出硫含量。

5.9　侵蚀性二氧化碳

5.9.1　原理

水样中加入固体碳酸钙后，如有侵蚀性二氧化碳存在，可生成与侵蚀性二氧化碳含量相当的重碳酸根离子。

$$CaCO_3+CO_2+H_2O=Ca(HCO_3)_2$$

用标准盐酸溶液测定新增加的碱度：

$$Ca(HCO_3)_2+2HCl = CaCl_2+2CO_2+2H_2O$$

同时测定未加固体碳酸钙水样的碱度（即原水样的碱度），从两次测定消耗标准盐酸溶液之差计算侵蚀性二氧化碳的含量。

5.9.2　材料及试剂

材料及试剂包括：

a）固体碳酸钙：化学纯。

b）甲基橙：分析纯。

c）无水碳酸钠：分析纯。

d）盐酸：分析纯，密度 1.19 g/cm^3。

e）酸性靛蓝。

f）细口瓶：300～500 mL。

g）酸式滴定管：25 mL。

h）胖肚移液管：25 mL，50 mL。

i）三角瓶：150 mL。

j）烧杯：200 mL，500 mL。

k）容量瓶：200 mL，500 mL。

l）滴瓶：60 mL。

5.9.3 准备工作

5.9.3.1 碳酸钙的制备：将化学纯碳酸钙研细，取 100 g 置于 1 000 mL 量筒中，加入煮沸过的冷蒸馏水，搅动 5 min，静置 12 h 以上，弃去上层清液，再加入煮沸过的冷蒸馏水搅拌数分钟，如此处理 4～5 次，将所得固体置滤纸上，于通风处晾干，保存于玻璃瓶内备用。

5.9.3.2 取水样：取容积 250～500 mL 具塞细口瓶用水洗 3 次，再将取样管插入瓶底使水从瓶口溢出，加入处理的碳酸钙 3～5 g，塞紧瓶塞振荡，在标签上注明加入碳酸钙的量，同时再取一份不加碳酸钙的水样。

5.9.3.3 混合指示剂的配制：将 1 g/L 甲基橙水溶液和 2.5 g/L 酸性靛蓝水溶液按 1+1 混合即可。

5.9.3.4 0.02 mol/L 盐酸溶液：吸取 1.7 mL 浓盐酸置于 1 L 容量瓶内，用重蒸馏水稀释至刻度。

5.9.3.5 将无水碳酸钠放入称量瓶后，置于烘箱中，在 180℃下恒温 2 h，取出再置于干燥器内冷却至室温后准确称取 1.059 9 g 于烧杯中，用煮沸并冷却的蒸馏水溶解后转入 1 000 mL 容量瓶中稀释至刻度摇匀，此溶液的浓度 $C_{1/2CaCO_3}$=0.020 0 mo1/L。

5.9.3.6 准确吸取经 5.9.3.5 的碳酸钠标准溶液 25 mL，加混合指示剂 3 滴，用浓度为 0.02 mol/L 盐酸溶液滴定至溶液由绿色变为紫色为终点，记下盐酸用量 V_c。

5.9.3.7 吸取 25 mL 蒸馏水与标定盐酸相同的条件下做空白滴定，记下盐酸用量 V_k。按公式（5）计算盐酸的准确浓度：

$$C_{HCl}=\frac{0.020\,00\times 25}{V_c-V_k}\times 10^3 \tag{5}$$

式中：C_{HCl} —— 盐酸标准溶液的浓度，单位为摩尔每升（mol/L）；

V_c —— 滴定碳酸钠标准溶液消耗盐酸的体积，单位为毫升（mL）；

V_k —— 空白样消耗盐酸的体积，单位为毫升（mL）。

5.9.4 分析步骤

5.9.4.1 将 5.9.3.2 加碳酸钙粉的取样瓶振荡 2～3 次（每摇动一次等澄清后再摇第二次），或在电动振荡器上振荡 6 h。

5.9.4.2 待固体碳酸钙全部沉到瓶底后，用虹吸管吸出上部液体 25 mL 或 50 mL，置于三角瓶中，加入混合指示剂 3 滴，用标准盐酸溶液滴定至紫色为终点，记下盐酸的用量 V_1。

5.9.4.3 吸取 5.9.4.2 相同体积的另一瓶不加碳酸钙的水样 25 mL 或 50 mL 置于三角瓶中，加入混合指示剂 3 滴，用标准盐酸溶液滴定至紫色为终点，记下盐酸用量 V_2。

5.9.5 计算结果及判断

5.9.5.1 计算

二氧化碳的浓度按公式（6）计算：

$$\rho_{CO_2} = \frac{(V_1 - V_2) \cdot C_{HCl} \times 22}{V} \times 10^3 \tag{6}$$

式中：ρ_{CO_2} —— 水中侵蚀性二氧化碳的浓度，单位为毫克每升（mg/L）；

V_1 —— 加固体碳酸钙水样消耗标准盐酸的体积，单位为毫升（mL）；

V_2 —— 不加固体碳酸钙水样消耗标准盐酸的体积，单位为毫升（mL）；

C_{HCl} —— 盐酸标准溶液的浓度，单位为摩尔每升（mol/L）；

V —— 吸取的水样体积，单位为毫升（mL）。

5.9.5.2 判断

如果 $V_1 = V_2$ 说明水很稳定，不结垢也不含侵蚀二氧化碳；$V_1 < V_2$ 说明此水不稳定，有碳酸盐沉淀出现；$V_1 > V_2$ 说明水中有侵蚀性二氧化碳。

5.10 总铁含量

5.10.1 磺基水杨酸比色法

5.10.1.1 原理

在酸性介质中，水样中的二价铁离子用高锰酸钾或双氧水氧化，控制溶液的 pH 值（pH = 1.8～2.5），三价铁离子与磺基水杨酸反应生成紫色络合物，其颜色强度与三价铁离子的含量成正比，进行比色测定水中总铁含量。

5.10.1.2 仪器及试剂

仪器及试剂包括：

a）分光光度计（可见光波段）。

b）比色管：50 mL。

c）容量瓶：50 mL。

d）胖肚移液管：25 mL 或 50 mL。

e）刻度移液管：1.0 mL，5.0 mL 和 10 mL。

f）双氧水：分析纯。

g）硫酸：分析纯，密度 1.84 g/cm^3。

h）高锰酸钾：分析纯。

i）磺基水杨酸。

j）盐酸：分析纯，密度 1.19 g/cm^3。

k）铁铵钒：分析纯。

l）氨水：分析纯。

5.10.1.3　准备工作

配制下列溶液：

a）100 g/L 磺基水杨酸溶液。

b）pH 值为 2.2 的缓冲溶液。

c）0.10 mg/L 铁标准溶液。

d）10 g/L 高锰酸钾溶液。

e）盐酸溶液（1+1）。

5.10.1.4　铁标准曲线的绘制

铁标准曲线的绘制步骤如下：

a）在 50 mL 容量瓶中分别加入浓度为 0.01 mg/mL 的铁标准溶液 0.00 mL、0.50 mL、1.00 mL、1.50 mL、2.00 mL、3.00 mL、4.00 mL、5.00 mL。

b）用蒸馏水稀释到 25 mL，加入 pH 值为 2.2 的缓冲溶液 10 mL 及 10%的磺基水杨酸溶液 1.00 mL，并用蒸馏水稀释到刻度后摇匀，放置 20 min。

c）在分光光度计上以含铁为零的溶液为空白，在波长 500nm 处测定光密度值，根据铁的含量与测得的光密度值绘制标准曲线。

5.10.1.5　分析步骤

步骤如下：

a）吸取水样 25 mL（若水样浑浊，需过滤）置于 50 mL 比色管中，用蒸馏水作空白，各加入盐酸溶液（1+1）1.00 mL。

b）向比色管中先各加 1 滴 10 g/L 高锰酸钾溶液，待颜色褪去后再补加 1.0 mL。

c）将比色管放到水温约为 80℃的水浴中 30 min，若高锰酸钾的颜色褪去，应再补加直至颜色不褪为止。

d）待溶液冷却后加入 1～2 滴双氧水使颜色褪去，沉淀溶解［若水样是未加任何化学剂的清水，则可省略 b）～d）项步骤，直接加入 0.20～0.5 mL 双氧水进行氧化］。

e）用氨水调节溶液的 pH 值到 2.0 左右，再加入双氧水 0.2～0.5 mL。

f）向溶液中加入 pH 值为 2.2 的缓冲溶液 10 mL，100 g/L 的磺基水杨酸溶液

1.00 mL，用蒸馏水冲至 50 mL，摇匀放置 20 min 后比色测定。

5.10.1.6 计算结果

总铁含量按公式（7）计算：

$$C_t = \frac{m_t}{V_w} \times 10^3 \quad (7)$$

式中：C_t —— 水样中总铁含量，单位为毫克每升（mg/L）；

m_t —— 在标准曲线上查出的总铁含量，单位为毫克（mg）；

V_w —— 水样体积，单位为毫升（mL）。

5.10.1.7 相对偏差

水中含铁量小于 0.5 mg/L 时，相对偏差小于 20%；水中含铁量大于 0.5 mg/L 时，相对偏差小于 10%。

5.10.1.8 注意事项

若水样颜色较深，应做空白校正；磺基水杨酸与三价铁离子反应，在不同的 pH 值溶液中生成不同的络合物，在 pH 值较低的溶液中络合物较稳定，因此溶液的 pH 值应控制在 1.8～2.5。

5.10.2 测铁管法

5.10.2.1 原理

水中的铁与测铁管内的试剂发生化学反应而显色，颜色的深浅与铁含量成正比，显色后进行比色测出水中铁含量。

5.10.2.2 分析步骤

分析步骤如下：

a）打开取样阀门，使水畅流 3 min。

b）取水样，把测铁管插入杯内，折断，取出测铁管，颠倒数次，直到水溶液混匀为止。

c）通过比色读出铁含量。

附录 A
（资料性附录）
评价注水水源确定注水水质的工作内容

A.1 测定或收集水及油层岩石性质的基础资料，录取注入水、油层水及油层的有关资料。

a）测定注入水及油层水中钾、钠（或钾+钠）、钙、镁、钡、锶、铁、铝等阳离子和氯、碳酸根、重碳酸根、二价硫、硫酸根等阴离子的浓度，分析水中可溶性二氧化硅、溶解氧、侵蚀性二氧化碳、硫化氢等组分的浓度及 pH 值等参数。

b）测定水的温度、密度、黏度、悬浮固体浓度及颗粒分布、腐生菌、硫酸盐还原菌、铁细菌和平均腐蚀率等。

c）收集注水层位岩心的渗透率、孔道分布规律、黏土矿物组成及其含量、岩心的阳离子变换量以及水敏指数等。

A.2 水的配伍性评价包括以下内容：

a）含钡、锶、钙离子的水与含有硫酸根离子的水混合时，认为不能生成沉淀时才能注入，否则应进行处理。$BaSO_4$ 结垢量 $C_{BaSO_4} \leqslant 2.5$ mg/L。

b）二价硫离子含量高的水与含有二价铁离子的水混注时，必须考虑硫化亚铁结垢问题。

c）含碱度较高的水与含钙、镁、钡、锶、铁等离子的水相混或当水中游离二氧化碳含量较高，或二氧化碳逸出使水的 pH 值升高时，应考虑碳酸盐结垢问题。

d）根据化学的溶度积原理，初步判断各离子在水中的稳定性，易生成沉淀的化合物溶度积见表 A.1。当两种水（注入水与注入水或注入水与油层水）相混合，如果某化合物的阳离子浓度（mol/L）与阴离子浓度（mol/L）的乘积大于该化合物的溶度积时，提示可能有沉淀生成，应进行室内混配试验，以确定是否可混。

e）岩心的阳离子变换量大于 0.09 mmo1/100 g（按一价离子计算）时，就不能忽视黏土的水化膨胀。

f）采用天然岩心进行水驱实验，了解黏土矿物的水化膨胀程度，为注水时是否需要防膨提供依据，其试验方法可按 SY/T 5358 的规定执行。

表 A.1 难溶化合物溶度积常数

化合物名称	溶度积（25℃）
$BaSO_4$	1.1×10^{-10}
$SrSO_4$	2.8×10^{-7}
$CaCO_3$	4.8×10^{-10}
$CaSO_4$	6.1×10^{-5}
FeS	4.0×10^{-19}
$BaCO_3$	8.0×10^{-9}
$SrCO_3$	1.0×10^{-9}
$Fe(OH)_3$	3.8×10^{-38}
$Mg(OH)_2$	5×10^{-12}
$Fe(OH)_2$	4.8×10^{-16}
$MgCO_3$	1×10^{-5}

A.3　进行水中悬浮物的不同处理程度对岩心的伤害试验。

A.4　根据试验结果提出水质具体指标，有必要时也可调查水质处理剂的用量，预算水处理的费用。

A.5　现场试注以验证所提指标的可行性。

中华人民共和国石油天然气行业标准

陆上石油天然气开采
钻井废物处置污染控制技术要求

SY/T 7298—2016

前 言

本标准按照 GB/T 1.1—2009《标准化工作导则　第 1 部分：标准的结构和编写》给出的规则起草。

本标准由石油工业环境保护专业标准化技术委员会提出并归口。

本标准起草单位：中国石油集团安全环保技术研究院。

本标准主要起草人：梁林佐、江敏、刘瑾、丁毅、袁波、范巍、梁兵兵、于笑丹、张旭、牛皓、宋文娟、刘安琪、喻干、王嘉麟。

引 言

为贯彻《中华人民共和国环境保护法》《中华人民共和国固体废物污染环境防治法》等法律，以及国家相关固体废物污染控制标准，加强钻井废物处置过程的污染控制，促进陆上石油天然气开采钻井废物处置的技术进步，制定本标准。

1 范围

本标准规定了陆上石油天然气开采钻井废物的收集、贮存、运输，以及实施填埋、固化/稳定化、土地处置、热处理等处置或利用的污染控制技术要求和相应的监测要求。

本标准适用于陆上石油天然气开采钻井废物处置的污染控制。

本标准适用于法律允许的钻井废物收集、贮存、运输、利用和处置行为。

2 规范性引用文件

下列文件对于本文件的应用是必不可少的。凡是注日期的引用文件，仅所注日期的版本适用于本文件。凡是不注日期的引用文件，其最新版本（包括所有的修改单）适用于本文件。

GB 5085.3 危险废物鉴别标准 浸出毒性鉴别

GB 5085.6 危险废物鉴别标准 毒性物质含量鉴别

GB 5086.1 固体废物 浸出毒性浸出方法 翻转法

GB 8978 污水综合排放标准

GB/T 15555.1 固体废物 总汞的测定 冷原子吸收分光光度法

GB/T 15555.2 固体废物 铜、锌、铅、镉的测定 原子吸收分光光度法

GB/T 15555.3 固体废物 砷的测定 二乙基二硫代氨基甲酸银分光光度法

GB/T 15555.4 固体废物 六价铬的测定 二苯碳酰二肼分光光度法

GB/T 15555.5 固体废物 总铬的测定 二苯碳酰二肼分光光度法

GB/T 15555.7 固体废物 六价铬的测定 硫酸亚铁铵滴定法

GB/T 15555.8 固体废物 总铬的测定 硫酸亚铁铵滴定法

GB/T 15555.9 固体废物 镍的测定 直接吸入火焰原子吸收分光光度法

GB/T 15555.10 固体废物 镍的测定 丁二酮肟分光光度法

GB/T 15555.12 固体废物 腐蚀性测定 玻璃电极法

GB 15618 土壤环境质量标准

GB/T 17134 土壤质量 总砷的测定 二乙基二硫代氨基甲酸银分光光度法

GB/T 17135 土壤质量 总砷的测定 硼氢化钾-硝酸银分光光度法

GB/T 17136 土壤质量 总汞的测定 冷原子吸收分光光度法

GB/T 17138 土壤质量 铜、锌的测定 火焰原子吸收分光光度法

GB/T 17139 土壤质量 镍的测定 火焰原子吸收分光光度法

GB/T 17140 土壤质量 铅、镉的测定 KI-MIBK 萃取火焰原子吸收分光光度法

GB/T 17141 土壤质量 铅、镉的测定 石墨炉原子吸收分光光度法

GB 18484　危险废物焚烧污染控制标准

GB 18597　危险废物贮存污染控制标准

GB 18598　危险废物填埋污染控制标准

GB 18599　一般工业固体废物贮存、处置场污染控制标准

GB/T 22105　土壤质量　总汞、总砷、总铅的测定　原子荧光法

GB/T 23739　土壤质量　有效态铅和镉的测定　原子吸收法

GB/T 50082　普通混凝土长期性能和耐久性能试验方法标准

HJ/T 20　工业固体废物采样制样技术规范

HJ/T 298　危险废物鉴别技术规范

HJ/T 299　固体废物　浸出毒性浸出方法　硫酸硝酸法

HJ/T 300　固体废物　浸出毒性浸出方法　醋酸缓冲溶液法

HJ 491　土壤　总铬的测定　火焰原子吸收分光光度法

HJ 557　固体废物　浸出毒性浸出方法　水平振荡法

HJ 607　废矿物油回收利用污染控制技术规范

HJ 680　土壤和沉积物　汞、砷、硒、铋、锑的测定　微波消解/原子荧光法

HJ 687　固体废物　六价铬的测定　碱消解/火焰原子吸收分光光度法

HJ 749　固体废物　总铬的测定　火焰原子吸收分光光度法

HJ 750　固体废物　总铬的测定　石墨炉原子吸收分光光度法

HJ 751　固体废物　镍和铜的测定　火焰原子吸收分光光度法

HJ 752　固体废物　铍、镍、铜和钼的测定　石墨炉原子吸收分光光度法

HJ 766　固体废物　金属元素的测定　电感耦合等离子体质谱法

HJ 767　固体废物　钡的测定　石墨炉原子吸收分光光度法

HJ 781　固体废物　22 种金属元素的测定　电感耦合等离子体发射光谱法

HJ 786　固体废物　铅、锌和镉的测定　火焰原子吸收分光光度法

HJ 787　固体废物　铅和镉的测定　石墨炉原子吸收分光光度法

HJ 802　土壤　电导率的测定　电极法

HJ 803　土壤和沉积物　12 种金属元素的测定　王水提取-电感耦合等离子体质谱法

HJ 804　土壤　8 种有效态元素的测定　二乙烯三胺五乙酸浸提-电感耦合等离子体发射光谱法

HJ 2025　危险废物收集、贮存、运输技术规范

SL 237—20020　无侧限抗压强度试验

国家危险废物名录　环境保护部令第 39 号

3　术语和定义

下列术语和定义适用于本文件。

3.1　钻井废物　drilling waste

从开钻至完井过程中排出井筒和来自钻井液系统的废弃钻井泥浆、岩屑，以及钻井过程中产生的废水和无法回收利用的残液。

3.2　危险钻井废物　hazardous drilling waste

列入《国家危险废物名录》或者根据国家规定的危险废物鉴别标准和鉴别方法认定具有危险特性的钻井废物。

3.3　一般钻井废物　general drilling waste

未列入《国家危险废物名录》或者根据国家规定的危险废物鉴别标准和鉴别方法认定不具有危险特性的钻井废物。

3.4　Ⅰ类一般钻井废物　class Ⅰ　general drilling waste

对于按照 GB 5086.1、HJ/T 299、HJ/T 300、HJ 557 规定方法进行浸出试验而获得的钻井废物浸出液中，任何一种污染物浓度均未超过 GB 8978 最高允许排放浓度，且 pH 值在 6～9 之内的一般钻井废物。

3.5　Ⅱ类一般钻井废物　class Ⅱ　general drilling waste

对于按照 GB 5086.1、HJ/T 299、HJ/T 300、HJ 557 规定方法进行浸出试验而获得的钻井废物浸出液中，存在一种或一种以上的污染物浓度超过 GB 8978 最高允许排放浓度，或者 pH 值在 6～9 之外的一般钻井废物。

3.6　固化　solidification

在钻井废物中加入固化剂，使其转变为非流动性的固态物或形成紧密固体物的过程。

3.7　稳定化　stabilization

通过物理或化学手段将钻井废物中的有毒有害组分转变为惰性组分，或降低其溶解性、浸出率、迁移性、毒性的过程。

3.8　固化/稳化物　solidification/stabilization products

经固化/稳定化处理后的钻井废物。

3.9 热处理 thermal treatment

对钻井废物采用高温氧化分解、焚烧、热脱附等方法，实现废物无害化或回收油等资源化过程。

3.10 无侧限抗压强度试验 unconfined compressive strength test

按照规定方法使试样在无侧限条件下，施加轴向压力直至试样破坏，以此确定固化物或稳化物抗压强度的技术操作。

4 污染控制要求

4.1 一般要求

4.1.1 钻井废物的收集、贮存、运输、利用、处置，以及钻井废物处置工程的选址、设计、施工、验收和运行应符合国家和地方相关固体废物污染防治法律法规与标准的要求。

4.1.2 钻井废物处置过程宜使用环境友好的原材料与添加剂。

4.1.3 对水基钻井液体系钻井废物宜实施固液分离处置，对液相尽可能进行回收再利用。对油基钻井液体系钻井废物应采用萃取、脱附等方法实施钻井液或油的回收，优先考虑钻井液的回收。

4.1.4 钻井废物处置过程中应采取必要措施，保护处置场地周边地表水、地下水、土壤、空气、植被以及野生动植物栖息环境，避免造成环境污染和生态破坏。

4.1.5 钻井废物处置过程排放的废水和废气污染物、环境噪声应符合国家和地方相关排放标准的要求，产生固体废物的处理处置应符合国家和地方相关固体废物污染控制标准要求。

4.1.6 钻井废物经无害化处置后，对其进行资源化（如作为建筑材料等）利用的，应符合相关质量标准和污染控制标准要求。

4.2 收集和贮存及运输

4.2.1 对钻井废物宜采取现场不落地收集措施。

4.2.2 Ⅰ类和Ⅱ类一般钻井废物的贮存应分别符合 GB 18599 中对Ⅰ类和Ⅱ类一般工业固体废物的污染控制规定。

4.2.3 危险钻井废物的贮存应符合 GB 18597 和 HJ 2025 的要求，回收废矿物油还应符合 HJ 607 的规定。

4.2.4 危险钻井废物的运输应符合 HJ 2025 的规定，回收废矿物油还应符合 HJ 607

的规定。

4.2.5 钻井废物在实施最终处置前的临时贮存时间不应超过 12 个月。

4.3 填埋

4.3.1 钻井废物不应在湿地、地下水位高的地点和地下水补给区进行填埋处置。

4.3.2 钻井废物与土壤的混合物进入填埋设施（池或坑）前，其中的控制项目不应超出表 1 规定的限值。

表 1 钻井废物/土壤混合物进入填埋设施（池或坑）控制项目限值

序号	控制项目	限值
1	pH	6～9
2	石油类（干重），%	3
3	电导率（溶解相），mS/m	1 200
4	砷，mg/kg	40
5	钡，mg/kg	40 000
6	镉，mg/kg	10
7	铬，mg/kg	500
8	铅，mg/kg	500
9	汞，mg/kg	10
10	硒，mg/kg	10
11	银，mg/kg	200
12	锌，mg/kg	500
13	铜，mg/kg	400
14	镍，mg/kg	200

4.3.3 填埋与封场要求

a）Ⅰ类和Ⅱ类一般钻井废物的填埋与封场应分别符合 GB 18599 中对Ⅰ类和Ⅱ类一般工业固体废物的污染控制规定；危险钻井废物填埋与封场应符合 GB 18598 的规定，回收废矿物油还应符合 HJ 607 的规定。

b）若使用可耕种场地开挖钻井废物贮存兼填埋坑（池），应将表层土隔离堆放，并用于填埋池顶层回填覆盖。

c）钻井废物回填后应恢复地貌。

d）当填埋场地作为农业或自然生态等用途管理时，场地土壤质量应符合 GB 15618 的规定。

4.4 固化/稳定化

4.4.1 实施填埋的固化/稳化物的性能应符合表 2 规定的限值，浸出液中的控制项目不应超出表 3 规定的限值。

表 2 固化/稳化物性能要求

序号	控制项目	限值
1	无侧限抗压强度，kPa	＞138
2	渗透系数，cm/s	$<1\times10^{-6}$
3	干湿循环耐久性，次	＞10

表 3 固化/稳化物浸出液控制项目限值

序号	控制项目	限值
1	pH 值	6～9
2	石油类，mg/L	10
3	氯化物[a]，mg/L	500
4	砷，mg/L	0.5
5	钡，mg/L	10
6	镉，mg/L	0.1
7	铬，mg/L	1.5
8	六价铬，mg/L	0.5
9	铅，mg/L	0.5
10	汞，mg/L	0.02
11	硒，mg/L	0.1
12	镍，mg/L	1.0
13	铜，mg/L	2.0
14	银，mg/L	0.5
15	锌，mg/L	5.0

[a] 固化/稳定化场地为农业、牧业用地的，应控制氯化物含量。

4.4.2 固化/稳化物现场填埋与封场要求：

a）固化/稳化物属一般工业固体废物的，其填埋与封场应符合 GB 18599 的规定；固化/稳化物属危险废物的，其填埋与封场应符合 GB 18598 的规定。

b）若使用可耕种场地开挖钻井废物贮存兼固化填埋坑（池），应将表层土隔离堆放，并用于填埋池顶层回填覆盖。

c）固化/稳化物回填后应恢复地貌。

d）当填埋场地作为农业或自然生态等用途管理时，场地土壤质量应符合GB 15618的规定。

4.5 土地处置

4.5.1 利用土地处置钻井废物，应充分考虑钻井废物中有毒有害物质对当地环境的影响，特别是应防止对土壤和地下水的污染。

4.5.2 含有天然放射性物质（NORM）的钻井废物、未经预先无害化处理的危险钻井废物和Ⅱ类一般钻井废物不应进行土地处置。

4.5.3 在农业和牧业场地、湿地，不应进行钻井废物的土地处置。

4.5.4 钻井废物与土壤混合物的质量应符合GB 15618的规定。

4.6 热处理

4.6.1 危险钻井废物的焚烧应符合GB 18484的规定。

4.6.2 回收废矿物油应符合 HJ 607的规定。

5 监测要求

5.1 一般要求

5.1.1 对钻井废物处置过程排放废水和废气污染物、环境噪声的监测，按国家相关要求执行。

5.1.2 对钻井废物的贮存以及填埋、固化/稳定化、土地处置，应根据当地环境保护目标分布情况和环境保护要求，按照国家规定方法开展场地土壤与地下水环境监测，如发现异常，应采取必要的环境保护措施。

5.1.3 对一般钻井废物贮存、填埋污染控制的监测按照GB 18599的规定执行。

5.1.4 对危险钻井废物贮存污染控制的监测按照GB 18597的规定执行；对危险钻井废物填埋污染控制的监测按照GB 18598的规定执行；对危险钻井废物焚烧污染控制的监测按照GB 18484的规定执行。

5.2 采样方法

对钻井废物与土壤混合物、固化/稳化物样品的采集、制样与保存按照HJ/T 298与HJ/T 20的相关规定执行。

5.3 分析测定方法

5.3.1 钻井废物与土壤混合物、固化/稳化物及土壤浸出液的监测分析采用表4规定的方法。

5.3.2 固化/稳化物无侧限抗压强度的测定按照 SL 237—20020 的规定执行，渗透系数和干湿循环耐久性的测定按照 GB/T 50082 的规定执行。

5.3.3 钻井废物与土壤混合物、固化/稳化物浸出毒性的测定按照 GB 5086.1、HJ/T 299、HJ/T 300、HJ 557 的规定执行。

表 4 污染控制项目测定方法

序号	控制项目	方法名称	方法来源（标准号）
1	pH	固体废物 腐蚀性测定 玻璃电极法	GB/T 15555.12
2	石油类	固体废物 可回收石油烃总量的测定 红外光谱法	GB 5085.6
		土壤石油类的测定	a
3	钡	固体废物 金属元素的测定 石墨炉原子吸收光谱法	GB 5085.3
		固体废物 金属元素的测定 电感耦合等离子体质谱法	HJ 766
		固体废物 钡的测定 石墨炉原子吸收分光光度法	HJ 767
		固体废物 22 种金属元素的测定 电感耦合等离子体发射光谱法	HJ 781
4	银	固体废物 金属元素的测定 石墨炉原子吸收光谱法	GB 5085.3
		固体废物 金属元素的测定 电感耦合等离子体质谱法	HJ 766
		固体废物 22 种金属元素的测定 电感耦合等离子体发射光谱法	HJ 781
5	硒	固体废物 砷、锑、铋、硒的测定 原子荧光法	GB 5085.3
		土壤和沉积物 汞、砷、硒、铋、锑的测定 微波消解/原子荧光法	HJ 680
		固体废物 金属元素的测定 电感耦合等离子体质谱法	HJ 766
6	铅	固体废物 铜、锌、铅、镉的测定 原子吸收分光光度法	GB/T 15555.2
		土壤质量 铅、镉的测定 KI-MIBK 萃取火焰原子吸收分光光度法	GB/T 17140
		土壤质量 铅、镉的测定 石墨炉原子吸收分光光度法	GB/T 17141
		土壤质量 总汞、总砷、总铅的测定 原子荧光法	GB/T 22105
		土壤质量 有效态铅和镉的测定 原子吸收法	GB/T 23739
		固体废物 金属元素的测定 电感耦合等离子体质谱法	HJ 766
		固体废物 22 种金属元素的测定 电感耦合等离子体发射光谱法	HJ 781
		固体废物 铅、锌和镉的测定 火焰原子吸收分光光度法	HJ 786
		固体废物 铅和镉的测定 石墨炉原子吸收分光光度法	HJ 787
		土壤和沉积物 12 种金属元素的测定 王水提取-电感耦合等离子体质谱法	HJ 803
		土壤 8 种有效态元素的测定 二乙烯三胺五乙酸浸提-电感耦合等离子体发射光谱法	HJ 804

序号	控制项目	方法名称	方法来源（标准号）
7	镉	固体废物　铜、锌、铅、镉的测定　原子吸收分光光度法	GB/T 15555.2
		土壤质量　铅、镉的测定　KI-MIBK 萃取火焰原子吸收分光光度法	GB/T 17140
		土壤质量　铅、镉的测定　石墨炉原子吸收分光光度法	GB/T 17141
		土壤质量　有效态铅和镉的测定　原子吸收法	GB/T 23739
		固体废物　金属元素的测定　电感耦合等离子体质谱法	HJ 766
		固体废物　22 种金属元素的测定　电感耦合等离子体发射光谱法	HJ 781
		固体废物　铅、锌和镉的测定　火焰原子吸收分光光度法	HJ 786
		固体废物　铅和镉的测定　石墨炉原子吸收分光光度法	HJ 787
		土壤和沉积物　12 种金属元素的测定　王水提取-电感耦合等离子体质谱法	HJ 803
		土壤　8 种有效态元素的测定　二乙烯三胺五乙酸浸提-电感耦合等离子体发射光谱法	HJ 804
8	铜	固体废物　铜、锌、铅、镉的测定　原子吸收分光光度法	GB/T 15555.2
		土壤质量　铜、锌的测定　火焰原子吸收分光光度法	GB/T 17138
		固体废物　镍和铜的测定　火焰原子吸收分光光度法	HJ 751
		固体废物　铍、镍、铜和钼的测定　石墨炉原子吸收分光光度法	HJ 752
		固体废物　金属元素的测定　电感耦合等离子体质谱法	HJ 766
		固体废物　22 种金属元素的测定　电感耦合等离子体发射光谱法	HJ 781
		土壤和沉积物　12 种金属元素的测定　王水提取-电感耦合等离子体质谱法	HJ 803
		土壤　8 种有效态元素的测定　二乙烯三胺五乙酸浸提-电感耦合等离子体发射光谱法	HJ 804
9	锌	固体废物　铜、锌、铅、镉的测定　原子吸收分光光度法	GB/T 15555.2
		土壤质量　铜、锌的测定　火焰原子吸收分光光度法	GB/T 17138
		固体废物　金属元素的测定　电感耦合等离子体质谱法	HJ 766
		固体废物　22 种金属元素的测定　电感耦合等离子体发射光谱法	HJ 781
		固体废物　铅、锌和镉的测定　火焰原子吸收分光光度法	HJ 786
		土壤和沉积物　12 种金属元素的测定　王水提取-电感耦合等离子体质谱法	HJ 803
		土壤　8 种有效态元素的测定　二乙烯三胺五乙酸浸提-电感耦合等离子体发射光谱法	HJ 804

序号	控制项目	方法名称	方法来源（标准号）
10	砷	固体废物　砷的测定　二乙基二硫代氨基甲酸银分光光度法	GB/T 15555.3
		土壤质量　总砷的测定　二乙基二硫代氨基甲酸银分光光度法	GB/T 17134
		土壤质量　总砷的测定　硼氢化钾-硝酸银分光光度法	GB/T 17135
		土壤质量　总汞、总砷、总铅的测定　原子荧光法	GB/T 22105
		土壤和沉积物　汞、砷、硒、铋、锑的测定　微波消解/原子荧光法	HJ 680
		固体废物　金属元素的测定　电感耦合等离子体质谱法	HJ 766
		土壤和沉积物　12 种金属元素的测定　王水提取-电感耦合等离子体质谱法	HJ 803
11	铬	固体废物　总铬的测定　二苯碳酰二肼分光光度法	GB/T 15555.5
		固体废物　总铬的测定　硫酸亚铁铵滴定法	GB/T 15555.8
		土壤 总铬的测定　火焰原子吸收分光光度法	HJ 491
		固体废物　总铬的测定　火焰原子吸收分光光度法	HJ 749
		固体废物　总铬的测定　石墨炉原子吸收分光光度法	HJ 750
		固体废物　金属元素的测定　电感耦合等离子体质谱法	HJ 766
		固体废物　22 种金属元素的测定　电感耦合等离子体发射光谱法	HJ 781
		土壤和沉积物　12 种金属元素的测定　王水提取-电感耦合等离子体质谱法	HJ 803
12	六价铬	固体废物　六价铬的测定　二苯碳酰二肼分光光度法	GB/T 15555.4
		固体废物　六价铬的测定　硫酸亚铁铵滴定法	GB/T 15555.7
		固体废物　六价铬的测定　碱消解/火焰原子吸收分光光度法	HJ 687
13	汞	固体废物　总汞的测定　冷原子吸收分光光度法	GB/T 15555.1
		土壤质量　总汞的测定　冷原子吸收分光光度法	GB/T 17136
		土壤质量　总汞、总砷、总铅的测定　原子荧光法	GB/T 22105
		土壤和沉积物　汞、砷、硒、铋、锑的测定　微波消解/原子荧光法	HJ 680
14	镍	固体废物　镍的测定　直接吸入火焰原子吸收分光光度法	GB/T 15555.9
		固体废物　镍的测定　丁二酮肟分光光度法	GB/T 15555.10
		土壤质量　镍的测定　火焰原子吸收分光光度法	GB/T 17139
		固体废物　镍和铜的测定　火焰原子吸收分光光度法	HJ 751
		固体废物　铍、镍、铜和钼的测定　石墨炉原子吸收分光光度法	HJ 752
		固体废物　金属元素的测定　电感耦合等离子体质谱法	HJ 766

序号	控制项目	方法名称	方法来源（标准号）
14	镍	固体废物　22 种金属元素的测定　电感耦合等离子体发射光谱法	HJ 781
		土壤和沉积物　12 种金属元素的测定　王水提取-电感耦合等离子体质谱法	HJ 803
		土壤　8 种有效态元素的测定　二乙烯三胺五乙酸浸提-电感耦合等离子体发射光谱法	HJ 804
15	氯化物	固体废物　氯离子等的测定　离子色谱法	GB 5085.3
16	电导率	土壤　电导率的测定　电极法	HJ 802

[a] 待国家测定标准方法颁布后，按国家标准执行。

中华人民共和国石油天然气行业标准

陆上石油天然气开采
含油污泥处理处置及污染控制技术规范

SY/T 7300—2016

前　言

本标准按照 GB/T 1.1—2009《标准化工作导则　第 1 部分：标准的结构和编写》给出的规则起草。

本标准由石油工业环境保护专业标准化技术委员会提出并归口。

本标准起草单位：中国石油集团安全环保技术研究院、中国石油长庆油田分公司、中国石油冀东油田公司。

本标准起草人：邓皓、黄山红、刘光全、任雯、王蓉沙、李向阳、王铁刚、许毓、谢水祥、张明栋、仝坤。

1　范围

本标准规定了陆上石油天然气开采含油污泥处理处置和过程中污染控制及环境监管要求。

本标准适用于陆上石油天然气开采含油污泥处理处置和过程中污染控制。

2 规范性引用文件

下列文件对于本文件的应用是必不可少的。凡是注日期的引用文件，仅注日期的版本适用于本文件。凡是不注日期的引用文件，其最新版本（包括所有的修改单）适用于本文件。

GB 8978 污水综合排放标准

GB 12348 工业企业厂界环境噪声排放标准

GB 13271 锅炉大气污染物排放标准

GB 16297 大气污染物综合排放标准

GB 18484 危险废物焚烧污染控制标准

GB 18597 危险废物贮存污染控制标准

GB 18598 危险废物填埋污染控制标准

GB 50183 石油天然气工程设计防火规范

HJ/T 20 工业固体废物采样制样技术规范

HJ/T 55 大气污染物无组织排放监测技术导则

HJ/T 91 地表水和污水监测技术规范

HJ/T 164 地下水环境监测技术规范

HJ/T 166 土壤环境监测技术规范

HJ/T 176 危险废物集中焚烧处置工程建设技术规范

HJ/T 397 固定源废气监测技术规范

HJ 607 废矿物油回收利用污染控制技术规范

HJ 2025 危险废物收集、贮存、运输技术规范

JT 617 汽车运输危险货物规则

SY/T 7301 陆上石油天然气开采含油污泥资源化综合利用及污染控制技术要求

危险废物转移联单管理办法

3 术语和定义

下列术语和定义适用于本文件。

3.1 含油污泥 oily sludge

石油天然气勘探、开采、集输、废水（液）处理过程中产生的油与泥砂形成的混合物，以及在钻井过程中使用油基钻井液产生的含油岩屑。

3.2 收集 collection

将分散的含油污泥进行集中的活动。

3.3 运输 transportation

使用专用运输工具，将含油污泥送至含油污泥处理处置场所的过程。

3.4 贮存 storage

含油污泥在收集、运输、处理处置过程中和处理处置前被置于专门存放场所的活动。

3.5 化学热洗 chemical heat washing

通过化学药剂及热水共同作用于含油污泥，使其黏度降低，实现油、水、固体的三相分离的处理过程。

3.6 燃料化 fuelization

含油污泥加入处理剂后经干燥制成燃料的处理过程。

3.7 热解 pyrolysis

在隔氧加热条件下，含油污泥中有机物发生裂解，从而实现油气回收和污泥无害化、减量化的处理过程。

3.8 蒸汽喷射 steam jet

将超热蒸汽经特制的喷嘴高速喷出，在高温及高速所产生的冲量作用下将含油污泥中石油类和水分迅速蒸出，实现污泥和油气分离的处理过程。

3.9 焚烧 incineration

在高温和富氧条件下，使含油污泥充分燃烧、彻底分解的处理过程。

3.10 溶剂萃取 solvent extraction

常温条件下，采用物理分离和处理剂深度分离技术，从而实现矿物油、油基钻井液回收和污泥无害化处理过程。

4 含油污泥收集污染控制要求

4.1 企业应采用清洁化生产技术，从源头上减少含油污泥产生量。

4.2 产生含油污泥的场所应有接收和防渗（漏）措施。

4.3　若发生原油或含油污泥落地，应及时收集，并清理现场。

4.4　现场接收的含油污泥，应及时装入具有防渗（漏）功能的容器中，并及时安全转运或处理处置。

5　含油污泥运输污染控制要求

5.1　含油污泥的运输转移应按 HJ 2025 和 JT 617 等的规定执行。

5.2　含油污泥运输单位要制定详细的运输方案、事故应急预案，并进行培训演练。

5.3　含油污泥运输必须采用具有防渗（漏）措施车辆进行运输。

5.4　运输过程中，严禁擅自倾倒、丢弃含油污泥。

5.5　委托含油污泥运输的第三方单位必须具有危险废物运输资质，并按照《危险废物转移联单管理办法》要求填写统一转移联单。

6　含油污泥贮存污染控制要求

6.1　含油污泥贮存应符合 GB 18597 的有关规定。

6.2　含油污泥贮存点应尽量建设在油泥处理区附近，并同时靠近油田生产区，以减少含油污泥运输距离。

6.3　贮存点安全防火距离要求应符合 GB 50183 的规定。

6.4　含油污泥贮存点必须设立警示标志。

6.5　含油污泥贮存设施必须做防渗处理。防渗处理按照 GB 18597 的规定要求进行。

7　含油污泥处理处置污染控制要求

7.1　处理技术要求

7.1.1　化学热洗技术：

a）含油污泥化学热洗处理应包括流化预处理、调质处理、离心分离处理等。

b）流化预处理可通过油泥分离装置去除大块含油物料和大颗粒含油泥沙，并流化污泥，温度宜控制在 45℃以上。流化预处理后含油污泥中固体颗粒粒径宜小于 5 mm。分离装置应有防止油、水、泥落地的设计。

c）调质处理宜采用搅拌匀化、加热、投加化学药剂等工艺措施，清洗温度、化学药剂品种应根据污泥物性、脱油效率等现场试验情况确定。

d）经调质处理后含油污泥宜采用离心机进行固液分离。

e）处理过程产生的废水应循环利用；无法循环利用的污水，应集中处理。

7.1.2 燃料化技术：

a）含油污泥燃料化技术应包括预处理、脱水处理、制备燃料等。

b）预处理宜采用人工或机械方法分拣去除大块含油物料。

c）经预处理后含油污泥若含水率大于 80%，应进行脱水处理。

d）经预处理或脱水处理后的含油污泥宜采用输送装置进入物料混匀装置内，加入干化剂混匀后宜采用低温烘焙方式干燥。

e）处理过程产生的废水应循环利用；无法循环利用的污水，应集中处理。

7.1.3 热解技术：

a）含油污泥热解技术应包括预处理、热解、馏分冷凝分离、不凝气焚烧、油品脱臭等过程。

b）预处理宜采用人工或机械方法分拣去除大块含油物料。

c）经预处理后含油污泥若含水率大于 80%，应进行脱水处理。

d）热解工艺设计必须符合相关安全要求。

e）热解不凝气严禁直接排放。若作为热解炉供热系统的燃料利用，应进行净化和干燥。不具备焚烧条件的，要对不凝气进行分解并无害化。

f）排渣系统应与炉体密闭连接防止飞灰。

g）回收油品应有脱臭处理设施。

7.1.4 蒸汽喷射技术：

a）含油污泥蒸汽喷射技术应包括预处理、脱水处理、蒸汽喷射、油水分离等。

b）若含油污泥含水率大于 80%，应进行脱水处理。

c）蒸汽喷射所用蒸汽温度应高于 550℃，经喷嘴将超热蒸汽以超高速引入至高温处理器与油泥垂直碰撞。

7.1.5 常温溶剂萃取技术：

a）常温溶剂萃取技术应包括固液分离、萃取等。

b）常温溶剂萃取技术宜处理含油岩屑及清罐油泥等较为均质的含油污泥，经处理后油基钻井液、油品应回收利用。

c）常温脱附使用的萃取剂应考虑重复利用。

7.1.6 微生物修复技术：

a）采用微生物修复处理时，含油污泥 pH 值宜控制在 6～8，温度宜控制在 15～35℃，湿度宜控制在 25%～75%。

b）含油污泥中的溶解氧浓度应根据试验确定，可通过翻耕通风、添加产氧剂等方法实现。

c）采用原位生物修复工艺时，应采取隔离和控制污染物扩散的措施；采用预制床生物修复工艺时，应设置防渗层，防渗层上应设置渗滤层及渗滤液收集系统。

7.1.7 含油污泥经处理后的剩余固相应首先考虑资源化利用，资源化利用方式和污染控制要求符合 SY/T 7301。无法资源化利用的剩余固相应进行安全处置。

7.1.8 含油污泥处理过程中排放的废水、废气、噪声应符合 GB 8978、GB 13271、GB 16297、GB 12348、HJ 607 等相关要求。

7.2 处置技术要求

7.2.1 含油污泥的焚烧应符合 GB 18484 的有关规定，鼓励进行热能综合利用。

7.2.2 含油污泥焚烧工程应符合 HJ/T 176 的有关规定。

7.2.3 含油污泥的填埋应符合 GB 18598 的有关规定。

7.3 环境监测

7.3.1 含油污泥的采集、制样与保存应按照 HJ/T 20 的规定执行。

7.3.2 含油污泥处理与处置过程不得对土壤、水体造成二次污染，对周边土壤和水体的取样和监测应符合 HJ/T 166，HJ/T 164 和 HJ/T 91 的要求。

7.3.3 含油污泥贮存和处理、处置场所的大气污染物监测布点、取样和监测应符合 HJ/T 55、HJ/T 397 的要求。

8 健康、安全、环境管理

8.1 含油污泥产生单位的产生记录、含油污泥处理单位的经营情况记录以及污染物排放监测记录应保存 10 年以上，并接受环境保护主管部门的检查。

8.2 含油污泥产生单位和含油污泥处理单位应建立环境保护管理责任制度，设置环境保护部门及专（兼）职人员，负责监督含油污泥收集、运输、贮存和处理、处置过程中的环境保护及相关管理工作。

8.3 含油污泥处理单位应建立污染预防机制和环境污染事故应急预案。

8.4 含油污泥在处理处置过程中应定期进行环境监测。

8.5 含油污泥收集、运输、贮存、处理、环境监测过程中人员应配备必要的个人防护用品。热解、蒸汽喷射等操作人员必须做好人身防护工作。

中华人民共和国石油天然气行业标准

陆上石油天然气开采
含油污泥资源化综合利用及污染控制技术要求

SY/T 7301—2016

前　言

本标准按照 GB/T 1.1—2009《标准化工作导则　第 1 部分：标准的结构和编写》给出的规则起草。

本标准由石油工业环境保护专业标准化技术委员会提出并归口。

本标准起草单位：中国石油集团安全环保技术研究院、中国石油长庆油田分公司、中国石油冀东油田公司。

本标准起草人：邓皓、黄山红、刘光全、任雯、王蓉沙、李向阳、王铁刚、张明栋、岳勇。

1　范围

本标准规定了陆上石油天然气开采含油污泥资源化综合利用适用场所、污染控制及环境监测的技术要求。

本标准适用于陆上石油天然气开采含油污泥资源化综合利用过程及污染控制和环境监管。

2 规范性引用文件

下列文件对于本文件的应用是必不可少的。凡是注日期的引用文件，仅注日期的版本适用于本文件。凡是不注日期的引用文件，其最新版本（包括所有的修改单）适用于本文件。

GB 5085.6 危险废物鉴别标准

GB 8978 污水综合排放标准

GB 13271 锅炉大气污染物排放标准

HJ/T 91 地表水和污水监测技术规范

HJ/T 164 地下水环境监测技术规范

HJ/T 166 土壤环境监测技术规范

HJ/T 397 固定源废气监测技术规范

SY/T 7300 陆上石油天然气开采含油污泥处理处置及污染控制技术规范

3 术语和定义

下列术语和定义适用于本文件。

3.1 含油污泥 oily sludge

石油天然气勘探、开采、集输、废水（液）处理过程中产生的油与泥砂形成的混合物，以及在钻井过程中使用油基钻井液产生的含油岩屑。

3.2 资源化综合利用 comprehensive utilization of resources

含油污泥经过处理剩余固相满足本标准要求后用作油田通井路和井场建设用基础材料以及作为燃料使用，含油污泥中矿物油、油基钻井液经过分离后回收并再生利用。

3.3 通井路 the road to the well site

在钻井前或施工期间及油田运行期间修建的通往作业井场的各种道路。

4 一般要求

4.1 含油污泥化学热洗、热解、蒸汽喷射、常温溶剂萃取等处理污染控制应满足

SY/T 7300 的要求。

4.2 含油污泥经处理后剩余固相资源化利用场所的选址、设计、施工、验收和运行应遵守国家、地方相关法律法规的要求及相关标准、行业规范的规定。

4.3 含油污泥经处理后剩余固相用于铺设通井路、铺垫井场的场地应选择在油田作业区内。

4.4 含油污泥经处理后剩余固相资源化利用过程中使用的添加剂应不会造成二次污染。

4.5 含油污泥经处理后剩余固相禁止农用。

5 资源化利用污染控制要求

5.1 含油污泥经化学热洗、热解、蒸汽喷射、常温溶剂萃取等处理，分离后矿物油应回收利用。含油岩屑应鼓励优先进行油基钻井液回收利用，实现油基钻井液价值最大化回收。

5.2 铺设通井路、铺垫井场：

a）含油污泥经处理后剩余固相中石油烃总量应不大于 2%，处理后剩余固相宜用于铺设通井路、铺垫井场基础材料。

b）剩余固相用于铺设通井路和垫井场时，经养护后成型路基浸出液污染物应达到 GB 8978 的要求。

5.3 作为燃料的要求如下。

5.3.1 含油污泥燃料化技术应包括预处理、脱水处理、制备燃料等。经预处理或脱水处理后的含油污泥宜采用输送装置进入物料混匀装置内，加入干化剂混匀后宜采用低温烘焙方式干燥。

5.3.2 含油污泥经燃料化处理后制成燃料，燃料热值宜大于 11 MJ/kg。

5.3.3 作为燃煤锅炉的燃料使用，其大气污染物排放执行 GB 13271 的要求。

6 管理要求

6.1 监测要求

6.1.1 含油污泥经处理后剩余固相用于铺设通井路和垫井场时，对周围土壤和水体的取样和监测应符合 HJ/T 166、HJ/T 164 和 HJ/T 91 的要求。

6.1.2 含油污泥经处理后作为燃料时的大气污染物监测布点、取样和监测应符合 HJ/T 397 的要求。

6.1.3 含油污泥经处理后剩余固相中石油烃总量检测方法符合 GB 5085.6 中附录 O 的要求。

6.1.4 监测频次为每批产品不少于一次。

6.2 健康、安全、环境管理

6.2.1 含油污泥资源化综合利用单位应建立环境保护管理责任制度，设置环境保护部门及专（兼）职人员，负责监督含油污泥资源化利用过程中的环境保护及相关管理工作。

6.2.2 含油污泥资源化综合利用过程、环境监测过程中人员应配备必要的个人防护用品。

中华人民共和国石油天然气行业标准

石油天然气工业健康、安全与环境管理体系（节选）

SY/T 6276—2014

代替 SY/T 6276—2010，SY/T 6513—2010，SY/T 6459—2010，SY/T 6609—2004，SY/T 5728—2007，SY/T 6280—2013，SY/T 6606—2012，SY/T 6630—2012，SY/T 6283—1997，SY/T 6361—1998，SY/T 6362—1998，SY/T 6048—2007

前　言

本标准按照 GB/T 1.1—2009《标准化工作导则　第 1 部分：标准的结构和编写》给出的规则起草。

本标准是对 SY/T 6276—2010《石油天然气工业　健康、安全与环境管理体系》、SY/T 6513—2010《编制海上作业和设施安全与环境管理计划推荐作法》、SY/T 6609—2004《环境、健康和安全（EHS）管理体系模式》、SY 5728—2007《滩海石油地震队健康安全与环境管理规范》、SY 6280—2013《石油物探地震队健康、安全与环境管理规范》、SY/T 6283—1997《石油天然气钻井健康、安全与环境管理体系指南》、SY/T 6361—1998《采油采气注水矿场健康安全与环境管理体系指南》、SY/T 6362—1998《石油天然气井下作业健康、安全与环境管理体系指南》、SY/T 6630—2012《承包商安全绩效过程管理推荐作法》、SY/T 6048—2007《重力、磁法、点法队健康安全与环境管理规范》、SY/T 6459—2010《执行承包商安全和健康计划》、SY/T 6606—2012《石油工业工程技术服务承包商健康安全环境管理规范》等标准的整合修订，本标准代替上述 12 项标准，本标准以 SY/T 62762—2010 为主，与 SY/T 6276—2010 相比，主要技术内容变化如下：

——引言部分做了内容修改（见引言）。

——修改了规范性引用文件（见第2章）。

——对术语和定义做了下列修改：

a）增加了“可接受风险”的术语和定义（见第3章）；

b）删除了“顾客”的术语和定义；

c）考虑与GB/T 28001—2011《职业健康安全管理体系 要求》中术语和定义的协调，对“事故”、“持续改进”、“纠正措施”、“危害因素”、“健康、安全与环境管理体系”、“健康、安全与环境方针”、“事件”、“不符合”、“绩效”、“预防措施”、“程序”、“风险”、“风险评价”等13个术语和定义做了澄清性修改（见第3章）。

——对要素做了下列修改：

a）增加了“职业健康”、“清洁生产”两个要素（见5.5.6和5.5.7）；

b）修改了部分要素名称：“组织结构、资源和文件”改为“组织结构、职责、资源和文件”；“检查和纠正措施”改为“检查与纠正措施”；“危害因素辨识、风险评价和风险控制措施的确定”改为“危害因素辨识、风险评价和控制措施的确定”；“协商和沟通”改为“沟通、参与和协商”；“事故、事件报告、调查和处理”改为“事故、事件管理”（见第5章）；

c）对“领导和承诺”、“健康、安全与环境方针”、“危害因素辨识、风险评价和控制措施的确定”、“法律法规和其他要求”、“目标和指标”、“方案”、“组织结构和职责”、“资源”、“能力、培训和意识”、“沟通、参与和协商”、“文件”、“文件控制”、“设施完整性”、“承包方和（或）供应方”、“社区和公共关系”、“作业许可”、“运行控制”、“变更管理”、“应急准备和响应”、“绩效测量和监视”、“合规性评价”、“不符合、纠正措施和预防措施”、“事故、事件管理”、“记录控制”、“内部审核”、“管理评审”等要素的内容做了澄清式修改（见第5章）。

——增加了SY/T 6276—2014与SY/T 6276—1997，SY/T 6276—2010，AQ/T 9006—2010，AQ 2037—2012的对应关系（见附录A）。

本标准由石油工业安全专业标准化技术委员会提出并归口。

本标准起草单位：中国石油集团安全环保技术研究院、中国石油辽河油田公司、中国石油渤海钻探公司、中国石油管道分公司。

本标准主要起草人：杜民、吴苏江、邱少林、王其华、裴玉起、胡月亭、谢国忠、刘景凯、王国成、孟国维、王福国、李世森、陈晓虎。

本标准代替SY/T 6276—2010，SY/T 6513—2010，SY/T 6459—2010，SY/T

6609—2004，SY 5728—2007，SY 6280—2013，SY/T 6606—2012，SY/T 6630—2012，SY/T 6283—1997，SY/T 6361—1998，SY/T 6362—1998，SY 6048—2007。

SY/T 6276—2010 的历次版本发布情况为：

——SY/T 6276—1997。

SY/T 6513—2010 的历次版本发布情况为：

——SY/T 6513—2001。

SY/T 6459—2010 的历次版本发布情况为：

——SY/T 6459—2000。

SY 5728—2007 的历次版本发布情况为：

——SY 5728—1995。

SY 6280—2013 的历次版本发布情况为：

——SY/T 6047—1994；

——SY/T 6280—1997，SY/T 6280—2006。

SY/T 6630—2012 的历次版本发布情况为：

——SY/T 6630—2005。

SY 6048—2007 的历次版本发布情况为：

——SY/T 6048—1994。

引　言

从 20 世纪 80 年代以来，一些国际大石油公司率先实施健康、安全与环境管理体系，通过一套系统化的方法来规范其管理活动，现在健康、安全与环境管理体系已经成为国际石油界广泛认同和共同遵守的规则。健康、安全与环境管理体系突出以人为本、预防为主、领导承诺、全员负责、风险管理、持续改进的管理思想，是现代企业制度的重要组成部分。

为了更加有效地深入推进我国石油天然气工业的健康、安全与环境管理体系工作，实现健康、安全、环境管理与国际接轨和持续发展，提高石油天然气工业健康、安全、环境管理水平，在 SY/T 6276—2010《石油天然气工业　健康、安全与环境管理体系》基础上进行了持续性的标准修订工作，此次修订主要是基于对目前现有的石油工业健康、安全与环境管理体系相关标准进行整合，形成石油天然气行业健康、安全与环境管理总体原则要求的标准。此次标准整合修订，整合融入了下列健康、安全与环境管理体系相关指南性标准的基本要求，包括 SY/T 6609—2004《环境、健康和安全（EHS）管理体系模式》、SY 5728—2007《滩海石油地震队健康安全与环境管理规范》、SY 6280—2013《石油物探地震队健康、安全与环境管理规范》、SY/T 6283—1997《石油天然气钻井健康、安全与环境管理体系指南》、SY/T 6361—1998《采油采气注水矿场健康安全与环境管理体系指南》、SY/T 6362—1998《石油天然气井下作业健康、安全与环境管理体系指南》、SY 6048—2007《重力、磁法、电法队健康安全与环境管理规范》等。

本标准在修订过程中，参考了 ISO/CD 14690《石油天然气工业健康、安全与环境管理体系》、API Publ 9100A《环境、健康和安全管理体系模式》，以及 GB/T 24001—2004《环境管理体系　要求及使用指南》和 GB/T 28001—2011《职业健康安全管理体系　要求》等有关标准的相关技术要求，充分考虑了体系要素的融合。在 SY/T 6276—2010 的框架基础上，融入了国际石油公司有关健康、安全与环境管理的最优实践做法，以及 AQ/T 9006—2010《企业安全生产标准化基本规范》、AQ 2037—2012《石油行业安全生产标准化　导则》的相关要求，形成现有技术内容。

本标准旨在为组织规定有效的健康、安全与环境管理体系要素，这些要素可与其他管理要求相结合，帮助组织实现其健康、安全、环境目标。

有下列愿望的从事石油天然气工业的各类型组织及其相关方可应用本标准：

a）建立、实施、保持和改进健康、安全与环境管理体系。

b）使自己确信能符合所声明的健康、安全与环境方针。

c）寻求相关方（如顾客）对其符合性的确认。

d）寻求外部机构对其健康、安全与环境管理体系的认证。

e）进行自我评价和自我声明。

1　范围

本标准规定了健康、安全与环境管理体系的基本要求，旨在使组织能够控制健康、安全与环境风险，实现健康、安全与环境目标，并持续改进其绩效。

本标准适用于从事石油天然气工业的各类型组织的健康、安全与环境管理。组织依据本标准的要求建立、实施、保持和改进健康、安全与环境管理体系时，应充分考虑其健康、安全与环境方针，以及活动性质、运行的风险与复杂性等因素。

2 规范性引用文件

下列文件对于本文件的应用是必不可少的。凡是注日期的引用文件，仅注日期的版本适用于本文件。凡是不注日期的引用文件，其最新版本（包括所有的修改单）适用于本文件。

GB/T 24001—2004 环境管理体系 要求及使用指南（ISO 14001：2004，IDT）

GB/T 28001—2011 职业健康安全管理体系 要求（BS OHSAS 18001：2007，IDT）

AQ 2037—2012 石油行业安全生产标准化 导则

AQ/T 9006—2010 企业安全生产标准化基本规范

3 术语和定义

下列术语和定义适用于本文件。

3.1 事故 accident

造成死亡、人身伤害、健康损害（见 3.19）、损坏或其他损失的意外情况。

3.2 审核员 auditor

经过培训，并取得相应资质，有能力实施审核的人员。

3.3 清洁生产 clean production

将整体预防的环境战略持续应用于生产过程、产品和服务中，以期提高资源利用效率并减少或消除环境污染和生态破坏。

3.4 持续改进 continual improvement

为实现健康、安全与环境总体绩效的改进，根据组织（见 3.23）健康、安全与环境方针，不断强化健康、安全与环境管理体系（见 3.14）的过程。

注：该过程不必同时发生在活动的所有领域。

3.5 纠正 corrective

消除已发现的不符合（见 3.22）。

3.6 纠正措施 corrective action

为消除已发现的不符合或其他不期望情况的原因所采取的措施。

注 1：一个不符合可以有若干个原因。

注 2：采取纠正措施是为了防止再发生，而采取预防措施是为了防止发生。

［GB/T 28001—2011，定义 3.3］

3.7 判别准则 discrimination criteria

判定是否有害或风险（见 3.30）及影响大小所依据的数值或标准，来自于法律法规、标准、合同约定等。

3.8 文件 document

信息及其承载媒体。

注：媒体可以是纸张，计算机磁盘、光盘或其他电子媒体，照片或标准样品，或它们的组合。

［GB/T 24001—2001，定义 3.4］

3.9 环境 environment

组织运行活动的外部存在，包括空气、水、土地、自然资源、植物、动物、人，以及他们之间的相互关系。

注：从这一意义上，外部存在从组织内延伸到全球系统。

［GB/T 24001—2004，定义 3.5］

3.10 环境影响 environment impact

全球或部分地由组织的活动、产品或服务给环境造成的任何有害或有益的变化。

3.11 危害因素 hazard

可能导致人身伤害和（或）健康损害、财产损失、工作环境破坏、有害的环境影响的根源、状态或行为，或其组合。

3.12 危害因素辨识 hazard identification

识别健康、安全与环境危害因素（见 3.11）的存在并确定其特性的过程。

注：环境因素的识别和重要环境因素的确定，可以结合健康、安全与环境危害因素的辨识、风险评价进行。

3.13 健康 health

工作场所内员工、临时工作人员、合同方人员、访问者和其他人员的身体、精神、行为等方面达到良好状态。

3.14 健康、安全与环境管理体系 health，safety and environment management system（HSE-MS）

组织管理体系的一部分，用于制定和实施组织的健康、安全与环境方针（见 3.16）并管理其业务相关的健康、安全与环境风险。包括组织结构、策划活动（例如包括风险评价、目标建立等）、职责、惯例、程序（见 3.28）、过程和资源。

注：管理体系适用于制定方针和目标并实现这些目标的一组相互关联的要素。

3.15 健康、安全与环境目标 health，safety and environmental objectives

在健康、安全与环境绩效（见 3.24）方面组织自身设定要达到的目的。

3.16 健康、安全与环境方针 health，safety and environmental policy

组织就其健康、安全与环境绩效正式表述的总体意图、原则和方向。

3.17 健康、安全与环境指标 health，safety and environmental target

直接来自健康、安全与环境目标，或为实现目标所需规定并满足的具体的健康、安全与环境绩效要求（准则），可适用于组织或其局部，如可行应予量化。

3.18 事件 incident

导致或可能导致事故（见 3.1）的情况。

注：其结果未产生人身伤害、健康损害、损坏或其他损失的事件叫“未遂事件”，在英文中还可称为“near-miss”。

3.19 健康损害 ill hearth

可确认的、由工作活动和（或）工作相关状况引起或加重的身体或精神的不良状态。

［GB/T 28001—2011，定义 3.8］

3.20 相关方 interested parties

关注组织的健康、安全与环境绩效或受其绩效影响的个人或团体。

注：相关方包括了政府、毗邻者、合作者、顾客、保险商、承包方、供应方等。

［AQ/T 9006—2010，定义 3.3］

3.21 内部审核 internal audit

客观地获取审核证据并予以评价，以判定组织对其设定的健康、安全与环境管理体系审核准则满足程度的系统的、独立的、形成文件的过程。

注：在许多情况下，独立性可通过与所审核活动无责任关系来体现。

3.22 不符合 non-conformance

未满足要求。

注：不符合可以是对下述要求的任何偏离：

——有关的工作标准、惯例、程序、法律法规要求等。

——健康、安全与环境管理体系要求。

3.23 组织 organization

职责、权限和相互关系得到安排的一组人员和设施。

注：组织应是具有自身职能和行政管理的单位。如钻井公司、采油厂等。对于拥有一个以上运行单位的组织，可以把一个单独的运行单位视为一个组织。

3.24 绩效 performance

组织对其健康、安全与环境进行管理所取得的可测量的结果。

注 1：绩效测量包括健康、安全与环境管理活动和结果的测量。

注 2：“绩效”也可称为“业绩”。

注 3：在健康、安全与环境管理体系背景下，绩效结果也可根据组织的健康、安全与环境方针，以及健康、安全与环境目标指标，以及其他绩效要求测量出来。

3.25 方案 plans（programms）

对实现健康、安全与环境目标和指标以及针对特定的活动、产品或服务，经策划所编制的规定职责权限、资源、程序（措施）和期限的文件。

注：方案是健康、安全与环境管理体系建立、实施、保持和改进过程中策划的结果之一，是一个统筹性的概念，有多样的表现形式。可以是方案列表，或是工作计划文件，或是项目 HSE 计划，或是其他。

3.26 事故预防 prevention accident

采用技术和管理等措施以避免事故的发生。

3.27 预防措施 preventive action

为消除潜在不符合或其他不期望潜在情况的原因所采取的措施。

注 1：一个潜在不符合可以有若干个原因。

注 2：采取预防措施是为了防止发生，而采取纠正措施（见 3.6）是为了防止再发生。

[GB/T 28001—2011，定义 3.18]

3.28 程序 procedure

为进行某项活动或过程所规定的途径。

注 1：程序可以形成文件，也可以不形成文件。

注 2：当程序形成文件时，通常称为“书面程序”或“形成文件的程序”。含有程序的文件（见 3.8）可称为“程序文件”。

[GB/T 28001—2011，定义 3.19]

3.29 记录 record

阐明所取得的结果或提供所从事活动的证据的文件（见 3.8）。

[GB/T 24001—2004，定义 3.20]

3.30 风险 risk

某一特定危害事件发生的可能性，与随之引发的人身伤害或健康损害、损坏或其他损失的严重性的组合。

3.31 风险评价 risk assessment

评估风险程度，考虑现有控制措施的充分性，以及确定风险是否为可接受风险（见 3.33）的全过程。

3.32 安全 safety

免除了不可接受风险的状态。

3.33 可接受风险 tolerable risk

根据组织的法律义务和健康、安全与环境方针，已降至组织可容许程度的风险。

3.34 工作场所 workplace

在组织控制下实施与工作相关的活动的任何物理区域。

注：在考虑工作场所的构成时，组织一般会考虑对如下人员的职业健康安全影响，例如：差旅或运输中（如驾驶、乘机、乘船或乘火车等）、在客户或顾客处所工作或在家工作的人员。

4 总要求

组织应建立、实施、保持和持续改进健康、安全与环境管理体系，通过健康、安全与环境初始评审，明确现有健康、安全与环境状况以及确定改进的机会，在此基础上进行策划和设计，确定如何实现这些要求，并形成文件。第 5 章描述了健康、安全与环境管理体系的要求。

本标准与 SY/T 6276—1997，SY/T 6276—2010，GB/T 24001—2004，GB/T 28001—2011，AQ/T 9006—2010，AQ 3027—2012 的对应关系参见附录 A。

组织应界定健康、安全与环境管理体系的范围，并形成文件（见 5.4.6）。

健康、安全与环境管理体系模式如图 1 所示。

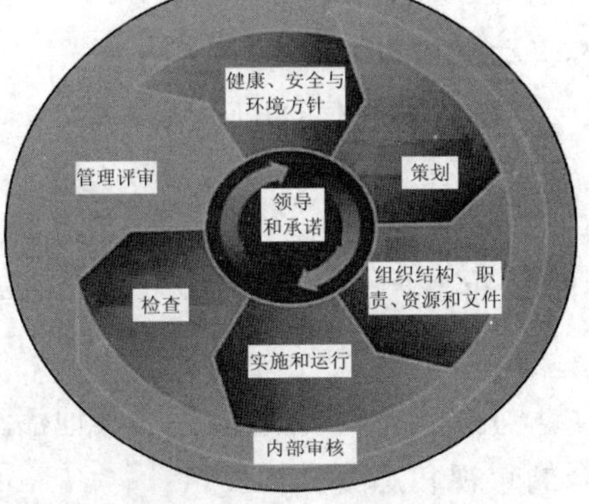

图 1 健康、安全与环境管理体系模式

注 1：本标准规定的健康、安全与环境管理体系基于“策划—实施—检查—改进”（PDCA）的运行原理，运用“螺旋桨”模式图表示，本图中 PDCA 的含义如下：

——策划：建立所需的目标和过程，以实现组织的健康、安全与环境方针所期望的结果。

——实施：对过程予以实施。

——检查：根据承诺、方针、目标、指标以及法律法规和其他要求，对过程进行监视和测量。

——改进：采取措施，以持续改进健康、安全与环境管理体系绩效。

注 2：七个要素中“领导和承诺”是健康、安全与环境管理体系建立与实施的前提条件；“健康、安全与环境方针”是健康、安全与环境管理体系建立和实施的总体原则；“策划”是健康、安全与环境管理体系建立与实施的输入；“组织结构、职责、资源和文件”是健康、安全与环境管理体系建立与实施的基础；“实施和运行”是健康、安全与环境管理体系实施的关键；“检查”是健康、安全与环境管理体系有效运行的保障；“管理评审”是推进健康、安全与环境管理体系持续改进的动力。

5 健康、安全与环境管理体系要求

5.1 领导和承诺

组织应明确各级领导健康、安全与环境管理的责任，保障健康、安全与环境管理体系的建立与运行。最高管理者应对组织建立、实施、保持和持续改进健康、安全与环境管理体系提供强有力的领导和明确的承诺。组织健康、安全与环境的最终责任由最高管理者承担。

各级管理者应通过以下活动证实其承诺：

a）遵守法律、法规及相关要求。

b）制定或实施健康、安全与环境方针。

c）确保健康、安全与环境目标、指标的制定和实现。

d）主持管理评审。

e）提供必要的资源。

f）明确作用、分配职责和责任、授予权力，并提供有效的健康、安全与环境管理。

g）确保健康、安全与环境管理体系有效运行的其他活动，在各项工作和活动中使员工感受到自己对安全的重视和态度。

组织应建设和维护企业安全文化，采取多种形式的安全文化活动，引导全体员工的安全态度和安全行为，形成具有其特点的安全价值观。

5.2 健康、安全与环境方针

组织的最高管理者应确定和批准组织的健康、安全与环境方针、规定组织健康、安全与环境管理的原则和政策。健康、安全与环境方针应：

a）包括对遵守法律、法规和其他要求的承诺，以及对持续改进和污染预防、事故预防的承诺等。

b）适合于组织的活动、产品或服务的性质和规模以及健康、安全与环境风险。

c）传达到所有在组织控制下工作的人员，旨在使其认识各自的健康、安全与环境义务。

d）形成文件，付诸实施并予以保持。

e）可为相关方所获取。

f）定期评审，以确保其与组织保持相关和适宜。

组织应建立健康、安全与环境战略（总）目标，并应与健康、安全与环境方针相一致，以提供设定和评审健康、安全与环境目标和指标的框架。

5.3 策划

5.3.1 危害因素辨识、风险评价和控制措施的确定

组织应建立、实施和保持程序，用来确定其活动、产品或服务中能够控制或能够施加影响的健康、安全与环境危害因素，以持续进行危害因素辨识、风险评价和实施必要的风险控制和削减措施，这些程序应考虑：

a）常规和非常规的活动。

b）所有进入工作场所的人员的活动。

c）人的行为、能力和其他人为因素。

d）已识别的源于工作场所外，能够对工作场所内组织控制下的人员产生不利影响的危害因素。

e）在工作场所附近，由组织控制下的相关活动所产生的危害因素。

f）由本组织或外界所提供的工作场所的基础设施、设备和材料。

g）组织及其活动、材料的变更，或计划的变更。

h）健康、安全与环境管理体系的更改包括临时性变更等，及其对运行、过程和活动的影响。

i）任何与风险评价和实施必要控制措施相关的适用法律义务。

j）对工作区域、过程、装置、设备、操作程序和工作组织的设计，包括其对人

的能力的适应性。

k）资产并购和剥离。

l）事故及潜在的危害和影响。

m）以往活动的遗留问题。组织用于危害因素辨识和风险评价的方法应：

1）依据风险和影响的范围、性质和时机进行界定，以确保其是主动的而非被动的。

2）规定判别准则，进行风险分级，识别出可通过风险管理措施来削减或控制的风险和影响。

3）与运行经验和所采取的风险控制措施的能力相适应。

4）为确定设施完整性要求、识别培训需求和（或）开展运行控制、监视和测量提供输入信息。

在确定控制措施或考虑变更现有控制措施时，应按如下顺序考虑降低风险：

a）消除。

b）替代。

c）工程控制措施。

d）标志、警告和（或）管理控制措施。

e）个体防护装备。

组织应将危害因素辨识、风险评价和确定控制措施的最新结果形成文件并予以保存。

在建立、实施和保持健康、安全与环境管理体系时，组织应确保对健康、安全与环境风险和影响以及确定的控制措施加以考虑。

组织应对危害因素辨识、风险评价和风险控制过程的有效性进行评审，并根据需要进行改进。

组织应对排查出的事故隐患进行分级管理，制定方案、落实整改措施、责任、资金、时限等，并对隐患整改效果进行评价。

组织应对辨识、评估确定的重大危险源，实施分级监控管理。

5.3.2 法律法规和其他要求

组织应建立、实施和保护程序，用来：

a）识别适用于其活动、产品和服务中健康、安全与环境管理的法律法规和其他应遵守的要求，并建立获取这些要求的渠道。

b）确定这些要求如何应用于组织的危害因素和风险管理。

c）确保在建立、实施、保持和改进健康、安全与环境管理体系时，现行适用的法律法规和其他要求得到考虑。

组织应及时更新有关法律法规和其他要求的信息，并向在其控制下工作的人员和其他有关的相关方传达相关法律法规和其他要求的信息。

5.3.3 目标和指标

组织应在其内部各有关职能和层次，建立、实施和保持形成文件的健康、安全与环境目标和指标。

目标和指标应可测量。目标和指标应符合健康、安全与环境方针及战略（总）目标，并考虑对遵守法规、污染预防、事故预防和持续改进的承诺。

组织在建立和评审健康、安全与环境目标和指标时，应考虑：

a）法律、法规和其他要求。

b）危害因素辨识、风险评价的结果和风险控制的效果。

c）可选择的技术方案。

d）财务、运行和经营要求。

e）过程性指标和结果性指标结合。

f）相关方的意见。

5.3.4 方案

组织应制定、实施并保持旨在实现其目标和指标以及针对特定的活动、产品或服务健康、安全与环境管理的方案。方案应形成文件，内容至少应包括：

a）为实现目标和指标所赋予有关职能和层次的职责和权限。

b）实现目标和指标的方法和时间表。

应在计划的时间间隔内对方案进行评审，必要时应针对组织的活动、产品、服务或运行条件的变化，对方案进行调整。

5.4 组织结构、职责、资源和文件

5.4.1 组织结构和职责

组织应确定与健康、安全、环境风险和影响有关的各级职能和层次及岗位的作用、职责和权限，形成文件和予以沟通，便于健康、安全与环境管理。

所有承担管理职责的人员，应证实其对健康、安全与环境绩效持续改进的承诺。

组织应确保工作场所的人员在其能控制的领域承担健康、安全与环境方面的责任，遵守组织适用的健康、安全与环境管理要求。

5.4.2 管理者代表

组织应在最高管理层中指定一名成员作为管理者代表，承担特定的职责，以确保健康、安全与环境管理体系的有效实施，并在组织内推行各项要求。

组织的管理者代表，无论是否还负有其他方面的责任，应有明确的健康、安全与环境作用、职责和权限，以便：

a）确保按本标准的要求建立、实施和保持健康、安全与环境管理体系。

b）向最高管理者报告健康、安全与环境管理体系的运行情况和绩效，以供评审，并提出改进建议。

管理者代表的身份应对所有在本组织控制下工作的人员公开。

5.4.3 资源

管理者应为建立、实施、保持和持续改进健康，安全与环境管理体系提供必要的资源，包括但不限于以下：

a）基础设施。

b）人力资源。

c）专项技能。

d）技术资源。

e）财力资源。

组织应考虑法规的要求（如按法规要求保障安全生产投入，提取安全费用），以及来自各级管理者和相关方的意见，确保提供的资源满足组织的活动、产品或服务的性质和规模以及风险控制的需要，用于改进健康、安全与环境管理，并定期评审资源的适宜性。

5.4.4 能力、培训和意识

组织应建立、实施和保持程序，以实现对于其工作可能产生健康、安全与环境风险和影响的所有人员，应具有相应的工作能力。在教育、培训和（或）经历方面，组织应对其能力做出适当的规定，并对员工完成工作的能力进行定期的评估。

组织应确定与健康、安全与环境风险及健康、安全与环境管理体系相关的培训需求，并根据培训计划提供培训或采取其他措施来满足这些需求，对培训效果进行评估并采取改进措施。培训程序应考虑不同层次的职责、能力和文化程度以及风险。组织应对管理人员、操作岗位人员、相关方的作业人员、来访人员根据培训需求和法规要求进行教育培训及告知。

组织确保处于各有关职能部门和管理层次的员工都意识到：

a）符合健康、安全与环境方针、程序和健康、安全与环境管理体系要求的重要性。

b）在工作活动中实际的或潜在的健康、安全与环境风险，以及个人工作的改进所带来的健康、安全与环境效益。

c）在执行健康、安全与环境方针和程序中，实现健康、安全与环境管理体系要求，包括应急准备和响应（见 5.5.10）方面的作用和职责。

d）偏离规定的运行程序的潜在后果。

5.4.5 沟通、参与和协商

组织应建立、实施和保持程序，确保就相关健康、安全与环境信息进行相互沟通：

a）组织内各职能和层次间的内部沟通。

b）与进入工作场所的承包方和其他来访人员进行沟通。

c）接收、记录和回应来自外部相关方的相关沟通。

组织应建立、实施并保持程序，确保员工和相关方就健康、安全与环境事务的参与和协商。组织应告知员工参与的安排，明确员工代表。员工或员工代表应通过以下方式进行参与：

a）参与危险因素辨识、风险评价和确定风险控制措施。

b）参与事件调查。

c）参与健康、安全与环境方针、目标的制定、实施和评审。

d）参与商讨影响工作场所内人员健康和安全的条件和因素的任何变更。

e）对健康、安全与环境事务发表意见。

适当时，组织应确保与外部相关方协商有关的健康、安全与环境事务，包括与承包方和（或）供应方就影响其健康、安全与环境的变更进行协商。

5.4.6 文件

组织应对健康、安全与环境管理体系文件进行策划，包括文件的结构、目录或数量等，文件宜以管理手册、程序文件、作业文件等形式形成。文件的结构、范围、描述的详略程度取决于：

a）组织的规模及活动的类型。

b）活动、产品或服务的复杂程度。

c）危害因素辨识、风险评价和风险控制的需要等。

健康、安全与环境管理体系文件应包括：

a）承诺。

b）方针、目标和指标。

c）对健康、安全与环境管理体系覆盖范围的描述。

d）对健康、安全与环境管理体系主要要素及其相互作用的描述，以及相关文件的查询途径。

e）组织为确保对涉及危害因素的过程进行有效策划、运行和控制所需的文件和记录。

f）本标准要求的其他文件，包括记录。

5.4.7 文件控制

组织应对健康、安全与环境体系所要求的体系文件和资料进行控制。记录是一种特殊类型的文件，应依据 5.6.5 的要求进行控制。

组织应建立、实施和保持程序，以规定：

a）在文件发布前进行审批，以确保其充分性和适宜性。

b）必要时对文件进行评审和修订，并重新审批。

c）确保对文件的更改和现行修订状态做出标识。

d）确保在使用处得到适用文件的有关版本。

e）确保对电子文件的使用予以控制。

f）确保对策划和运行健康、安全与环境管理体系所需的外来文件做出标识，并对其发放予以控制。

g）防止对过期文件的非预期使用，如需将其保留要做出适当的标识。

5.5 实施和运行

5.5.1 设施完整性

组织应建立、实施和保持程序，以确保对设备设施的设计、建造、采购、安装、操作、维修维护和检查等达到规定的准则要求：

a）对设计、制造、监理、监造、运输、验收、储存、安装等采取质量保证和质量控制措施，使用质量合格、设计符合要求的设备设施。

b）对设备设施的设计、建造、运行等过程应进行健康、安全与环境风险分析和评价（见 5.3.1）。

c）设备设施在试运行前，应进行启动（投用）前安全检查，制定试运行方案并落实安全措施。

d）确定关键设备，并进行标识。

e）对设备设施进行检修维修，制定检维修方案，检维修过程中采取风险控制措施并进行监督检查。

f）进行设备设施测试检查及可靠性分析（见 5.6.1）。

g）对设备、设施的变更带来的风险采取控制和削减措施（见 5.5.8）。

h）设备设施的封存、报废、拆除应分析风险及影响，制定方案，并采取控制措施。

i）对设备设施的设计、选用、安装、投用投产、操作、检测、维修、变更等运行过程与设施完整性有关的信息进行审查、整理、传递和保存。

j）对设计、建设、运行、维修过程中与准则之间的偏差，组织应进行评审，找出偏差的原因，确定纠正偏差的措施并形成文件。

5.5.2 承包方和（或）供应方

组织应建立、实施和保持程序，以确保其承包方和（或）供应方的健康、安全与环境管理与其要求相一致。组织应收集承包方的相关信息并定期评审，在选择确定承包方的评定过程中应考虑资质、历史业绩、能力，以及健康、安全与环境管理状况等。组织应通过合同准备、招投标、合同签订等确定对承包方的健康、安全与环境要求，明确各自的责任。

组织应对承包方作业人员进行安全教育培训和安全技术交底（见 5.4.4），告知作业风险，对承包方提供活动、产品或服务的过程进行协调和监督检查。组织应采取监造、检验、验收等，以确保供应方提供满足其要求的产品。

组织应定期对承包方和（或）供应方的健康、安全与环境绩效进行评价。

5.5.3 顾客和产品

组织应识别、确定并满足顾客健康、安全与环境方面的需求，对产品的生产、运输、储存、销售、使用和废弃处理过程中的健康、安全与环境风险和影响应进行评估和管理（见 5.3.1）。组织应对化学品进行分类，建立档案，提供与产品相关的健康、安全与环境信息资料（如化学品安全技术说明书和安全标签）。

5.5.4 社区和公共关系

组织应就其活动、产品或服务中的健康、安全与环境风险和影响，与社区内关注组织健康、安全与环境绩效或受其影响的各方进行沟通（见 5.4.5），采取适宜的方式向生产设施周边相关方告知健康、安全与环境风险和防范措施。参加社区的公共应急准备和响应（见 5.5.10）。通过适当的规划和活动，展示组织的健康、安全与环境绩效，获取社区各相关方对组织改进健康、安全与环境绩效的支持。

5.5.5 作业许可

组织应建立、实施和保持作业许可程序，规定作业许可类型以及作业许可的申请、批准、实施、变更与关闭，对动火作业、受限空间内作业、临时用电作业、高处作业等危险性较高的作业活动实施作业许可管理，通过执行作业许可程序控制关键活动和任务的风险和影响。作业许可内容应包括风险分析、风险控制措施和应急措施，以及作业人员的资格和能力、监督监护、审批及授权等。

5.5.6 职业健康

组织应建立、实施和保持程序，为工作场所的人员提供符合职业健康要求的工作环境和条件，配备与职业健康保护相适应的设施、工具和个人劳动防护用品，定期对作业场所职业危害进行检测，对相关人员组织职业健康体验，对可能发行急性职业危害的有毒、有害工作场所，应采取应急准备和响应措施（见 5.5.10）。

组织应对工作场所的人员进行职业危害告知，并对存在严重职业危害的作业岗位现场设置职业危害警示和警示说明。

组织应按法规要求进行职业危害因素申报。

5.5.7 清洁生产

组织应建立、实施和保持程序，推行清洁生产。针对活动、产品和服务应采用资源利用率高以及污染物产生量少的清洁生产技术、工艺和设备。对使用有毒有害原料进行生产或在生产中排放有毒有害物质以及污染物超标排放时，应进行清洁生产审核，实施清洁生产方案，采取清洁生产措施。

5.5.8 运行控制

组织应确定那些与已辨识的、需要实施必要控制措施的风险相关的运行和活动任务，并且不同职能和层次的管理者应针对这些活动进行策划，确保其在相应程序和工作指南规定的条件下执行。

对于这些运行和活动任务，组织应实施并保持；

a）适合组织及其活动任务的运行控制措施，并把这些运行控制措施纳入其健康、安全与环境管理体系之中。

b）与采购的货物、设备和服务相关的控制措施（见 5.5.2）。

c）与进入工作场所的承包方和访问者相关的控制措施（见 5.5.2）。

d）与生产作业行为安全管理相关的控制措施。

e）在有较大风险的作业场所和设备设施上进行危险提示、警示、告知、隔离等相关控制措施。

f）形成文件的程序和工作指南（如操作规程、作业指导书等），以及规定的运行准则，以避免因其缺乏而可能偏离健康、安全与环境方针和目标。

5.5.9 变更管理

组织应建立、实施和保持程序，以控制因组织内人员、设备设施、工艺等变更带来的风险和影响。包括：

a）确定提议的变更。

b）对变更及其实施可能导致的健康、安全与环境风险和影响进行分析，并制定相应措施（见 5.3.1）。

c）提议的变更应经过授权部门或人员的批准。

d）对变更实施程序采取控制措施。

e）采取跟踪验证、沟通和培训、信息更新等变更后续管理措施。

5.5.10 应急准备和响应

组织应建立、实施和保持程序，用于：

a）系统地识别潜在的紧急情况或事故。

b）应急准备。

c）对紧急情况或事故做出响应。

组织应建立针对潜在紧急情况或事故的应急预案，规定响应紧急情况或事故的程序。组织在策划应急响应时，应考虑有关相关方的需求，如应急服务机构、相邻组织和社区或居民。

组织应建立与其需求相适应的专兼职应急救援队伍，储备应急物资，配备应急设施、装备，并进行检查、维护、保养，确保其完好、可靠。

组织应对实际发生的紧急情况或事故做出响应，以便预防和减少可能随之引发的人身伤害、健康损害、财产损失和环境影响。

组织应定期通过演练方式测试应急预案及其响应紧急情况或事故的程序，可行时，使有关相关方适当参与其中。

组织应定期评审应急预案及其响应紧急情况或事故的程序，必要时对其修订，特别是在定期测试以及事故或紧急情况发生后。

5.6 检查

5.6.1 绩效测量和监视

组织应建立、实施和保持程序，对可能具有健康、安全与环境影响的运行和活动的关键特性以及健康、安全与环境绩效进行监视和测量。程序应规定：

a）适合组织需要的定性和定量的测量。

b）对健康、安全与环境目标和指标的满足程度的监视。

c）对风险控制措施有效性的监视。

d）健康、安全与环境监督检查。

e）主动性的绩效测量，即监视和测量是否符合方案、控制措施和运行准则。

f）被动性的绩效测量，即监视和测量事故、事件、健康损害、污染和其他不良健康、安全与环境绩效的历史证据。

g）对监视和测量的数据和结果的记录，以便于其后续的纠正措施和预防措施的分析。

h）测量和监视结果应用于健康、安全与环境绩效的考核和评价，且健康、安全与环境绩效应纳入组织的整体绩效管理。

i）根据定性和定量测量及监视结果，进行分析，建立反映组织健康、安全与环境管理状况及发展趋势的预警系统。

如果测量或监视绩效需要设备，组织应建立并保持程序，对此类设备进行校准和维修，并应保存校准和维护活动及其结果的记录。

5.6.2　合规性评价

组织应建立、实施和保持程序，以定期评价对适用法律法规的遵守情况，履行遵守法律法规要求的承诺。

组织应评价对应遵守的其他要求的遵守情况。可以和对法律法规遵守情况的评价一起进行，也可以分别进行评价。

组织应保存对上述定期评价结果的记录。

注：对不同法律法规要求和应遵守的其他要求的定期评价的频次可以有所不同。

5.6.3　不符合、纠正措施和预防措施

组织应建立、实施并保持程序，以处理实际和潜在的不符合，并采取纠正措施和预防措施。程序应明确下述要求：

a）识别和纠正不符合，采取措施减少因不符合而产生的风险和影响。

b）对不符合进行调查，确定其原因，并采取纠正措施以避免再次发生。

c）评价采取预防措施的需求，实施所制定的适当措施，以避免不符合的发生。

d）记录和沟通采取纠正措施和预防措施的结果。

e）评审所采取的纠正措施和预防措施的有效性。

如果在纠正措施或预防措施中识别出新的或变化的危害因素，或者对新的或变化的控制措施的需求，则程序应要求对拟定的措施在其实施前先进行风险评价。

为消除实际和潜在不符合的原因而采取的任何纠正或预防措施，应与问题的严重性相适应，并与面临的风险和影响相匹配。

对因纠正措施和预防措施而引起的任何必要变化，组织应确保其体现在健康、安全与环境管理体系文件中。

5.6.4　事故、事件管理

组织应建立、实施并保持程序，报告、调查和处理事故和事件，以便：

a）记录并报告已经影响或正在影响健康、安全与环境的各类事故、事件（包括突发情况或管理体系的缺陷所引起的事故、事件），事故、事件报告应达到法律法规要求及组织规定的范围。

b）确定事故、事件调查和处理的工作程序及职责，调查应及时开展和完成，并沟通调查过程和结果。

c）确定内在的、可能导致事故、事件发生的管理缺陷和其他因素。

d）对任何已识别的纠正措施的需求或预防措施的机会，应与发生不符合情况时所采取纠正措施和预防措施的工作程序相一致（见 5.6.3）。

e）事故、事件作为资源在组织范围内进行共享。

f）事故、事件调查和处理的结果应形成文件并予以保存。

5.6.5　记录控制

组织应根据需要，建立并保持必要的记录，用于证实符合健康、安全与环境管理体系和本标准的要求，以及所实现的结果。

组织应建立、实施和保持程序，用于记录的标识、存放、保护、检索、留存和处置。

健康、安全与环境记录应字迹清楚、标识明确，并具有可追溯性。记录的保存和管理应便于查阅，避免损坏、变质或遗失，应规定并记录保存期限。

5.6.6　内部审核

组织应确保按照计划的间隔对健康、安全与环境管理体系进行内部审核，以便确定健康，安全与环境管理体系是否：

a）符合健康、安全与环境管理工作的策划安排，包括满足本标准的要求。

b）得到了正确的实施和保持。

c）有效地满足组织的方针和目标。

应向管理者报告审核的结果。

组织应基于组织活动、产品和任务的风险和影响以及以前的审核结果，策划、制定、实施和保持审核方案。

组织应建立、实施和保持审核程序，以明确：

a）策划和实施审核、报告审核结果和保存相关记录的职责、能力和要求。

b）审核的准则、范围、频次、方法和能力要求。

c）审核流程，包括审核准备、现场审核实施、整改和跟踪验证等审核后续管理。

审核员的选择和审核的实施应确保审核过程的客观性和公正性。

5.7 管理评审

组织的最高管理者应按计划的时间间隔对健康、安全与环境管理体系进行评审，以确保其持续适宜性、充分性和有效性。评审应包括评价改进的机会和对健康、安全与环境管理体系进行修改的需求。管理评审过程应确保收集到必要的信息提供给管理者进行评价。应保存管理评审的记录。

管理评审的输入应包括但不限于：

a）审核和合规性评价的结果。

b）参与和协商的结果。

c）和外部相关方的沟通信息，包括投诉。

d）组织的健康、安全和环境绩效。

e）目标和指标的实现程度。

f）事故、事件的调查和处理。

g）纠正措施和预防措施的状况。

h）以前管理评审确定的后续改进措施及落实情况。

i）客观环境的变化，包括与组织有关的法律法规和其他要求的发展变化。

j）改进建议。

管理评审的输出应符合组织持续改进的承诺，并应包括与如下方面可能更改有关的任何决策和措施：

a）健康、安全与环境绩效。

b）健康、安全与环境方针和目标、指标。

c）资源。

d）其他健康、安全与环境管理体系要素。

管理评审的相关输出应可用于沟通和协商（见 5.4.5）。

当组织机构和职能分配有重大调整、外部环境发生重大变化，以及发生较大健康、安全与环境事故等情况时，组织应增加管理评审的频次。

中华人民共和国石油天然气行业标准

气田水注入技术要求

SY/T 6596—2016

代替 SY/T 6596—2004

前　言

本标准按照 GB/T 1.1—2009《标准化工作导则　第 1 部分：标准的结构和编写》给出的规则起草。

本标准代替 SY/T 6596—2004《气田水回注方法》。与 SY/T 6596—2004 相比，除编辑性修改外，主要技术变化如下：

——修改了标准的名称；

——更新了目次；

——修改了标准的适用范围（见第 1 章，2004 年版的第 1 章）；

——修改了规范性引用文件（见第 2 章，2004 年版的第 2 章）；

——修改了术语和定义（见第 3 章，2004 年版的第 3 章）；

——修改了气田水注入井的选择要求（见第 4、5 章，2004 年版的第 4 章）；

——修改了推荐水质指标（见第 6 章，2004 年版的第 5 章）；

——删除了水质检测分析方法（见 2004 年版的 7.1）；

——删除了推荐水处理流程（见 2004 年版的 6.2）；

——增加了注入井运行监控（见第 7 章）；

——增加了健康、安全、环境控制要求（见第 8 章）。

请注意本文件的某些内容可能涉及专利。本文件的发布机构不承担识别这些专利的责任。

本标准由采油采气专业标准化委员会提出并归口。

本标准起草单位：中国石油天然气股份有限公司西南油气田分公司工程技术研究院、中国石油天然气股份有限公司西南油气田分公司安全环保与技术监督研究院。

本标准主要起草人：叶长青、蔡道钢、翁帮华、夏连彬、钟华、贺精英、周厚安。

1 范围

本标准规定了天然气气田水注入井和注入层的选择要求，注入水基本要求，注入井的运行监控及健康、安全、环境控制要求。

本标准适用于气田开发全过程中生产水的注入。

2 规范性引用文件

下列文件对于本文件的应用是必不可少的。凡是注日期的引用文件，仅注日期的版本适用于本文件。凡是不注日期的引用文件，其最新版本（包括所有的修改单）适用于本文件。

GB 12348 工业企业厂界环境噪声排放标准

GB 14554 恶臭污染物排放标准

HJ/T 338 饮用水水源地保护区划分技术规范

SY/T 5467 套管柱试压规范

3 术语和定义

下列术语和定义适用于本文件。

3.1 气田水注入 produced-water injection in gas field

以保护环境和维护正常生产为目的，在现有技术经济条件下，采取有效措施，有监管地向注入层注入气田水的过程。

4 气田水注入层的选择要求

4.1 注入层封闭性

4.1.1 上下隔离层不窜漏，注入层横向连通性好，总注入量波及范围内无断层、无地表露头或出露点。

4.1.2 优先选择油气废弃层或枯竭层。

4.2 注入层隔离性

4.2.1 根据当地水文地质资料，在具有供水意义的含水层之下，至少存在一个隔离层，并且在核查区内隔离层没有开放断层和断裂面，注入后不对具有供水意义的含水层造成影响。

4.2.2 注入井井底压力不会在隔离层产生断裂面。

4.3 注入层可注性

4.3.1 有足够的储集空间，能满足气田生产期内的注入要求。

4.3.2 注入水与注入层岩性及地层水配伍性好，不会形成二次沉淀堵塞地层。

5 注入井的选择及建造要求

5.1 注入井的井位选择

5.1.1 注入井附近的生产油气水井在注入层段固井质量合格，注入井一定范围内应无煤矿、其他地下开采矿井。

5.1.2 拟选的注入井应进行饮用水源调查，满足 HJ/T 338 的要求。

5.2 注入井的完整性

5.2.1 套管技术状况合格，按 SY/T 5467 的要求进行套管试压，生产套管应能够承受设计注入压力。

5.2.2 表层套管、技术套管、生产套管固井水泥应返至地面，固井质量合格。

5.2.3 注入层以上生产套管应有可有效封隔注入层流体的连续厚度大于 25 m 的优质固井井段。

5.2.4 井口装置结构完整、密封良好，压力级别高于注入压力，材质满足防腐要求。

5.2.5 完井宜采用套管内封隔器+环空加注保护液的完井方式。

5.3 注入井的试注

新选取注入井或注入层应开展试注工作，求取相关注水参数。

6 注入水基本要求

6.1 注入前应对注入水进行处理，保证能注入注入层。

6.2 当不同水源的水混合注入时，应首先进行室内评价，证实其相互之间以及与地层水之间配伍性好，对注入层无伤害。

7 注入井运行监控

7.1 监测注入压力、注入量等运行参数，注入压力应控制在注入层破裂压力以内，并留有安全余量。

7.2 应进行井筒完整性管理，定期监控油套环空压力，注入井油管、套管、封隔器、水泥环及井口的密封性作为井筒完整性的判断依据。对风险高的在用注入井，经隐患治理和报废论证后，进行隐患治理或报废处理；对已停用或报废注入井，应进行废弃和永久封堵。

7.3 根据注入井水文地质条件与注入水运移情况，合理布置监测点。在运行过程中，发现异常，应查明原因，并采取相应的应急措施。

7.4 监测点优先选用现有水井、注入井区域潜水层排泄河段，必要时可新钻监测井。

8 健康、安全、环境控制要求

8.1 气田水存储场所周边应设置警示标志与围栏，防止人员发生伤害。

8.2 气田水注入井站建造应控制好恶臭与噪声，恶臭控制按 GB 14554 的规定执行；噪声控制按 GB 12348 的规定执行。

8.3 含硫气田水注入的预处理、装卸、储存场所应配备硫化氢报警仪。

8.4 有气提、闪蒸等气田水处理工艺的注入站应配备可燃气体监测仪。

中华人民共和国石油天然气行业标准

陆上石油天然气生产环境保护推荐作法

SY/T 6628—2005

前　言

本标准修改采用美国石油学会标准 API RP 51：2001《陆上石油天然气生产环境保护推荐作法》（英文版）。

在编写过程中，根据需要，略去了 API RP 51：2001 中的“引言”、“缩略语和简称”等内容。为了方便比较，在资料性附录 A 中列出了本标准章条编号与 API RP 51：2001 章条编号对照一览表。

本标准的附录 A 为资料性附录。

本标准由石油工业安全专业标准化技术委员会提出并归口。

本标准起草单位：大港油田集团有限责任公司质量安全环保部、大港油田集团技术监督检测中心。

本标准主要起草人：郑风雪、刘德如、王建兵、闫永起、郭进德、王树徽、王光华。

1　范围

本标准为陆上石油天然气生产提供了环境保护的可靠作法，适用于承包商和作业者。本标准适用于所有生产设施和采出水处理设施，不适用于海上设施。作业范围包括从井场到道路的设计、修建直至油井报废、井场恢复作业、天然气加压传输或开发作业。本标准不包括注气采油。

2 规范性引用文件

下列文件中的条款通过本标准的引用而成为本标准的条款。凡是注日期的引用文件，其随后所有的修改单（不包括勘误的内容）或修订版均不适用于本标准，然而，鼓励根据本标准达成协议的各方研究是否可使用这些文件的最新版本。凡是不注日期的引用文件，其最新版本适用于本标准。

SY/T 5031—1991 油田用往复式内燃机规范（API Spec 7B-11C：1994，eqv）

SY/T 5087—2005 含硫化氢油气井安全钻井推荐作法（API RP 49：2001，NEQ）

SY/T 6137—2005 含硫化氢的油气生产和天然气处理装置作业的推荐作法（API RP 55：1995，MOD）

API 环境指南：陆上石油勘探和开发固体废物管理

API 油气生产设施的趋盐性土壤补救

API 商业勘探开发废物管理设施指南

API Bull 11K 空气交换致冷器设计数据表

API Bull E2 原油和天然气生产中天然放射性材料管理

API Bull E3 美国报废井及不活动井勘探开发环境指南

API RP 7C-11F 内燃机安装、维护和操作推荐作法

API RP 12N 炉膛阻火器操作、维护和测试推荐作法

API RP 53 钻井防井喷设备系统推荐作法

API Spec 11N 矿场原油自动交接系统设备规范

API Spec 11P 密闭式高速可分离电动往复气体压缩机规范

API Spec 12B 储存产出液体用的螺栓连接储罐规范

API Spec 12D 储存产出液体用的工地焊接油罐规范

API Spec 12F 储存产出液体用的工厂焊接油罐规范

API Spec 12J 油气分离器规范

API Spec 12K 油田间接加热器规范

API Spec 12L 立式和卧式脱乳器规范

NACE MR 0175 油田设备用抗硫化物压力开裂金属材料技术要求

NACE RP 0475 向含油层回注处置废物各阶段使用的金属材料选择方法

3 政府审批

在钻井、建设施工以及特殊情况下的石油天然气生产设施改扩建之前，应经主管部门审批同意后，方可进行。除此之外，对生产过程中影响濒危物种及其生活习性、湿地、人文资源以及其他环境的向空气排污、向地面水（体）或污水系统排污、回注活动、油井产出水排放（包括油田建设过程中），在需要时应获得排放许可。

4 油区道路

4.1 原则

为了保证勘探开发各种作业的顺利进行，应充分考虑油区道路建设施工产生的长远环境影响，尽可能利用已有道路，减少新建道路。当确需新建道路时，应经过主管部门审批。

4.2 规划

4.2.1 道路规划和征借用地是一个复杂的过程。在规划过程中，应考虑政府机构、土地使用者及其他用户的意见。

4.2.2 应基于长远用途考虑道路标准。

4.2.3 路线的选择应考虑下列因素：

a）地形；

b）水文和排水情况；

c）冲刷性土壤；

d）坑道位置和数量及填充物情况；

e）筑路材料的类型和存放地点；

f）空气、水和噪声污染；

g）湿地及湿地中的排放水；

h）社区类型、地方政府要求与计划的一致性；

i）附近住宅或其他固定公共设施的情况；

j）道路的视野；

k）供电线路和管线。

4.2.4 道路的选址和由此产生的环境影响应进行环境影响评价，应最大限度地避免对下列重要区域的环境影响，这些区域包括：

a）敏感野生动物和鱼类栖息地；

b）濒危动植物区；

c）文化和历史景观区；

d）政府关注的地区；

e）潜在的洪水和暴风雪区；

f）湿地。

4.2.5 需要时，在规划阶段应考虑采取削减措施，包括：

a）合理安排道路施工和（或）采用特殊设计以最大限度地减少对敏感野生动植物和鱼类栖息地、湿地、现有设施和农作物的影响；

b）遇到文化和历史遗迹，在建设前应进行相应的方案变更；

c）不破坏现有干线和支线公路的格局。

4.2.6 在规划编制过程中应考虑恢复计划。

4.2.7 在道路规划阶段应考虑暴风雨和空气扬尘量的影响因素。

4.3 设计和施工

4.3.1 道路设计和施工应了解场地独特的地形、安全、施工和维护要求，以满足不同的生态要求。

4.3.2 在项目施工前的计划和设计阶段应准备好设计和施工文件，包括计划和施工图（需要时）。为了以后的恢复工作，应充分考虑当地的环境因素。

4.3.3 道路施工应严格按照当初的计划进行，以最大限度地减少或避免对敏感野生动物及鱼类栖息地、湿地及政府划定的度假区等的不良影响，同时还应考虑季节性的施工限制，减少环境影响。

4.3.4 业主（甲方）应确定施工承包方（乙方）履行了环境与安全程序，对施工人员进行了相关培训。适用时，该程序应包括以下内容：书面程序、危害交流、危险物质处理和泄漏报告、应急响应、泄洪管理、项目区域的特殊环境要求以及爆破等。承包方应提供带到施工现场的有害物质材料安全数据单（MSDS）。

4.3.5 在施工之前，业主应与承包方召开专门会议，签订项目实施过程中的环境和安全目标责任书。

4.3.6 现场查勘和土壤样品的实验室分析可用以评价土壤侵蚀程度和斜坡稳定性。土壤性质、坡度及植被对土壤的稳定性有影响，选择适当的地形剖面和缓坡、修筑足够的排水系统可以稳固斜坡，减少地表土壤流失、土壤侵蚀及沉降。

4.3.7 控制土壤侵蚀的方式多种多样，宜因地制宜，当地物种的再种植、修筑乱石扶墙、利用石筐筑坡、铺埋黄麻织物网等都可以用来减少土壤的侵蚀。

4.3.8 在道路计划和施工建设中，应考虑使用土工布或其他合成材料，以利于道路稳固或减少基石和路面材料的使用量。

4.3.9 在设计和施工时应综合考虑道路排水系统，有效的排水系统可以拦截、收集、引流道路积水，排水系统不足或不畅则会造成道路冲毁、甚至破坏，导致维修成本增加。

4.3.10 可能时，应最大限度地减少道路穿越河流、溪流（包括间歇性溪流）、湖泊及湿地的数量。综合考虑桥梁、排水管道以及其他的交叉排水设施，确保道路排水自然畅通。交叉点设计和施工时，还应考虑不同的洪水水位情况。

4.3.11 应根据雪的流动性设置防雪栅栏（篱），一是可以减少道路积雪和除冰器的使用，二是可以减少道路维护中产生的积雪及冰盐混合物。

4.3.12 应尽量减小道路施工占地，且在现场标示出来，（环境）敏感区应按要求标识或加防护栏。

4.3.13 实际作业中，应将表层土单独堆放，以恢复植被。

4.3.14 应根据季节性变化特征、物种特性或当地政府的要求，选择适合当地的物种恢复植被。

4.3.15 动土作业前应获得批准，并提前制定恢复计划。

4.3.16 尽量减少外带材料对环境的影响，下述情况应予以考虑：

a）从废弃道路及路址取用路面材料重复使用；

b）利用已有的采矿点；

c）选择山地采矿，应考虑最大限度地再种植物，减少对环境的不良影响和土壤冲蚀程度。

d）尽量减少对取矿坑与道路或其他地点之间植被的影响。

4.4 选择新的路线减少环境影响

4.4.1 根据路段实际设立警告标志，如道路交叉口、动物穿越、限速、危险路段及管线等。

4.4.2 在道路施工之前，应确认在用管线和地下设施的位置，确保这些设施在道路施工作业中不受到意外破坏。

4.4.3 采取措施妥善处理废料和生活垃圾。在开工前建立有效的应急计划，现场原有的应急计划在某种情况下也是适用的。全体施工人员应熟悉这些计划。

4.4.4 施工建设活动应按施工作业文件（包括施工计划和相关规范）进行。

4.4.5 施工监督应贯穿作业的全过程，许多与施工作业文件理解不正确、溢漏、废物处置、非法越界和盗猎有关的问题等均可以通过实施正当的监督得以避免。

4.5 维护

4.5.1 适当的道路维护有利于道路的使用，对防止和控制冲蚀与沉降至关重要。道路维护人员应熟知哪些是环境问题和环境敏感区。

4.5.2 道路维护应按期进行，并考虑采用特殊的设计和维护程序以最大限度地减少对敏感野生动植物和鱼类栖息地、湿地以及当地政府划定度假区的不利影响。

4.5.3 当道路完工进行平整作业时，应小心作业，防止排水沟及路肩遭到破坏。

4.5.4 道路两旁沟渠、涵洞、排水沟内的垃圾或沉积物应定期进行清理，以便排水畅通。另外还要对所有涵洞实施周期性的检查，发现堵塞，应立即清理疏通。

4.5.5 道路维修取土或路面材料应就近得到，适宜时，可以利用筑路时的取料坑。

4.5.6 为了减少施工扬尘，应对控制材料和控制措施进行评估。所有材料不应对人身健康、野生动植物、水质造成危害。

4.5.7 路堑上的野草和矮树篱的生长对道路的安全具有潜在危害，除草作业应使用轻便工具；使用除草剂或其他化学物质除草时，应对其进行严格评估。

4.5.8 排水系统和防冲蚀构造应实施连续监控，及时维护和补救，保证道路的预期功效。

4.5.9 应避免和控制道路的冲蚀，路旁应再种植物，稳固路坡和土壤。

4.5.10 在道路建设施工和维护作业时，应制定环境保护应急计划，该计划应包括主要排水系统在特大暴雨时出现堵塞、损坏或不能正常发挥作用的情况下的应急程序。

4.6 废弃

4.6.1 道路的废弃程序应遵从法规、合同义务、出租人和土地使用者的要求进行，同时还应考虑最大限度减小对环境的影响。

4.6.2 道路的废弃过程应考虑下列因素：

a）恢复；

b）实施报废；

c）原有或改进过的排水系统的恢复；

d）中断使用之后，作业者与新用户达成维护协议。

4.6.3 恢复计划应详细考虑下述方式：

a）优先考虑受损地区的稳定和植被再生；

b）选用当地物种；

c）注重对临时堆料占用地的植被恢复。

5　生产井、注水/回注井

5.1　完井、措施井和修井作业

5.1.1　计划

对一个新建井场，应制定有效的作业计划，综合考虑最新的废物管理准则、废液坑的位置和修建、废水的处理与废物处置计划等。完井和修井设备的新废液坑的位置和规模的确定，应最大限度地减少对地表资源的破坏，提高场地恢复的可能性。有关泥浆池的修建、使用和废弃过程中环境（要求）情况参考《API 环境指导手册》。

对于已建井场，保证完井和修井作业中安全与环境要求的规划过程十分重要。已有设施，如泥浆池和生产设备，应进行审验和检测评估，确定在现有条件下是否能满足预期的井上作业，或是否需要修改。对新老井场，都应制定完井和修井作业中所产生废物的处理和储存管理计划（见《API 环境指南：陆上石油勘探和开发固体废物管理》）。废物管理计划不但要满足特定作业过程中预计产生的特殊废物的处理，也要对不可预计的废物，包括作业中偶然碰到的有害物质，提供有关处理指导。除了在井场安全处理或存放这些废物之外，还要制定针对每一种类型的废物处置规定。对于有关含硫化氢（H_2S）的作业计划和指导书的制定见 SY/T 6137—2005 和 SY/T 5087—2005；有关天然放射性材料的管理计划参见 API Bull E2。

由于大多数生产和注水井的工作都是由承包方或服务公司的人员完成的，所以业主应确认承包方的全体人员经过了包括危害识别在内的安全培训，并熟知井场特殊废物管理计划和规定。适当时，业主也应确认承包方的全体人员熟悉所有安全与环境要求。

5.1.2　设备选择

作业计划应包括所有完井和修井作业用的临时设备，设备安装应采取占地面积最小的方式进行，并得到相应的维护，处于良好工作状态。

5.1.3　生产井的完井

生产井的完井应保证生产层和清水层相互隔离开，且不受其他地层的污染，为此必须对油井下套管和进行水泥固井加以保护。

5.1.4 注水/回注井的完井

注水/回注井的完井应保证注入井下的液体进入目的层，不能进入其他地层或清水层。

典型的保护清水层的注水方式包括以下三级：

a）表层套管和水泥固井；

b）技术套管和水泥固井；

c）油管和封隔器。

另外，应在回注区周围区域进行考察，看是否有油井（在用、停用或报废的）穿过注水/回注层钻进。如果钻井靠近注水/回注井，穿透回注层而无法隔开，将导致回注液可能从回注区流出，通过封堵不当的井到达其他油气层或清水层。

5.1.5 补注水泥

对于新井和老井，在计划阶段应考虑确定补注水泥措施，以保护地下饮用水水源。

对于剩余或返出水泥以及冲洗固井设备废水应采取措施加以控制和处置，符合环境要求，其他要求参见《API 环境指南：陆上石油勘探和开发固体废物管理》。

5.1.6 燃料、完井液的选择、使用和储存

完井液的选择应综合考虑安全、后勤运输、处理、储存、清液和废液的处置等因素。

对新老井场，所有的燃料、化学处理剂、盐水完井液以及其他类似的液体均应妥善储存在加贴标识的专用容器内，储存容器应密封，防止燃料和化学物品外溢污染地面。

进行完井和修井作业时，应充分利用油罐或原有泥浆池储存废液。盐水完井液和其他潜在污染物应储存在防渗废液池、钢槽或储罐内。如果使用新的废液池，在修建、使用过程中以及废弃后，应避免对土地、地表水、地下水造成污染。储存盐水或油基废液应使用油罐和防渗废液池，以保护土壤和地下水免受污染。

正常作业时应防止原油进入废液池。但特殊情况下完井作业需要短时间使用废液池储存原油时，储油池应加栅栏、加盖和防护网；必要时，悬旗标识，以保护家畜、野生动物、家禽。废液池中积存的原油应迅速清除和回收、重复利用或处置。

根据物质组分和当地环境敏感程度，废液池中的全部液体和其他物品均应回收、重复利用或采取环境可接受的方式进行处置。

作业完毕后，应根据所在地的环境敏感程度关闭废液池不再使用。地表恢复到与毗邻土地相一致的使用水平。保留的钻井液池规模应缩减至相应的油井作业要求

的限度。其他信息和许可要求参见《API 环境指南：陆上石油勘探和开发固体废物管理》。

5.1.7 泄洪

在布置设备、钻头套、钻井液池时应考虑自然泄洪系统，避免暴雨造成土壤侵蚀影响环境，从而影响设备稳定，或引起钻井液池废水外溢，污染地表水体。

5.1.8 井控装置

所有井控装置应严格筛选、安装和妥善维护，防止不可控制的井喷污染环境（参见 API RP 53）。

所有井控装置的额定工作压力应高于预计的最大井口压力。

必要时，应组织防井喷演练，使工作人员熟悉其操作，保证防喷器处于良好的工作状态。

5.1.9 噪声及其他公害控制

适宜时，对发动机和生产设备应采取降噪措施，以减小噪声影响范围，满足当地环境要求。其他公害（如臭味、扬尘）也要考虑当地要求加以控制。通常情况下，尤其在靠近城区的地方还应最大限度地减少交通噪声的影响。

5.1.10 固体物质的收集和处理

所有的产出液、钻屑、水泥、洗井返出水泥、天然放射性物质以及其他固体物质应收集并分类处理。应隔离处理有害废物，避免污染其他材料。

5.2 油井作业

5.2.1 设备操作和维护

所有的油井生产设施均应保持清洁、整齐、油漆完好并处于良好的工作状态。必要或适宜时，设备应根据周围环境涂以不同的颜色，且保持清洁以呈现令人满意的外观。不同的移动设备，可以涂以不同的颜色以示区别。

应采取安全防护措施保护设施周围人员、家畜、野生动物，提升公共安全。关于泵组防护的信息参见 API RP 11ER。应制定和完善设备的停机/启动程序。

设备和储罐下面应设置接油盘或其他防污染设施，以减少泄漏，并对这些设施进行日常检查，及时回收废物，分类处理。

为了减少必须保留和配置的储罐数量，应考虑使用大容量、可循环使用或可再利用的储罐，所有可以再用的储罐应标识出其适用储存的物质及用途。

在特定的环境敏感区，应考虑安装和使用双密封盒、检漏器及紧急切断装置。

井口圆井或方井应保持清洁、干燥和进行防护，以防止意外塌陷；如果井口圆井或方井可能充满酸性气体，对人身安全产生危害时．应予填塞。

5.2.2 材料和腐蚀

所有设备应使用适合其运行环境要求的材料进行制造，其他内容参见 NACE MR 0175 和 NACE RP 0475。

在已知腐蚀条件下运行的设备，应对其腐蚀程度进行日常检查，必要时采取补救措施，确保设备正常连续运行。

如果油井生产和注水过程中硫化氢或二氧化碳的含量、压力、含水率或其他参数发生变化，应对油井设备及材料重新进行评估，以确保适合新条件下的油井作业。

5.2.3 检漏

应对所有设备的泄漏情况进行例行检查，必要时采取补救措施，保证设备在安全和环境可接受的条件下连续正常运行。

对于所有配备油管和封隔器的回注井，应定期检查油套环形空间的压力，从而测试油管和封隔器的完整性。如果该井没有配备封隔器，应采取其他测井技术保证注入的液体在控制之下到达适合的回注层。油井机械完整性的故障测试频率依据作业条件而定，对高腐蚀地区，应经常进行。

5.2.4 检查与发证

设备的制造、整修、检查和安装应按照制造商或其他相应工业标准和法规的要求进行。

5.3 井眼测试

5.3.1 放喷和火炬

放喷和火炬应限于安全地点，尽可能考虑选择井场主导风向的下风向放喷或点燃火炬，还应使排入大气的全部气体完全燃烧。

5.3.2 放喷池

放喷池，有时也称为放压坑或应急坑，不能用于其他用途。放喷池的主要用途是收集伴随油气流而出的未燃烧的液体。放喷池中的液体应每天或随生产活动及时清除。

放喷池的选址和修建应最大限度地减少对地表和地下水的污染风险，坑的大小与喷出油气中液体流出物的体积相当，还应考虑使用挡板式气液分离器。

5.3.3 噪声和其他公害的控制

火炬需要采取降噪措施，以保证噪声水平符合当地环境要求。可行时，应在火炬/排气管的设计时考虑噪声强度、持续时间和火炬的位置。

均应考虑当地环境，控制其他公害，如火炬发光、臭味、烟尘等。

5.4 封井和报废

当井眼永久报废不再进一步利用时，应实施永久性封闭以防止液体窜层。当井眼今后还有用处，可以进行临时性的封堵作业，但必须予以维护，使得常规的修井作业就可以恢复井眼的使用。上述两种情况的环境要求是一致的。对这两种作业的环境要求参见油气勘探开发地表作业标准及 API Bull E3。

5.4.1 浅表层

在油井报废时应考虑有关的环保要求，首要的是保护地下清水蓄水层和地下饮用水水源，并与井下含油气层或在用注水层保持隔离。其他保护措施的结果，包括表层土壤和地表水保护、土地的恢复使用、报废井情况的永久性证明材料等也应进行评估。

5.4.1.1 封堵

封堵井的目的是为了防止流体窜层，避免清水层、表层土、地表水受到污染，将油气资源保持在生产层或潜产层。通常条件下，由于油井封堵和废弃不当可产生以下两种污染：

a）报废井变成了流体在地层之间流动、流进地下饮用水源或到达地表的通道；

b）污水可以从地面上进入报废的井眼，进而侵入地下饮用水层。

当油井封堵恰当时，可以避免上述污染的产生。不仅在封堵作业时应防止报废井变成污染发生的通道，而且在油井施工和完井的方式上也应防止污染。

油井封堵作业的主要目的是保护地下饮用水水源，隔离井下油气生产层或在用回注岩层，保护表层土壤和地表水。表层封堵是为了防止地表水渗入井眼经迁移进入地下饮用水水源。水泥封堵是为了隔离油气层和注水/回注层，在地下水源的最底层实施封堵，可以达到保护饮用水的主要目的。

地表水进入报废井也是很重要的，因为地表水可以将农业生产、工业或城市活动的污染物带入到井眼中，造成污染。应指出的是，水泥封堵也可以通过将那些井眼流体限制在井内，从而达到保护表层土壤和地表水的目的。作业者在实施相应油井的封堵和报废作业期间，在清水岩层或地下饮用水水源的最底层设置水泥封堵进行保护，参见 API Bull E3。

除上述说明的水泥封堵之外，许多行业规范还要求在表层套管的底部、以及在每一个生产层和潜产层内或其间实施水泥封堵。

5.4.1.2　流体限制

对于可以承载大量可用水、油、气或地热资源的所有岩层构造，重要的是实施保护和（或）隔离。首先应防止气体、流体窜层或到达地表。多数情况下，裸眼封堵、套管封堵或通过套管间隙挤注水泥可以隔离目的层。其次应避免报废井中液体的交叉流动，防止层间串流通过周围的井眼干扰其他商业开采区域。

5.4.2　地表

地表的清理和补救包括切除地面以下的表层油管，将地表恢复到油井开钻前周围环境的状态，在井眼的地表位置竖立标识，井场恢复要求和水平参见《API 环境指南：陆上石油勘探和开发固体废物管理》。然而在井场补救工作开始之前，应与土地使用者进行协商。有些地方还要求向土地使用者通报油井堵塞情况。土地使用者可以有权将废井作为清水水源。

5.4.2.1　清理和补救

假设土地使用者决定不把废井用作清水水源，业主也应按要求安排地表的填塞，移走井口装置；必要时，在地面套管的残端焊接上钢板；填充井口的方井、大小鼠洞；以及平整井场。留在井中的套管应从地面向下截去 1～2 m（3～6 ft），或是按土地使用者的要求截去更深。

钻井液池应清空、填筑到与缓冲带相一致的水平。在填埋之前钻井液池应被允许风干或就地固化；钻井液沉降时，坑的周围可以筑堤围护。在管线拆除或废弃之前，应考虑流体驱替和管线吹扫，并根据流体类型对流体进行回收、重复利用或妥善处置。

在有些地区，可以采用露天燃烧方式处置无害的、不适合回收的含烃废物。有害废物只能按照主管部门批准的方式处理。燃烧处理应在白天进行，还应考虑风向和风速，燃烧不能产生黑烟或烟尘危害。

装置区外专门用于处置废物的商业设施，应经过许可，并精心选择场地，参见《API 环境指南：陆上石油勘探和开发固体废物管理》、《API 油气生产设施的趋盐性土壤补救》和《API 商业勘探开发废物管理设施指南》。

5.4.2.2　土壤侵蚀

道路、钻井液池、井场等产生土壤侵蚀的区域，应根据租赁协议进行恢复。

5.4.2.3　检查

油井报废包括拆除所有地面设施，关闭全部钻井液池，恢复地表，并考虑采用立式的钢质标识牌，标明井位、业主和井数。

6 油气集输和处理系统管线

6.1 原则

在油气集输、处理系统管线以及配电系统规划时，应考虑施工作业和维护活动对人、动植物和土壤本身的影响，对当前及随着装置用途的扩展产生的环境影响均应进行评估。

6.2 线路选择

6.2.1 在油气集输和处理系统管线的规划中，应考虑下列环境因素：

a）线路接近湖泊、河流（包括干涸河道和季节性河流）、湿地、排水和灌溉沟渠、运河、洪涝区和浅层水井，就施工、运行以及意外排放对上述影响进行评估；

b）应考虑到管线的埋深对地下水质量可能产生的影响，尤其是来自于埋设管线泄露所造成的影响；

c）在施工和日常维修活动中应集中评估清除树木，破坏堤坝、堤防和台地、损坏作物所造成的影响；

d）威胁或危及到动植物物种的关键栖息地或候鸟栖息地的影响，包括噪声和粉尘；

e）管线接近公众聚集区或其他设施，应对住宅、宗教场所、学校和医院给予特别考虑；

f）对耕地的影响；

g）特殊的历史性名胜区、古迹区、度假区、生态或风景名胜地区；

h）土地使用权；

i）最近浅活动断层的位置。

6.2.2 油气集输、注水以及生产废水处置系统的管线，应与生产、注水、处置要求以及总体的经济情况保持一致，并且应考虑：

a）土地使用者和承租人对该地区未来的用途。

b）今后的施工和挖掘工作可能对管线的影响。

c）地形在下列情况中是一个重要因素：

1）管线设计；

2）管道用地维护；

3）可能的土地侵蚀；

4）泄漏的应急响应和截留。

d）现有管道用地的位置。

e）现有公路的位置。

6.3 设计

6.3.1 在油气集输和处理系统管线的设计中，应遵从适用的工业规范。

6.3.2 油气集输和处理系统管线的设计应考虑：

a）管线的预计寿命。

b）线路的环境（土壤的特性、饱和水土层、碱性洼地、冻土的深度等）。

c）开始的和达产的产量特性和数量，包括增强石油开采过程的可能。

d）对现有设施的影响。

e）管线故障的可能后果。对油品、废水或气体的排放进行定性地评估。并应考虑安装截止阀以隔离管线位于或靠近环境敏感地区（例如湿地）、穿过的河流的两岸，以及紧邻公众聚集区的部分。在这些地区也应考虑带套筒的管线或厚壁管道。定性评估应考虑如下方面：

1）公众的影响；

2）环境影响（包括可能的自然资源危害评定责任）；

3）对作物和家畜的危害；

4）清理成本。

f）内外防腐措施。所有设备应使用适合其运行环境的材料制造，参见 NACE MR 0175。

g）埋设到最佳深度以减少暴露，防止如耕种、冰冻和其他施工对它的危害。

h）各种公路、河流和其他线路交叉穿越的方案。

i）放空罐、阀等的最佳位置。

j）噪声防治（如果需要）。

k）多方面的变化因素，包括运行压力、温度变化、管线膨胀和预计的安全系数。

l）如果配电线路安装在猛禽喜欢用它们作为栖息支架的地方，应考虑在线路上方的电杆上部安装木制防护架和横梁，防止飞鸟接触带电线路。

6.4 施工和安装

6.4.1 油气管线和相应的道路用地应采用最小的占地面积。

6.4.2 在靠近油气管线的地方，应避免破坏树木和其他植物。

6.4.3 如果使用承包商安装管线，业主应验证承包方已经执行了安全程序，包括书面的危害交流程序。承包方应提供所有带到场地的危害性材料安全数据单（MSDS）。

6.4.4 在施工期间应进行适当的检查以确保满足设计规范。

6.4.5 在完工后，管线应按照相关行业规范检查和加压测试可能有的泄漏。加压测试的流体应予以收集和处置，参见《API 环境指南：陆上石油勘探和开发固体废物管理》。

6.4.6 在一条新管线铺设后，除非已经和土地使用者一起采取了其他安排，否则应将所有油气管线线路、管线用地清理、恢复成与现有使用土地相协调的状态。所有废物的处置应按照《API 环境指南：陆上石油勘探和开发固体废物管理》来进行。

6.4.7 用相应资料记录管线线路和埋深，以有助于避免在今后的动土作业时破裂和（或）意外泄漏，交叉点应予标识。

6.5 运行和维护

6.5.1 所有有关人员（业主和承包方两者）应接受培训，以保障管线的正确运行和维护。培训应包括启动和关闭程序、正常操作程序，以及万一发生有害物体泄漏或溢出时的应急响应程序。

6.5.2 按照规定的时间间隔对管线和装置进行检查。

6.5.3 应采取适当的步骤以防止地表和环境受到在用的热油、化学品，以及其他用于保护油气集输管线的处理剂的危害。

6.5.4 关于穿越标志、放空罐、排放设备和防腐设备的正确维护活动应进行演练。放空的流体应被收集和放置到生产系统中以回收烃类。废弃的材料应予以重复利用、回收或处置，参见《API 环境指南：陆上石油勘探和开发固体废物管理》。

6.5.5 为了满足运行的安全要求，应考虑加压测试、外观检查和其他的检查方式。

6.5.6 对腐蚀问题、有故障倾向的设备以及故障的提前识别，应制定操作程序，以便在环境方面或安全方面采取补救措施。及时进行故障分析，有助于制定管线更换的时间表。

6.5.7 应遵守相应工业规程进行记录、修理、报告泄漏等。

6.5.8 只要对现有管线进行改造或物理参数（温度、压力、成分等）发生显著变动，应考虑依据变更管理原则对这种变化进行评估。适当时，应根据修改更新装置图纸，并销毁替换的图纸。

6.6 集输和处理系统管线报废

6.6.1 所有地表管线都应予以拆除，在拆除前应对管线进行吹扫。

6.6.2 连接埋设管线的地表和地下设备，其拆除的深度应能适合以后土壤的使用，或者一直到埋设管线的深度。

6.6.3 报废管线中的有毒有害物质应予排出。

6.6.4 适当时，报废管线的每个出口应被永久性封闭。

6.6.5 拆除所有穿越标志和其他的管线标志。

6.6.6 报废管线的位置应在装置图上予以标注。

6.6.7 报废结束后，所有受干扰的地表区域应进行清理，并恢复至与邻近土地相似的状态。

6.6.8 所有废物的处置参见《API 环境指南：陆上石油勘探和开发固体废物管理》。

7 生产和废水处理装置

7.1 限制要求（规划时应考虑的）

在选址、设计、施工、油（气）开采、废水产生和处理、处置/回注装置等环节，应根据采油方式的不同，对其累积产量、单位产量及最大可采储量进行预测，尽可能简化流程和设备，以降低这些活动或设施对环境产生的不良影响；同时还应考虑对地区人口、土壤、地表水和地下水、空气质量、动植物物种及动物栖息地的影响。

废水处理装置通常位于生产装置附近或其中，对一个油田的处理装置的早期规划应考虑矿区未来的发展潜力，以最大限度减少布局混乱。从实际和经济的角度出发，应考虑中心油田的位置，避免装置的重复使用。装置的规模还应考虑未来产量的增加对储罐容量和处理容器的要求。

生产和废水处理装置应从安全、节约和经济的原则出发，利用最小的实际占地面积。此外，由于产生的废水可能是含盐的或腐蚀性的，因此还应采取特殊的措施来最大限度减少由于设备倾覆、外溢和泄漏产生破坏环境的可能性。

7.2 选址

7.2.1 土地利用

考虑地形、人口、环境危害、区划和其他类型因素，确定敏感地区的位置（例如宗教场所、学校、医院、居民区、地表水、清水井、洪涝地区、活动断层区、危险的和濒临灭绝的动植物及栖息地、候鸟栖息地、湿地、考古、游乐、生态或风景名胜等地区）。适用时，场地应远离这些敏感地区进行设置。同时，还应考虑意外情况下（如石油生产废水的外溢和泄漏）产生潜在的影响。

适用时，最终井位的分布也应考虑最大限度地减少对公路和集输管线的道路用地，最大可能地利用现有的道路。

征求土地使用者的意见，考虑受影响的土地及毗邻土地目前和将来的用途。

生产和废水处理装置应从安全、节约和经济的原则出发，规划利用最小的实际占地面积，并考虑将来扩建的可能性。

7.2.2　侵蚀和排水

场地的选择应最大限度地减少地表地形改变的程度，以减小对周围环境的破坏。应避免挖掘和筑路造成可能的坍塌和塌陷问题。适用时，考虑储存表层土。

在选址时应考虑土地的自然排水分布。按照地形要求提供合适的排水管道和排放沟渠，提供草皮和草种稳定土壤，防止侵蚀，避免不必要的树木移栽和其他自然特性的改变。

7.2.3　表层以下的土壤状态

表层以下的土壤状态是建筑、泵、发动机、油罐和施工过程所用设备的基础支撑，应予以考虑。

为了建设堤坝、防火墙和应急防污池，应评估土壤的特性。当土壤现状疏松或地下水可能会被影响时，防污池的表层应考虑采用压实的黏土层或防渗层。

为预防或控制腐蚀，应评估土壤的腐蚀性和电阻率，以确定集输管线是否需要涂层或包裹，在高腐蚀状态或敏感地区应考虑采用阴极防护技术。

7.2.4　防火

生产和废水处理装置不应位于可能产生潜在火灾危害的地方，如果需要，装置附近应配备适当的防火安全设备。

7.2.5　公众影响

在噪声控制规划中，生产和废水处理装置的位置应远离建筑或公共设施。

装置位置应尽可能最大限度地考虑主导风和地形海拔的影响，以最大限度地减少可能的有害物质排放对公众的危害。

7.3　装置设计

7.3.1　设备规模、规格和设计

在设计和生产设施施工阶段应考虑下列条款：

a）生产设备应按一定规模建造和设计，保证适当的安全性和实用性。确定设备规模时，应考虑将来发展和勘探规划。可能时，根据现在和将来生产的处理需要确定装置的规模，以最大限度地减少设备的改型和用途的不匹配。为了提高安全性能和保护环境，设备还应设计采用适当的溢出控制设备，例如高/低液位指示器、高/

低压力指示器。

b）应考虑设备的预期使用时间。恰当的设计和安装可以最大限度地减少将来的设备故障和停机时间。

c）设备和底座在设计和安装时，应考虑该地区常见不利自然因素，例如洪灾、暴雪和暴雨、地震、飓风、龙卷风和沙尘暴。

d）设备的安装应完全采用相应的工业标准。在实际情况、经济情况和技术条件可行时，应安装空气污染控制装置。火炬设计时，应对废气量、成分、安全性、经济性和区域环境影响等因素进行评估。

e）应考虑容器、管线和其他设备的压力规定。改变制造商推荐使用的等级或压力，应进行全面评价。油田压力容器的尺寸和设计见 API Spec 12J。

f）在安装加热炉时应考虑下列条款：

1）在确定加热炉的布置时，应考虑装置周围的情况。

2）应遵守制造商提供的说明书，任何与说明书不同的用途变化都应该进行全面评估。

3）加热炉不应直接靠近油、气或其他易燃、易爆的储存装置。加热炉和储存装置之间应保留最小的安全距离。装置下面应建成斜坡，以便排出的易燃液体能够远离加热炉。

4）加热炉应维护，及时清理不必要的残渣或易燃产物。

5）为了保护公众、牲畜和野生动物，应考虑采用围墙或其他防护措施。

6）选择和设计加热炉见 API Spec 12K 和 API Spec 12L。

7）对加热炉应考虑废气排放许可要求。

g）在安装大型储罐或装油设施时，应考虑下列条款：

1）为了控制意外排放，防止环境破坏，在油罐的周围应采用适当的防火、阻隔墙，或其他防污染措施；必要时，应符合控制要求。开放的管道不能从防火墙中间穿越，否则可能会造成有害流体通过直排或渗漏方式从防污池内排出。

2）储罐下防渗层或衬垫的安装应考虑允许检测和排出存留液体。

3）在大型油罐上应考虑安装高位报警器和（或）监视器。

4）在卡车或驳船的装/卸软管连接处，为防止任何溢出，应考虑安装接油盘或其他防污装置。

5）如果有要求，在装置安装前应得到排放许可。

6）在设计储罐和灌注装置时应考虑下列推荐作法和规范：

API Spec 11N　矿场原油自动交接系统设备规范

API Spec 12B　储存产出液体用的螺栓连接储罐规范

API Spec 12D　储存产出液体用的工地焊接油罐规范

API Spec 12F　储存产出液体用的工厂焊接油罐规范

API RP 12N　炉膛阻火器操作、维护和测试推荐作法

API Spec 12P　加强玻璃纤维塑料油罐规范

h）在安装内燃机和压缩设备时，应考虑下列条款：

1）应考虑最大限度地减少噪声干扰，内燃机和压缩设备的选址应尽可能地远离普通人群。如果可能，应考虑使用电动机进行替代。

2）发动机排气筒所产生的排放应得到关注。在发动机的建造、修理或重新选址前，应获得施工和排放许可。选择燃料类型以最大限度地减少污染。适宜时，采用电力。

3）为了最大限度地减少可能的原油和化学品滴落、溢出的影响，应考虑安装接油盘或将发动机和压缩设备置于防渗垫上。如果使用了接油盘和防渗垫，应注意确保其清洁，并定期地采用合理的方式清除、回收、回用或处置所有收集的油或化学品。

4）压缩机放空阀的管道尺寸应满足输送到相应的火炬或排气筒的需要。

5）为了保护公众和牲畜或野生动物，应考虑在所有发动机和压缩机周围设置围栏、防护墙或安置在室内。

6）在安装或维护内燃机和压缩设备时，应参考下列标准和规范：

SY/T 5031—1999　油田用往复式内燃机规范

API RP 7C—11F　内燃机安装、维护和操作推荐作法

API Bull 11K　空气交换致冷器设计数据表

API Spec 11P　密闭式高速可分离电动往复气体压缩机规范

i）在规划、安装和使用污油池、防火墙和防火堤坝时，应考虑下列条款：

1）只要实际可行，应使用罐来代替污油池。

2）适宜时，应减少现存的污油池，并考虑替代方式。污油池应仅仅用于它们的预期目的，全体人员都应被告知污油池的特殊用途，以及允许在坑里存在的物质。

3）在污油池和防火墙的设计和施工期间，应采取必要的预防措施来保护土

地、地表水、作物、树木、牲畜和野生动物。

4）设计修建的污油池应拥有有效的出水高度，提供有效的储备能力，避免在最大生产负荷时发生溢流。

5）必要时，为了公众安全和保护牲畜及野生动物，应围护或采取其他措施防护污油池。

6）如果污油池内液体表面有污油或有危害性物体，应考虑将坑用网罩住，保护候鸟免受伤害。

7）燃烧坑应位于主导风下方向，减少火焰和烟雾危害。

8）储存液态烃、盐水、化学品或其他不允许排入环境的液体的容器周围应建有防火堤坝。

9）在意外或紧急排放时，防火堤坝和防火墙的施工材料应能阻止所排放的流体从原来的容器进入到当地环境中。

10）在设计堤坝和防火墙时，应考虑有效的周长和墙体高度，以控制最大容器或油罐的最大容积；并考虑有效的垂直高度应对暴雨和融雪。任何通过防火堤坝的排水管线应配备有活门（盖板），正常情况下予以关闭。

j）在生产场地使用公用设施时，应考虑下列条款：

1）在设计生产和废水处理装置时，应考虑使用现有的公用设施；

2）如果电力可靠，应考虑使用电动机/电动设备，以最大限度地减少废气排放和噪声；

3）储罐设施不应位于主要输电线路的下方或附近；

4）所有电力、饮用水、污水和市政供气管线的铺设应满足有关标准或规范的要求；

k）在生产场地设计和安装火炬（排气筒）时，应考虑下列条款：

1）在生产装置中使用的火炬（排气筒）应位于下风向（根据主导风向确定），与相关设备保持适当的安全距离；

2）在设计火炬时，应考虑周围环境，火炬应与树木或其他植物保持足够远的距离，确信在火炬最大和强风时不会点燃植物，并考虑安装湿式除尘器；

3）火炬和排气筒应保持有效高度，确保在最大火焰（排气）和强风期间保护工人和公众；

4）在火炬周围应考虑设置围栏，以保护公众、牲畜和野生动物；

5）应考虑安装自动点火器，适宜时，尽可能储存天然气，减少排放；

6）如果可行，火炬应采用无烟设计；

7）设计细节上要考虑防止猛禽或其他鸟类在火炬上栖息。

l）保护环境的安全系统应考虑如下：

1）应考虑安装安全设备和系统，即在装置故障或意外释放情况下，紧急关闭（ESD）系统有能力封闭油井、关闭压缩机或其他发动机，或自动切换生产流程。在适当的地方应安装报警系统，当出现设备故障或意外释放时，可以向公众或公司主管报警。应安装和维护火灾防护设备，例如灭火器、水枪、消防泵、水罐和自动灭火器。

2）在安全系统的设计上，应参考 API RP 2350。

m）防腐应考虑如下：

1）在设备的设计和选型期间，应考虑预期的气体或液体腐蚀性；

2）在预见有腐蚀性问题的地方，应采取防腐措施，以最大限度地减少泄漏的可能；

3）根据对土壤腐蚀性或电阻率的评估，选择合适的埋设管线防腐层。某些情况下，可能需要阴极防护。

n）对减少生产和废水处理装置中的气体排放，应给予特殊考虑。在这些装置的设计和施工期间，应考虑如下条款：

1）挥发气回收单元和火炬；

2）燃烧设备排气管上的催化转化器；

3）最大限度地减少从油罐、乙二醇重沸器和其他设备产生的苯、硫化氢和其他有害物质的排放；

4）最大限度地减少从气动控制设备和其他设备产生的作业气体排放、泄漏和放出；

5）电动设备；

6）安装在输送管道末端的阀门应采用封闭法兰进行覆盖、堵塞或密封。

7.3.2 选址

a）生产和废水处理装置应位于装置不会给附近产生火灾危害的地方。燃烧器、内燃机、火炬或其他产生火花、火焰的设备应与油气储罐装置保持安全距离。应参阅地形和地图，以确定运行是否会影响地区环境。最大限度减少对作物、森林、动物栖息的危害，避免不必要的树木移栽和其他自然特征的改变。

b）在居民区，为了在设备故障、排放或火灾事件中确保公众安全，设备的选址应考虑主导风向。任何情况下，生产和废水处理装置的选址应远离公共建筑。

c）当生产和废水处理装置的运行靠近居民区时，应考虑噪声扰民问题。

d）设备的选址应考虑表层以下的土壤条件，以便在施工过程中有适宜的地基来支撑装置和设备。

e）综合考虑所有井位，最大限度地减少矿区道路和集输管线的道路占地。

7.3.3 废物处理

a）在设备和装置的选址和设计时，应考虑方便运行和维护，以减少废物产生。

b）可行时，应采用能重复利用的产品。应考虑使用大容量、可循环使用或可再利用的储罐，以最大限度地减少废物。

c）在装置的施工、运行和维护期间，应考虑适当措施收集、回用或处置产出废物。

d）作业者应制定废物处理方案，其他要求参见《API 环境指南：陆上石油勘探和开发固体废物管理》。

7.4 施工

在准备施工时，必须首先考虑下列步骤。

7.4.1 场地准备

a）应检查土壤特性，以确定相应的场地基础设计。

b）在施工期间应考虑所用设备的规模和类型，留有足够的空间，确保施工安全。

c）应按照当地环境的要求提供适合的排水管道和排放沟渠。

d）如果野生动物可能接近管线，下班时，应将管线开口端临时封闭。

7.4.2 检查和测试

a）在施工期间，有资质的人员应依据设计规范进行相应的检查，确保施工满足设计规范。

b）完工后，应对设备和装置的可能泄漏情况进行检查。如果需要，应依据适用规范对设备进行加压测试。对用做加压测试液体的收集和处置参见《API 环境指南：陆上石油勘探和开发固体废物管理》。

c）在管线内的介质预计有极大压力或腐蚀性的关键区域，以及对当地环境有潜在风险的敏感地区，应考虑用 X 射线测试焊缝。

7.4.3 人员的资质

施工现场工作人员的资质验证有利于保障工作正常进行。

7.4.4 承包方的选择

当在环境敏感地区进行装置施工时，应考虑要求承包方做出履约担保。

7.4.5 设备安装

所有设备应根据原始设计进行安装。任何与原有规格不同之处应全面评估，以确保操作安全。有关设备安装参考 API RP 12R1 和 API RP 7C-11F。

7.4.6 竣工的图纸

在装置完工后，按照规定更新原有的图纸或略图。当原始设计或图纸有改变时应予以标注，以备将来参考。

7.4.7 场地清理

在施工期间场地应尽可能保持清洁，不留废渣；完工后，应做到工完、料净、场地清。可行时，施工废料应重复利用。有关废物处理的其他信息请参考《API 环境指南：陆上石油勘探和开发固体废物管理》。

7.5 操作和维护

7.5.1 操作流程

a）每台主要装置都应考虑制定适合的操作规程。操作规程应包含：装置中设备的设置、设备安全操作指南、启动和关闭流程，以及应急程序。

b）应对设备故障或故障的分析进行考虑，以便采取纠正措施最大限度地减少环境事故。

7.5.2 人员培训

全体人员应在安全和装置设备的有效使用方面进行培训。

7.5.3 设备检查

对所有运行在腐蚀环境中的设备进行定期检查。所有安全设备应定期测试以确保正常运行。

7.5.4 腐蚀监测和处理

如果预计产出的流体具有腐蚀性，应考虑进行监测。如果确定产出的流体具有腐蚀性，应考虑防腐计划。可能因腐蚀而失效的设备，应制定操作程序进行早期评价。

7.5.5 辅助工作

a）装置应保持清洁，予以维护，以便在安全和适合环境的方式下运行。

b）在适当的地方，为防止公众、牲畜或野生动物接近装置，应对装置采用围护措施。

c）应在突出位置树立标志，使雇员和公众知道危险形势，例如易燃状态、电压过高和硫化氢。

d）如果装置位于居民区附近，应在装置入口处公布应急电话号码。

e）杂草可以通过砍、割或喷药等方式予以控制，以满足当地环境要求，减少火灾危害。当使用除草剂控制杂草时，应由经过培训人员来正确应用这类化学品。

f）为呈现令人满意的外观和提供外部腐蚀防护，应对所有设备予以油漆和（或）保持清洁。

g）为收集丢弃的纸、垃圾等，应在适当位置放置废物收集容器，并定期清理。

7.6 废物和残渣处理

生产作业废物和残渣的处理应按照出租方和土地使用者的合同要求予以实施，包括固体废物和残渣，例如罐底沉积物、钻井液和钻屑；液体废物和残余，例如生产废水和用过的油；以及气态废物，例如烃类和二氧化碳。为保护人体健康和环境，以及最大限度地减小对作业者的长期影响，应制定和保持一个恰当的废物处理预案。

为了减少费用，保护人体健康和环境，废物或残余物处理预案应采用下述手段中的一个或全部：

a）源头削减——最大限度地削减或去除产出废物的体积和（或）毒性；

b）重复利用和回收——尽可能最大数量的重复利用和回收废物；

c）处理——当废物产生后采用先进技术对废物进行处理，以削减其数量和毒性；

d）处置——采用良好的和许可的环保方式处置产生的废物。

7.6.1 源头削减

源头削减包括削减产出的废物或其他残留物的体积或毒性，产品替代是一个源头削减的范例。生产和维修用的化学物品应评估，以确定低毒替代品是否满足性能和被作业者接受。

常识性的辅助工作，能有效地减少废物或其他残余物的产生。如在阀门和接头处安装接油盘可收集漏油，避免土壤污染。

7.6.2 重复利用和回收

当所有的削减手段已经实施后，应对剩余材料的重复利用或回收进行评估，如通过重新导入油蒸馏器或输送至精炼厂的方式可以回收废油、液压油和含油的储罐水。适宜时，油桶、蓄电池和金属切屑可以出售或归还卖主。在可行的地方，罐底沉积物和淤泥也能出售给回收人员。

7.6.3 处理

在削减和重复利用的基础上，废物处理应考虑最大限度地减少废物的体积和毒性。

削减方式有过滤、离心分离、蒸发和絮凝等，这些方法能够有效减少必须处理的废物体积。在处置前，可以通过化学处理、热处理和生物降解技术的方式削减废物的毒性。

7.6.4 处置

当源头削减、重复利用和处理的手段已经被考虑或综合实施后，处置就成为废物处理的最后手段。在处置前作业者应考虑废物的长远后果和成分。当选择在现场或现场之外的商业化处置方式时，对所做的考虑应就下列因素进行评估：

a）场地地形和地质特征；

b）地下水和含水层；

c）气候；

d）土壤状态；

e）天然排水地区；

f）环境敏感状态；

g）空气质量。

这些因素将有助于确定废物处置方式，以保护人体健康和环境，限制作业者将来的责任。废物处置方式有以下几种实例：

a）土壤播撒；

b）铺路；

c）现场填埋；

d）现场填坑；

e）环注；

f）地下的回注井；

g）得到许可和控制的流体排放；

h）焚烧；

i）商业处理。

作业者应保存相应的废物处理资料，并制定长期的记录保存方法（参见《API 环境指南：陆上石油勘探和开发固体废物管理》和《API 商业勘探开发废物管理设施指南》）。

7.7 溢出预防、响应和清理

事故溢出（包括油和含盐水溢漏）除了可能危害环境外，还可能直接影响生产、违反法律或影响公众。采用有效方式最大限度地减少未经许可的溢泄事故非常重要。作业者可以采用下面的推荐作法，以最大限度地减少废物的数量和对环境的影响。

7.7.1 预防

避免溢出的最好办法就是防止它们的发生。在预防溢出事故中，关键是充分地培训管理人员和现场操作人员。为预防意外溢出可以采取三个基本步骤：

a）应审查装置的设计，以确定什么地方有溢出发生的可能性。在审查中应包括了解以前的溢出事故资料，针对设备改变或事故采取的作法进行评估。使用审查结论时，应适当考虑下述内容。

1）根据需要改造现有的设备，需要时，安装新的仪器设备，减少溢出的可能和风险。为了预防、控制或最大限度地减少由于设备故障或人员失误可能导致的溢出，应使用报警器、自动关闭设备或失效安全保障设备。

2）制定并保持腐蚀控制程序，确保所有设备的连续有效运行。

3）对于设备故障可能导致溢出事故的地方，应按计划对管线、容器、调压阀、软管和其他污染预防设备进行例行测试和检查，这些测试和检查应与装置的复杂性、状态和环境状况相适应。

4）操作程序应能最大限度地减少可能溢出，并有书面材料以备所有操作人员获得。

5）对现场排水方式和在排放沟渠关键点位所建的隔油池进行检查，可以控制滥油进入河流或水域。

b）溢出预防的基础是制定培训程序，并提供给全体操作人员，使他们熟练掌握溢出预防的实际作法。

c）为抵御飓风及其他自然和人为灾难，应制定意外事故预案，以便最大限度地减少油品溢出的可能性、事故造成的污染或其他环境危害。

7.7.2 削减

为减少油品溢出的可能性，可以采取的一些相关步骤如下：

a）当“死”管线和临时性接头不再需要时，应予以拆除；

b）振动的管道部件应予以支撑，以减少移动和导致疲劳失效；

c）应对油罐的基础不均匀沉降、腐蚀和泄漏进行检查；

d）对液体管线应考虑安装泄压阀，避免闲置管线内的液体受热膨胀冲开泄压阀；

e）当管线有移动可能时，不应使用滑套式法兰。

7.7.3 意外溢出事故预案

溢出一旦发生时，有关操作人员应熟知如何快速响应，有效控制、阻止和清理溢出。为确保事故得到有效控制，应制定意外事故预案，并提供给与事故有关的各方。

溢出事故预案应包括向公众和政府通报，及与新闻媒体接触的步骤。

7.7.4 控制和截留

溢出一旦发生时，应在保证安全的前提下，立即关闭溢漏源头，或尽可能减少溢出。溢出物品的扩散应被控制或截留在最小的区域内，以最大限度地减少不良后果。下列方式可用于控制物品（尤其是油品）的排放：

a）围绕油罐和其他有溢出可能的设备修建挡土墙和堤坝；

b）设计第二道汇集带以阻止油品越过第一道挡墙或堤坝后的扩散；

c）在靠近装置的水域设置固定隔栅；

d）溢出发生后，在水中铺设临时隔栅；

e）使用特殊化学品来胶凝或生物降解油品，防止溢出油品在水中或水面的扩散造成污染。

作业者应评估溢出的可能性和危害性，并利用掌握的资料来确定第一道和第二道截留设施需要的类型和规模。

安装或备用控制隔栅的类型和长度，是随装置和可能溢出的类型、规模及位置而变化的，每个关键地区或装置都应掌握这些信息，并在装置意外事故预案中予以标明。意外事故预案应指明应急设备的位置。

意外事故预案应标明可以有效使用的化学剂类型，提供供货商的资料和供货渠道，适时组织管理人员和承包方全体人员参与溢出响应演练。

7.7.5 清理

装置意外事故预案应制定和包括清理程序，提供有效清理材料和设备清单以及相关方的资料。

根据每个地区溢出的可能性不同，应随时就近保存适宜的备用清理材料，便于及时处理少量的溢出；清理材料的数量，取决于溢出规模和材料供应时间。

应考虑以下建议的清理作法：

a）就近使用清理材料和设备，采取立即行动清理任何溢出油品或其他物品。根据溢出物质性质，对清理作业的员工进行特殊培训。

b）清理预案应包括准备真空卡车以及类似轻型设备，以便及时回收溢出物品。

c）在公有和私有财产有可能受到溢出或后期清理作业影响时，清理预案应包括事先征得相关方同意的内容。

d）应向土地使用者通报溢出，以及随时通报溢出的清理进程。

e）及时分析以前的溢出事故，对现有规划、程序和方案进行改进或更新，以便制定更加有效的预防、控制、阻止和清理方案。

7.8 现有油田和矿区购置或出售之前的环境评估

购置或出售现有油田和矿区之前，应准备好环境现状的证明资料，这些资料能够证明地表、地下或地下水是否受到污染，以及作业公司将来在环境方面需要注意的问题。可行时，提供或参考相关的航空照片。

检查、评估和油田实际作业的文件资料对于确认某一地区是否具有潜在的（环境）问题非常重要，应认真对待检查发现缺陷的整改记录工作。

7.9 装置报废

7.9.1 装置拆除之前的吹扫和冲洗

所有设备如储罐、分离器、仪表导管、出油管线和泵均应适当予以吹扫和冲洗。可回收的材料应重复利用、回收或处置，其他内容参见《API 环境指南：陆上石油勘探和开发固体废物管理》。

7.9.2 设备拆除

设备拆除应考虑下列情况：

a）油罐、分离器、仪表导管、地表管线、泵、其他裸露的地表设备以及相关设备底座应拆除。

b）从地表或地下设备连接至埋设管线的裸露管道部分，应被拆除到适合以后土壤使用的深度，或者一直到埋设管线的深度。当埋地管线不再使用且可行时应予拆除。

c）适当时，应永久性密封所有报废管线的每个出口。

d）业主应考虑清除所有穿越标志和其他的管线标志。

e）适当时，应能在装置地图上识别出报废管线的位置。

7.9.3 坑的报废

应关闭和回填所有的坑和地表蓄留设施，记录报废坑的位置。从坑内清出的物质应进行回收、重复利用或处置，其他内容参见《API 环境指南：陆上石油勘探和开发固体废物管理》。

7.9.4 土壤恢复

报废结束后，所有受干扰的地表区域应进行清理，并恢复到与邻近土壤相似的状态或符合土地使用者的要求。恢复应包括使用本地的植物种类或经认可的混合替代种类使受干扰地区稳定并能再种植，并考虑排水系统和维护要求。

中华人民共和国石油天然气行业标准

陆上钻井作业环境保护推荐作法（节选）

SY/T 6629—2005

前 言

本标准修改采用美国石油学会 API RP 52：1995《陆上钻井作业环境保护推荐作法》（第二版，英文版）。

本标准根据 API RP 52：1995（第二版）重新起草。在附录 A 中列出了本标准章条编号与 API RP 52：1995（第二版）章条编号的对照一览表。

本标准删去了 API RP 52：1995 中的与标准主题内容无关的内容，包括标准的扉页、特别声明、前言以及某些仅作为信息参考的“引用”文件、缩略语等内容，删除后不影响对文章的理解，增加了益于理解本标准的“术语和定义”一章。

本标准的附录 A 为资料性附录。

本标准由石油工业安全专业标准化技术委员会提出并归口。

本标准起草单位：中国石油长庆油田分公司质量安全环保处。

本标准主要起草人：毛怀新、马宏发、周立辉、蒙锡科、常振武。

1 范围

本标准为陆上钻井作业环境保护提供了指南，包括钻井计划、井场和前期准备、钻井作业、完井作业、测试作业、注水泥作业、报废作业及完井搬迁作业结束后井场复原全过程的环境保护推荐作法。本标准所指设施设备除钻井设备外，还包括用于井场及井场道路维护的各种设施设备。

2 规范性引用文件

下列文件中的条款通过本标准的引用而成为本标准的条款。凡是注日期的引用文件，其随后所有的修改单（不包括勘误的内容）或修订版均不适用于本标准，然而，鼓励根据本标准达成协议的各方研究是否可使用这些文件的最新版本。凡是不注日期的引用文件，其最新版本适用于本标准。

SY/T 5087 含硫油气井安全钻井推荐作法

SY/T 5964 钻井井控装置组合配套、安装、调试与维护

SY/T 6426 钻井井控技术规程

SY/T 6551 欠平衡钻井安全技术规程

建设项目环境保护分类管理名录 国家环境保护总局令第 14 号（2002 年 10 月 13 日颁布，2003 年 1 月 1 日施行）

危险化学品安全管理条例 中华人民共和国国务院令第 344 号（2002 年 3 月 15 日施行）

3 术语和定义

下列术语和定义适用于本标准。这些术语和定义旨在帮助使用者准确理解和解释本标准中某些术语和定义的用义。使用者应认识到，这些术语和定义中的一些词可以用于别的场合，而其含义可能不同于本标准中特定情况的释意。

3.1 钻井 drilling

利用机械设备，以勘探开发石油和天然气为目的，在地层中钻出具有一定深度的圆柱形孔眼的工程。

3.2 钻井设备 drilling equipment

钻井中所需各种机械设备的总称，如绞车、井架、天车、游车、大钩、水龙头、转盘、钻井泵、动力机联动机组及井控、固控设备、水泥车、发电机组等全套钻井设备。

3.3 钻具 drilling tool

井下钻井工具的简称。一般来说，它是指方钻杆、钻杆、钻铤、接头、稳定器、

井眼扩大器、减振器、钻头以及其他井下工具（如打捞工具等）。

3.4 钻井液 drilling fluids

用于钻井作业的循环的流体。

3.5 钻井液循环系统 drilling fluids circulating system

由高压循环管汇、钻柱内部、钻头、环形空间、钻井液循环罐和钻井液池等构成的钻井液循环回路。

3.6 空气（天然气）钻井 air（gas）drilling

用空气（或天然气）作为钻井流体，在一些特定岩层中进行的钻井。

3.7 井场 well site

钻井施工必需的作业场地。

3.8 井场道路 access road at well site

公路和井场之间的道路。

3.9 井场布置 layout

根据井位所在地的自然环境和设备类型确定井场、道路及设备布置等有关工作。

3.10 固相控制 solid control

控制钻井液中有害固相的技术。

4 钻井计划

4.1 信息交流计划

4.1.1 业主（甲方）与当地政府、土地使用者或承租人之间的交流

按照国家环境保护总局《建设项目环境保护分类管理名录》的要求，区分勘探阶段、开发阶段和勘探开发一体化阶段钻井情况的不同，分别进行环境影响评价，评价内容应包括社会调查，充分听取当地居民的意见。应将评价内容和结论写入HSE例卷。环境影响评价报告按审批权限由建设单位报政府环境保护主管部门进行审批。

4.1.2 业主（甲方）与承包商和服务公司之间的信息交流

钻井作业中，钻井设计是控制钻井污染的源头。设计应统筹考虑环境影响评价结论、地层（压力、岩性）因素、现场踏勘情况和工程项目总体情况，尽可能地减少和避免钻井过程中产生的污染。对更换钻井液体系造成的废弃钻井液量增加，钻井周期增加致使污染物增加，因钻井解卡等原因使钻井含油类造成钻井液污染性变强，钻井液在相邻井间的重复利用，废弃钻井液是否需要运出井场，以及其他对环

境造成影响的情况，在钻井设计中都应予以考虑。设计初期阶段，就应按照作业协议，明确各服务公司的环境保护责任，各公司应尽早参与并开展工作，确保某些关键性的环境保护问题在钻井设计阶段没有被疏忽。

开钻前，业主、监督和承包商之间，应召开现场会议，告知钻井施工过程中涉及的有毒有害物品，井队员工应接受环境保护知识培训；对环境保护方面的特殊要求，业主和承包商还应有详细的培训计划。

4.1.3 内部交流

应对负责污染物排放、处理、运输和记录的员工明确职责，对污染物排放的许可准则进行评估，同时还应对污染物报告中的异常结果进行详细解释，解释结果应有企业环境保护主管部门认可。制定环境保护计划时，要确保井场使用的化学品安全数据单保存到现场，存放位置应有明显标志，以便所有员工都可及时查看。

4.2 井场评估计划

在确保经济有效地钻达目的层的前提下，应尽可能选择合适的井位和道路，减少对周围环境的影响。同时，应提前对井场和相关道路进行勘察，以便使设计更加符合实际。当井场施工可能对周围敏感区域的环境有影响时，管理部门应考虑下列影响因素，要求施工单位制定相关环境保护补充程序。

4.2.1 公众安全

选择井场位置应尽量减少对附近建筑物、铁路和公众出入口的影响。在钻井过程中，有可能钻遇地下有毒有害气体，应考虑是否有气体或液体溢出或喷出的可能。同时，在确定井场前，应对有毒有害气体扩散对周围区域的人员、设施等的影响进行评估。对于含硫化氢井的钻井设计和中途测试的具体要求见SY/T 5087。

4.2.2 井场大小

在选定的作业区域布置井场时，应尽可能缩小受污染区。在环境敏感性区域进行钻井施工作业时，还应综合考虑井场形状、井场大小、井场布置等各种因素，以减少对环境的影响。

4.2.3 地形

应利用地形的原貌，尽量减少施工对地形的改变。同时，选择井场道路、钻井液池、动力房和其他设备的位置时，在不违背安全要求的情况下，应综合考虑利用地形的轮廓和坡度。

4.2.4 土壤

在制定完井井场恢复计划时，应考虑地层特性、岩石类型和地下水的深度对管理井场废弃物的影响，避免将井场选择在湿地、地表不稳定的地区。如果在井场施工过程中，需要进行爆破作业，应有审批许可。

4.2.5 地表水

应对地表水（池塘、小溪、湿地等）进行保护。雨水或雪水应靠原有地形、地貌坡度、地缝、地沟分流到确定的位置；当利用堰、堤、沟或地表宽阔带的隔离设施难以达到保护地表水的要求时，必须制定专门的预防泄漏控制计划。同时，在钻井设计阶段，应对预防泄漏控制计划进行评估。

4.2.6 地下水

应根据地下水层的深度和用途，采取相应的保护措施。例如对开挖的导管、大鼠洞、小鼠洞、井口和钻井液池，要根据水层特征，对其进行具体设计。同时，根据钻井设计的一般原则，表层套管下深和固井水泥返高的确定应能满足保护地下饮用水水质的保护要求。

4.2.7 野生动物

应减少对野生动物的影响，避免将井位确定在动物经常出没或者有可能出现的区域内。选择井场时，应对野生动物的生活习性进行研究和评估，防止干扰周围易受恫吓和易受伤害的动物。同时，应在井场周围设置围栏或采用其他方法，防止野生动物掉进钻井液池或罐组。

4.2.8 牲畜

根据牲畜的类型，结合农户的要求，使用围栏、牲畜保护设施或其他适当的隔离措施来保护牲畜。

4.2.9 植被

应尽量减少对植被的破坏。必要时，应对井场周围区域进行评估，以识别易受威胁和危害的物种或湿地的物种及它们的自生地。

4.2.10 文化和历史资源

应与土地使用者、国家文物保护单位或相应的管理机构共同进行评估，以确保所关注的文化和历史资源区域未受到影响，对某些特殊的文化和历史资源敏感性区域还应进行考古调查。

4.2.11 气候

应综合考虑温度、降雨量、风速、风向、结霜状况及所有与当地气候有关的因素。在前期对这些因素的考虑，可减少施工过程中因设备、施工程序和人员安排不合理等原因而延误施工，造成损失。

4.2.12 作业计划

应在作业计划中考虑井场布局、设备摆放及开发作业或测试作业过程中使用的油品或其他特殊产品对井场位置选择的影响。

4.2.13 潜在危害

应识别动力线、埋地气管线、邻井或雪崩区等潜在危害对井场选择和施工的影响。

4.2.14 恢复

施工作业结束后的井场恢复工作，应考虑某些管理机构或土地拥有者的要求，并将其作为井场评估的一部分。

4.2.15 防尘

如果需要，应按照国家或当地政府有关环境管理规定，制定出入井场道路及井场防尘计划。

4.2.16 降低噪声

如果需要，应按照国家或当地政府有关环境管理规定，对井场道路及井场制定降低噪声计划。

4.2.17 贮存区

应设置隔离区或密闭的容器来储藏危险物品，同时应设置燃油、润滑油、化学剂、固体废物、采出油和废油贮存区以保护野生动物，防止水和土壤被污染，尽可能减少火灾和爆炸危害。

4.2.18 卫生设备

应确定卫生设备的合理安装位置。如果需要，应得到当地政府有关主管部门的同意。

4.3 钻井液固相控制计划

应从经济效益和减少废弃物数量两方面综合考虑钻井液循环系统的设计，包括钻井液池、固控处理设备、钻井液添加剂设计。在某些特殊情况下，为减少处理废弃钻井液的费用，尽可能选择使用替代的低毒性钻井液添加剂或其他更加有效可靠的处理方式。

4.3.1 钻井液池

设计钻井液池时，应首先预测钻井过程中所需钻井液量及其他可能产生的液体的总量，如清洗钻机用水量和雨水量。同时，要考虑渗漏对地下水造成的影响，确保钻井液及其他有害液体与地表水不直接接触，并应减少雨水流入地表水。

如果业主（甲方）有特殊要求，或根据土壤的土质状况和该地区的钻井经验预知，钻井液有渗漏到地表水或地下水的可能；或所处环境敏感，应使用钻井液池衬里。衬里所用原材料应满足常规作业需求和钻井作业的相关技术要求，并尽可能使用可降解材料。

4.3.2　固控设备

应合理选择和使用固控设备，有效地降低钻井液废弃物的体积。正常钻井时，固控设备的处理能力应至少满足所泵入井内钻井液的需要。当对钻井液进行性能处理时，固控设备应尽可能地除去岩屑，同时还需满足进行钻井液循环回收处理的要求，提高固相清除效率。

4.3.3　钻井液添加剂

应根据钻井液添加剂对环境的影响程度来选择添加剂种类，减少对环境的污染。同时，高含氯离子的废弃钻井液及井场固体废物、油品或含重金属添加剂应按照特殊的预防措施进行回收处理。应尽可能要求供货商采用可重复使用的容器存放钻井液或添加剂；对于大批量使用的添加剂（如加重材料、膨润土等）尽可能使用散装，以减少包装袋等固体废物。

4.4　水管理计划

造成钻井污染的废液主要是清洗钻机污水和集聚的雨水。应尽量减少废液量，避免流入钻井液池，并尽可能重复利用，以降低钻井成本。

4.4.1　清洗钻机用水

清洗钻机时宜使用高压、小排量的清洗工具。同时，使用钻井液循环罐、钻井液防喷盒、钻井液止回阀等设备降低清洗频率，尽可能将处理过的清洗液使用于钻井液中。

4.4.2　暴雨水

井场和井场道路施工前，施工单位应在了解有关环境保护法规和标准的基础上，制定符合要求的雨水排泄和预防雨水污染的计划、作业文件和管理作业文件。

应将暴雨水（包括雨水和溶化的雪水）滞留到尽可能小的区域内来收集。在钻机底座四周应尽量使用挡板将雨水分隔，确保在井场大部分区域可以排泄，钻机底座之外未受到污染的雨水，井场周围应有排洪沟渠，防止雨水滞留到井场。

4.5　废物管理计划

对在钻井过程中和完井后产生的废物应按照危险废物、一般工业废物、生活垃圾和可回收废物分类。可回收废物如润滑油、溶剂、废过滤器、钻机废料、电池和其他来自钻井和完井作业的废物都应作为危害物质进行分类，并且应有特殊的标识、收集、循环和处理措施。同时应将确认的废物场所和相应的管理负责人列表，以便查询。对于各种金属废物应回收处理，其他废物按照环境影响评价结论处理。

5 井场和前期准备

5.1 井场施工

井场施工前，现场监督应检查井场是否有埋地管线、覆盖的矿井或在钻井设计阶段可能疏忽掉的其他潜在危害。施工单位应了解井场施工的某些规定，并做好施工的前期准备，包括：

a）应将政府或其他管理机构批准的与钻井有关的文件及事故应急救援预案的复印件保存在井场。

b）应将井场表层土堆放好以备作业完工后恢复井场。

c）应清除井场周围的树、灌木丛和其他可燃材料，放喷池和放喷管线应选择远离易燃物的位置，且保持一定的安全距离。

d）钻井作业应减少对地下水源的污染。如果钻井过程中有可能遇到异常压力层，饮用水井的井深应小于同区块其他油气井的表层套管的深度。饮用水井的施工、管理及饮用水的水质化验，应符合安全饮用水的相关要求。

e）井架底座四周的排水沟应与圆井或钻井液池相连，以便溢出的钻井液返回循环系统后处理再用，应急排放系统也应直接与污水池相连。

f）应设置化学剂、燃料、润滑油和废物存放区，防止其污染土壤或地下水。这些区域的排水沟应与钻机底座周围的水沟隔开，不允许将其排入圆井或钻井液池。危险物品的储存应使用带盖容器或保存在密闭区域内。

g）架空电线应与井场设施有足够的安全距离。

h）设计的钻井液应能满足钻井作业的技术标准要求。如果井场土质状况显示，钻井液池有存在渗漏的可能，根据所使用的钻井液类型，应考虑使用防渗漏衬里。如果地表面有水，还应采取其他特殊的预防措施。如果有咸水层，或使用油基钻井液，应使用专用废钻井液池将井内返出废液分离保存。

5.2 搬迁和安装

5.2.1 搬迁

设备在搬迁到新井场之前，应对所有机器进行检查排空和封堵管线，确保在运输过程中流体不发生泄漏。装车时，绞车、发电机和其他设备应水平摆放。对多余燃油、油漆、稀释剂及其他废液应退给卖主或密封保存，保证在运输过程中不发生泄漏。

5.2.2 井场设施设备安装

所有设施设备安装到位后，应对井场及设施设备等进行防泄漏检查，确保已达到下列各项要求：

a）不存在燃料或油品泄漏的情况。

b）按照钻井设计的要求，完成了井场挖沟筑堤工作。

c）水源井已顺利完成，并有预防地下水被污染的具体预防措施。

d）已安装了从池塘或溪流抽水所使用的设备，保证油或其他燃料不可能泄漏到水源井。

e）按照要求，安装了废油回收设备。

f）钻井液固控设备、钻井液循环管线安装正确，并能正常工作。

g）其他与钻井液循环系统相关的设备，如钻井液循环罐、钻井防喷盒、钻柱止回阀等已安装正常，并且所有钻井液循环管线和循环罐已经进行了渗漏检查。

h）钻井用的各种钻井液材料已经安全储存，并且可方便地到达钻井液混合漏斗。送到井场的钻井液材料都应有正确的标记，并且需向钻井管理者提供材料安全数据单。

5.2.3 欠平衡钻井设备安装

欠平衡钻井作业时，除按 SY/T 6551 的规定执行外，设备安装应考虑下列影响因素：

a）应修建或安装足够容量的专用岩屑回收池，回收通过放喷管线排出的钻井岩屑。在放喷管线上安装喷淋设施或除尘器，减少放喷管线排出的固体颗粒及粉尘污染。

b）放喷火炬的位置应减少对周围地面植被或建筑物的危害，在放喷管线的排出口，应安装引燃点火灯或设置其他点火装置。

c）应将泡沫钻井液存放在地面密封土池或罐中，防止挥发。

5.2.4 压力控制设备安装

安装压力控制设备时，除按 SY/T 5964 和 SY/T 6426 的规定执行外，还应考虑下列因素：

a）在连接到防喷器之前，如果压缩机管线内充满液压油，应及时收集、处理。

b）应检查动力管线、压缩机泵或液压油储备罐是否有泄漏。

c）应按照钻井设计要求，安装节流管线、钻井液/气分离器和除气器。

d）如果使用钻井液密闭循环罐，应安装正确，防止钻井液泄漏。

e）应按照钻井设计要求和有关法规条款，对所有承压设备进行压力测试。

f）如果钻井设计中规定需安装硫化氢检测仪，应及时安装和测试。

g）所有压力控制设备应符合钻井规程和钻井设计的要求。业主（甲方）代表和承包商代表应检查井场设备，确保安装到位，连接正确。

5.2.5　卫生设施安装

应尽可能在井场野营房内安装废物处理系统或污水处理装置，井场应提供移动式卫生厕所并保持干净。

6　钻井作业

6.1　污染预防

陆上石油钻井污染预防主要是消除和降低有毒有害物品总量，尽可能地使用无毒无害药品的钻井液处理材料和采取相应的预防措施，应根据下列废弃物处理次序，选择相应的处理方法：

a）减少污染源；

b）重复利用；

c）处理；

d）处置。

6.1.1　减少污染源

通过选择使用无毒和低毒的原材料、工艺过程和化学处理剂降低废物的总量和毒性，进而降低对环境的污染。例如，对钻机进行清洗保养时，宜使用蒸汽或高压钻机清洗设备，减少所产生废液的总量。

6.1.2　重复利用

对作业过程中所产生废物再次利用，减少废物的处理总量。例如，清洗用水可使用在钻井液循环系统中；废油可通过分离器回收。

6.1.3　处理

通过处理，可减少废弃物总量或产生适用的回收材料。例如，对井内返出钻井液的处理宜选择絮凝固相，回收液体。

6.1.4 处置

处置是废物管理过程中最终选择采用的方法。应根据相关规定来选择处置方法，尽可能减少对环境、人体的影响。

6.2 钻井计划评审

开钻前应根据钻井计划的具体要求，召开钻前会议，明确不同人员的分工、责任和安排。有关钻井项目计划和执行的所有关键人员都应参加会议。会议应重点讨论保护环境和污染控制的内容，包括：

a）对许可原则和遵循的工作程序的评估。

b）有关废物管理和处理的规定、公司政策和其他相关要求。

c）讨论废物管理和污染预防计划，并以表格形式列出井场危害物品和处置办法。

d）交通车辆的车速限制、停车场管理、行车安全措施、材料装运、恶劣气候条件下的程序以及道路沿途植被的保护措施。

e）泄漏的应急反应计划和处置程序。

在作业过程中，如果需要进行施工程序变更时，应咨询现场员工和设计人员评估变更对环境保护的影响。

6.3 钻井液循环系统

钻井液循环管线应有一定的坡度，以便最大限度地输送钻井液和岩屑。钻井液循环管线的管汇直径应能满足泵送液量的要求。

钻井液固控处理设备应运行良好，尽量减少废液的体积，不允许高固相含量的钻井液通过振动筛等除砂设备进行处理。

未经处理的废油不应流入钻井液循环系统、钻机底座下的排水渠或废钻井液池。

应保存足够的钻井液原材料库存，以便在紧急情况下进行钻井液性能处理。钻井液搅拌混合设备应工作正常，并可及时泵送和搅拌钻井液加重材料。

除特殊的油基钻井液外，所有用过的钻井液，应尽可能回收给供应商或保存再利用。当使用油基或盐水钻井液体系时，应采取钻杆内安装止回阀、钻台下安装真空清洁器和除油器等设备的预防措施防止液体的损失。在使用油基钻井液之前，如有必要，应对钻井液循环系统进行防渗漏检查和设备修理。对油基钻井液卸载时，应确保不发生泄漏。

所有钻井液化学剂，应按照其成分、数量和危害度分类运输到井场，并将其安全数据单交由接货单位保存，某些化学剂还应有特殊的储存保管措施。

6.4　地层压力控制

有关钻井作业人员应按照 SY/T 5964 和 SY/T 6426 的规定培训并明确责任，按规定开展井控演练，对井控设备应定期检查和维护。

6.5　危害物品控制

油漆溶剂、螺纹油、螺纹清洗剂和电池等危害物品应分类收集、标注、处理和废弃，并应保管储存在固定区域或密封容器内，不应与其他物品混合。

6.6　井场和道路维护

应监控雨水对井场和井场道路的冲蚀，并按要求及时维护。平井场作业时，应避免产生沟渠裂缝及台阶，使用的防尘材料不应对人体健康、植物、野生动物、地下水资源或地表水产生危害，施工单位应对道路维护所用防尘材料进行评估。

6.7　钻具

钻具螺纹油的使用应有具体的要求。应选择环保、安全的钻具螺纹油，避免使用含铅螺纹油，应采取合理的螺纹清洗方法减少清洗剂的喷洒，用过的清洗剂应根据国家和当地政府的有关规定进行处理，剩余螺纹油应密封保存并加以标记。盛装螺纹油的容器应按照有关规定进行贮存和处理。

7　完井、测试、注水泥和报废作业

完井、测试、注水泥和报废作业应采用对环境影响最低程度的工艺和作业方式。

7.1　完井作业

7.1.1　完井液和化学处理剂配置

应选择合适的盛装完井液化学处理剂的容器，完井液化学处理剂应保存在适当的区域。在条件许可时，应减少重复使用盛装过的容器。

化学剂废液不应随意泼洒在地面、水中，也不应与钻井液或完井液混合。剩余的化学剂都应盛装在原容器中，并及时退还给化学剂经销商。

7.1.2　测井

测井作业时，应制定和落实预防含放射性材料的仪器和元件落入井下的措施。一旦上述异常发生，业主（甲方）或测井公司应按有关规定处理并及时汇报有关部门。

7.1.3　下套管

应制定合理的套管和油管螺纹清洗程序，避免清洗剂的溅出或滴出，用过的清洗剂应按照国家和当地政府有关规定进行处理。

应考虑选择环保、安全的套管、油管螺纹油，避免使用含铅螺纹油，在钻井设计中应对使用螺纹油进行规定。

应密封保存未用完的螺纹油，并加以标识，以便再次使用。用过的空容器应按照有关规定进行贮存和处理。

7.1.4 注水泥

注水泥作业结束后，应按照国家和当地政府规定对水泥混合罐中多余的水泥浆和清洗液进行处理。

7.1.5 射孔

射孔作业时，应准备贮存溢流的储罐。射孔作业过程中，特别是进行负压射孔，井口压力控制设备应安装就位，并确保工作正常。

7.1.6 酸化

在配制酸液或运输酸液到井场之前，应明确酸化作业所需要酸的类型和数量，对参与酸化作业施工人员、材料安全数据单和应急反应计划进行评估。

如需要，在酸化作业开始前，用于贮存残酸和井内返出液体的储罐应安装到位；同时，应制定残酸、井内返出液体和固相残余物的处理计划，残酸和井内退出液体不能流到地面。如果它们对土壤和地下水影响不大，这些残酸和液体可保存到钻井液池或带衬里储液罐内，但应对存放在井场的残酸数量进行限制，并尽可能及时处理。

7.1.7 压裂

所有参与压裂作业施工人员应了解压裂液成分及配制方法、高压挤注施工工艺过程、井内排出物对环境的影响程度和应急反应计划实施步骤。施工作业结束后，相关单位应清理现场剩余化学剂和液体。

7.1.8 回收完井液

过滤回收完井液时，应有预防完井液渗漏和排放的具体措施。废旧滤筒和滤芯等过滤材料在处理之前，应存放在安全可靠的地方。

7.2 测试作业

按照测试要求使用的某些特殊设备，应确保对环境不造成污染。采出液可在现场用测试分离器分离或用管线输送到分离设施，从而分离到相应采出油、采出水的储罐。液体应尽可能从临时设备中清除干净。

应在钻机和其他设施的下风向安装放喷火炬设备，并保持足够的安全距离，并应考虑保护周围环境、植物、家禽和野生动物。

7.3 注水泥和报废作业

按照规定进行打水泥塞和报废作业，所有作业计划应及时下发到各个相关作业单位。

8 完井搬迁

8.1 化学剂和废弃物处理

8.1.1 业主（甲方）、钻井承包商和服务人员应共同负责对井场用料的清理和废弃，业主（甲方）对清理现场负有最终责任。处理的材料包括化学品、建筑材料、配电盘和其他废弃物等。

8.1.2 盛装化学剂的桶或袋上应标记化学剂的成分、安全使用及运输注意事项。未用化学剂应返回到供应商或交回保存。

8.1.3 未用完的化学剂应保存到原容器，包装密封完好以防止泄漏，以便下次继续使用。

8.1.4 盛装原材料的空桶或容器应按规定进行处理和废弃，也可返回给供应商或送到有关专业公司进行清洗处理。

8.1.5 废钻井液、钻井岩屑应按照当地政府的规定进行处理和废弃，某些特殊类型的钻井液也可运输到其他井场再次使用。危险化学品运输与控制应按照中华人民共和国《危险化学品安全管理条例》执行。

8.1.6 钻井液池液体和固体应处理回收；同时，应在规定的时间内封闭钻井液池，并且所有处理应符合当地政府规定。土地使用者宜参与现场处理，根据需要可对钻井液池液体和固相淤泥取样，制作备忘录。

8.1.7 可采取多种方法对钻井液池的液体进行处理，包括环空注入法、自然蒸发或设施蒸发、掩埋、地面撒播或许可性排放。钻井液池的固相，常规的处理方法是掩埋或填沟、地面撒播、生物法补救、固化、水浆注入及在指定工厂进行处理。

8.1.8 完井作业结束后，放喷池及燃烧池应采用土壤回填。回填前，宜对放喷池和燃烧池进行排水处理。

8.1.9 井场垃圾和钻井岩屑应进行适当处理，直至清除干净。

8.1.10 井场钻井液池和放喷池的位置、大小、用途和内容都应在业主（甲方）的钻井井史上予以记录。

8.2 污染土地恢复

宜检查井场情况以确定污染状况。在不同地区的钻井作业，井场恢复措施和执行标准可能有所不同，但任何由作业引起的土地污染都应进行必要恢复，并应记录污染类型、位置和恢复程度及保存记录。

8.3 井场恢复

8.3.1 井场恢复应按有关规定进行，尽可能满足土地使用者的要求。沟、渠、受污染的墙壁应复原。土地应恢复外形，并减少雨水对地表的侵蚀。无论是堆积在井场还是堆放到其他位置的表层土，都应想办法复原到原来的外貌，形成适合重新耕种的土壤。

8.3.2 井场种草种树应选用适合当地易生存的植物和草。

8.3.3 井场恢复完成后，应建立土壤样品、外观检查和记录跟踪的相应程序。程序中应包括维护、恢复和种植的具体要求。

8.3.4 如要废弃水源井，应按照有关规定封井。

中华人民共和国石油天然气行业标准

天然气处理厂保护环境的推荐作法（节选）

SY/T 6672—2006

前　言

本标准修改采用美国石油学会 API RP 50：1995《天然气处理厂保护环境的推荐作法》（第二版，英文版）。

本标准根据 API RP 50：1995（第二版）重新起草。

本标准删除了与标准主题内容无关的内容，包括标准的缩略语、特别声明和作为信息参考的“引用”文件等内容，删除后不影响对本标准的理解。为方便于比较，在附录 B 中给出了技术性差异及其原因的一览表。

本标准由石油工业安全专业标准化技术委员会提出并归口。

本标准起草单位：辽河石油勘探局质量安全环保部。

本标准主要起草人：张瑞成、张跃林、于启仁、栾玉湖、刘丹。

引　言

在天然气处理厂的最初规划或者改造过程中，高度重视同工艺及设备相关的环保问题非常重要。选择这些工艺或设备可能对排放物及废物的产生造成重大影响，从而影响许可证申请、管理要求、监测和处置。

本标准的目的是帮助天然气处理厂的作业者们理解其环保责任，主要使用者是同天然气处理厂的建设、维护、改扩建及操作有关的环保、工程、操作人员以及管理人员。

国家和地方许多环保法规、规定直接或间接涉及环保问题，并会影响到天然气处理厂的操作。

1 范围

本标准适用于天然气和伴生气处理及其压缩装置，从处理厂的最初规划、建造开始，直到处理厂的竣工、关闭及站址恢复。

对于不涉及环保问题的安全及操作事项，本标准不做探讨；也未详细探讨工艺设计及设备选型。

2 规范性引用文件

下列文件中的条款通过本标准的引用而成为本标准的条款。凡是注日期的引用文件，其随后所有的修改单（不包括勘误的内容）或修订版均不适用于本标准，然而，鼓励根据本标准达成协议的各方研究是否可使用这些文件的最新版本。凡是不注日期的引用文件，其最新版本适用于本标准。

中华人民共和国放射性污染防治法 中华人民共和国主席令第 6 号 2003 年 6 月 28 日

中华人民共和国环境保护法 中华人民共和国主席令第 22 号 1989 年 12 月 26 日

中华人民共和国海洋环境保护法 中华人民共和国主席令第 26 号 1999 年 12 月 25 日

中华人民共和国固体废物污染环境防治法（2004 修订） 中华人民共和国主席令第 31 号 2004 年 12 月 29 日

中华人民共和国大气污染防治法 中华人民共和国主席令第 32 号 2000 年 4 月 29 日

中华人民共和国水法 中华人民共和国主席令第 47 号 2002 年 8 月 29 日

中华人民共和国清洁生产促进法 中华人民共和国主席令第 72 号 2002 年 6 月 29 日

中华人民共和国环境噪声污染防治法 中华人民共和国主席令第 77 号 1996 年 10 月 29 日

中华人民共和国环境影响评价法　中华人民共和国主席令第 77 号　2002 年 10 月 28 日

中华人民共和国水污染防治法　1984 年 5 月 11 日第六届全国人民代表大会常务委员会第五次会议通过，根据 1996 年 5 月 15 日第八届全国人民代表大会常务委员会第十九次会议《关于修改〈中华人民共和国水污染防治法〉的决定》修正

3　术语和定义

下列术语和定义适用于本标准。

3.1　主要有害物质的大气污染源 air toxics major source

一种有害大气污染物年排放量超过 10 t 的污染源，或多种有害大气污染物年排放量超过 25 t 的污染源。

3.2　改扩建 reconstruction

更换原有设施组成部分所需费用超过建设一座同等规模设施费用 50%的改造定义为改扩建。

3.3　排放 discharge/emission

在环境中发生的外溢、排放、放空、注入、泄漏、浸出、倾倒或者处置。

3.4　降水 stormwater

为雨水和融雪的径流、地表径流及路面排水的统称。

3.5　地下饮用水源 underground source of drinking water

为公用供水系统供水或者含有充足水量可以为公用供水系统供水，或当前正在为人类消费提供饮用水的地下水，且每升水的总溶解固体含量（TDS）小于 10 000 mg 的含水层或其部分。

3.6　挥发性有机物 voltaic organic compounds（VOC）

主要是从 C_3 到 C_7 的烃类。碳化合物或碳化合物的混合物，不包括甲烷、乙烷及其他没有规定的化合物。天然气处理厂中可能出现的 VOC 主要有丙烷、丁烷、苯、二甲苯、乙苯、甲苯等。

4　遵守法规

4.1　概述

遵守环保法律、法规是天然气处理厂操作的一个完整部分。然而，解释环保要

求通常都很复杂。在许多情况下，都援引国家、地方的法规。当原有法规修改或者有新法规施行时，情况会更为复杂。为了编制必要的程序，天然气处理厂的作业者们必须了解有关法规对环保的要求。此外，作业者们还宜意识到有必要同环保组织、施工、设计单位或其他团体协商，讨论同处理厂的设计、操作或改造（设备设计、工艺变更等）有关的环保问题。

4.2　环保机构

许多环保要求都会对天然气处理厂的操作产生影响，主要由国家和地方的环保行政主管部门行使执法权。作业者必须同时遵守国家和地方的法规；需要注意的是，有些地方法规会比国家法规更为严格。

其他政府部门也可对天然气处理厂操作中的某些环保事项进行管理，包括交通、林业、渔业、海洋、农业、土地、卫生、水力、规划等国家和地方行政主管部门。处理厂的作业者在确定所有适用要求时，应分别向有关部门咨询。

4.3　环保法律及法规

本标准只列出与天然气处理厂环保有关的全国性法律的主要内容，是天然气处理厂必须满足的最低限度要求。

《中华人民共和国环境保护法》规定了排放污染企业的申报登记、缴纳排污费、治理和限期治理的普遍的法定环境义务。

《中华人民共和国清洁生产促进法》：对于污染物排放超过国家和地方规定的排放标准或者政府核定的污染物排放总量控制指标的企业，以及使用有毒、有害原料进行生产或者在生产中排放有毒、有害物质的企业，应定期实施清洁生产审核。

《中华人民共和国环境影响评价法》：建设单位应按照规定组织编制环境影响报告书、环境影响报告表或者填报环境影响登记表。

《中华人民共和国放射性污染防治法》：对于放射源的采购、运输、储存、使用和退役提出了严格的要求。

《中华人民共和国水污染防治法》《中华人民共和国大气污染防治法》《中华人民共和国固体废物污染环境防治法》《中华人民共和国环境噪声污染防治法》《中华人民共和国海洋环境保护法》均规定，向环境排放污染的，应向所在地的环境保护部门申报登记拥有的污染物排放设施、处理设施和在正常作业条件下排放污染物的种类、数量和浓度，并提供防治污染的有关技术资料；必须保持防治污染的设施的正常使用，排放浓度（强度）不得超过国家和地方规定的排放标准；并按照国家规定缴纳排污费。

《中华人民共和国大气污染防治法》：要求企业对燃料燃烧过程中产生的氮氧化物采取控制措施。

《中华人民共和国固体废物污染环境防治法》：国家实行工业固体废物申报登记制度。产生工业固体废物的单位必须向政府环境保护行政主管部门提供工业固体废物的种类、产生量、流向、贮存、处置等有关资料，对其产生的工业固体废物加以利用；对暂时不利用或者不能利用的，必须按照国务院环境保护行政主管部门的规定建设贮存设施、场所，安全分类存放，或者采取无害化处置措施。

《中华人民共和国海洋环境保护法》：沿海可能发生重大海洋环境污染事故的单位，应依照国家的规定，制定污染事故应急计划，并向当地环境保护行政主管部门、海洋行政主管部门备案。

《中华人民共和国水法》：禁止在饮用水水源保护区内设置排污口。

5 地表及地下水

5.1 概述

本章是处理影响天然气处理厂地表及地下水问题的指南，包括污染物减排、许可、取样、地下处置、外溢预防、厂区排污、地上及地下储罐、地面排污坑、工艺设计及清洁用水系统等问题。

5.2 污水排放

生产过程中使用过的水或者因其他原因而受到污染的污水排放。即使是从设施流过的降水也可能被工艺材料所污染，因而也适用于这一定义。

5.3 排放许可

污水排放应向政府主管部门申报，并获得各种污染物排放总量和浓度的许可。

5.4 降水时施工

如果受影响面积超过 2 hm^2 或雨水径流受到污染，施工需要或可能需要得到许可。如果把雨水储存起来而没有排放，则不需许可。

5.5 取样

对天然气处理厂排放所要求的参数可包括但不限于温度、流量、pH 值、油和脂、化学需氧量（COD_{Cr}）、生化需氧量（BOD）以及总溶解固体（TDS）。

5.6 报告

为了满足环保要求，应提交排放监测报告。大多数许可证都要求一个最低取样频率。获得许可的单位还有责任在超出许可限值时报告，并且在许可证规定的期限内做出该报告。

5.7 地下处置

所有的新天然气井在建设或者注入之前经过论证，并采取措施，防止对地下饮用水水源的污染。

5.8 外溢预防规定——溢油

应对所有天然气处理及相关设施的位置及存储能力进行评价。如果每天有人值守时间不少于 8 h，应把一份外溢预防计划保存在装置处；如果无人值守，应把一份该计划保存在离现场最近的办公室。该计划应在正常工作时间内的任何时间都能提供给政府环保部门人员进行现场检查。

5.9 厂区排放

宜通过适当的工程设计及技术（如二次围拦）来保护环境水域不发生外溢及排放事件。围拦的大小以最大储罐或容器内盛装液体量再加上降雨量为宜。

如果规定允许，有防火堤的储存区宜设手动阀、手动泵或喷射泵，或者其他可接受的方案来排出或排空堤内的雨水。为了保证没有油的排放，在排放前宜进行检查。无防火堤区域的装置排水系统宜流入池塘、污水池或者设计用来截油或者使油返回设施的集水池，或者在全厂排水沟的末端设导流系统，能够接纳失控的溢油并使其返回处理厂。

如果出水经过检验（可能要求分析）确认符合适用的水质标准，而且不会发生有害地排放，从防火堤排出进入雨水沟或者排放口的降水可不经过厂区内处理系统而排入地表水流、湖泊或者池塘。

5.10 地上储罐

地上储罐应根据普遍接受的工业标准来建造，如那些已经制定的包含适当安全系数用来保证储罐在正常操作条件下能安全盛装的标准。宜设置二次围堰，以防止厂区以外的污染。

可以利用截污沟来截断和容纳溢油。防火堤、路缘石及排污坑也是常用于拦截的设施。为了拦截油，防火堤应有充分的不渗透性。由于防火堤能使泄漏的储罐或者相邻的储罐暴露于地面溢油火灾的危险中，因此对于可燃液体宜采用远距离拦截而不是筑堤。

地上储罐宜接受相应的完整性试验，包括水压试验、外观检验，或者内部及外部无损检验。

5.11　地下储罐

除了收集雨水、污水和工艺低位罐外，推荐使用地上储罐，因为后者检验及安装更容易些。

5.12　地上排污坑

发展趋势是不设地面排污坑。设计良好的排污坑由不渗透性材料建造，或者利用衬里来防止渗漏。此外，还需要通过拉网、栅栏或者其他适当的保护措施来保证鸟类、家养动物或者野生动物不会受到排污坑容纳物的伤害。

5.13　工艺配管、容器及设备

环保法规可能要求改变处理厂的原始设计、设备安装、操作及维护程序。一些法规主要会影响新设施施工设计及现有天然气处理厂的改造设计。

为了减少可能的泄漏点，应尽量减少法兰和阀的安装数量，而且安装位置也应便于监测。

为了避免对雨水池的污染，应把工艺排污、视镜排污以及取样点排液导入工艺排污管道。为减少外溢的可能，应尽量减少开式排污。在使用频率不很高时，应使用临时管线或者软管来接入排污系统，而非开式排污。工艺排污应接入回收装置。除了泄漏检测系统，应安装双管或者充砂的塑料套管，以提供二次拦截。为增强拦截的效果，池子和基础应为不透水的。

了解工艺及相关设备的人员应从对开车、停车及安全应急程序进行环境影响的评估。在设备维修期间，应尽可能收集并回收残油。含有大量产品或者处理介质的大型设备的维护可能需要适当地进行蒸汽或者水冲洗，并设适当的收集设施，如工艺排污管道。

5.14　汽车罐车及火车罐车装车

在装车前后应对汽车罐车及火车罐车进行检查，并应立即对泄漏进行维修。设施的装车鹤管应配有紧急释放装置。在不使用时，接头处应加上盲板或管帽；在拆卸盲板时，应防止外溢。

如果要运输的物质是危险物质，那么在装车操作过程中及准备运输时应遵循所有适用的禁止性规定。

5.15　水上装卸

码头负责提供处于良好状态的软管。宜经常检查软管束的内壁及外表覆盖物上是否存在任何可能的可见缺陷，如软管的起泡、磨损、压扁或者泄漏迹象。宜按照推荐的频率及制造商的技术规格书对要使用的软管进行压力试验，软管的压力试验每年至少要进行一次。

应有书面的紧急停车程序，并在油轮和终端作业者之间达成协议，而且以适当的形式记录。协议宜说明应立即停止操作的条件。为了在紧急情况下迅速而安全地进行油轮排放，应提供紧急排放装置。

5.16 卫生用水系统

只有地下水位不接近地表面的地区才宜使用化粪池。如果获得了相应的排放许可，就可以在地下水位浅的地区安装小规模的橇装污水处理装置并排放污水。向当地的健康部门核实安装要求。

6 大气排放

6.1 概述

本章提供了按照国家及地方法律、法规如何对待影响天然气处理厂操作的指南，包括主要污染源的控制、特定污染物、许可及空气毒物等问题。

6.2 建设前监测

如果数据不充分，为了收集现场的气象数据及环境污染物浓度数据，可能要求建设前测试和监测。

6.3 大气质量模拟

为了说明新污染源排放物或者改扩建对大气环境质量的影响，应进行空气质量模拟预测。

6.4 最适用控制技术分析

需要对为了减少新污染源排放或者改造而可能安装的排放控制装置进行最适用控制技术分析，包括对原有控制技术的评审。

6.5 挥发性有机物（VOC）及氮氧化合物（NO_x）控制

对原有主要 VOC 及 NO_x 污染源，应采用合理可用的控制技术。对新的主要 VOC 污染源及对原有主要 VOC 污染源的改造，应采用更为严格的标准。

6.6 排放许可

新污染源或现有污染源应得到排放许可。

6.7 空气毒物

部分有害空气污染物见表 1。

表 1 天然气处理厂的常见有害污染物

序号	化学名称	序号	化学名称
1	丙烯醛	17	氟化氢
2	丙烯腈	18	甲醇
3	石棉	19	萘
4	苯	20	苯酚
5	1,3-丁二烯	21	苯乙烯
6	克菌丹	22	甲苯
7	二硫化碳	23	三乙胺
8	四氯化碳	24	二甲苯
9	氯丹	25	铍
10	氯	26	水银
11	氯丁二烯	27	苯
12	乙苯	28	氯乙烯
13	乙二醇	29	放射性元素
14	甲醛	30	无机砷
15	己烷	31	炼焦炉排放物
16	盐酸	—	—

6.8 排放装置

向环境空气排放或泄漏污染物的设备被认为是排放装置。

6.8.1 内燃机或涡轮发动机

排放物包括但不局限于氮氧化合物（NO_x）、一氧化碳（CO）以及挥发性有机物（VOC）。排放率可根据烟囱测试、制造商数据或环境手册估算。

6.8.2 锅炉或加热炉

排放物的类型类似于发动机的排放物，只是排放率通常更低些，可以从环保手册上查阅。

6.8.3 硫回收装置（SRUS）

硫回收装置及其配套设备的排放物包括但不局限于硫化氢（H_2S）、二氧化硫（SO_2）、还原性硫化物（如 CS_2，CO，NO_x，VOC 等）及颗粒物（PM_{10}）。排放速率通常由物料平衡、烟囱测试或连续的排放监测来确定。

6.8.4 排气口及火炬

排气口及火炬的排放物可包括但不局限于 H_2S，SO_2，CO，NO_x，VOC 及 PM_{10}。排放率通常由一种物料平衡或排放系数来确定。

6.8.5　无组织排放

无组织排放就是有少量泄漏的阀、法兰、管件的排放，但是由于数量较大，可能形成大量的排放。它们包括但不局限于VOC。排放率通常由物料平衡、排放系数或环境泄漏检测程序来确定。

6.8.6　二醇再沸器排气口

该污染源能排放出包括苯、甲苯、乙苯及二甲苯（BTEX）在内的主要VOC。乙二醇的循环率是排放的一个重要系数。排放率通常由物料平衡或烟囱测试来确定。

6.8.7　储罐

储罐能排放出大量的VOC，可根据储罐的尺寸、运行损失、呼吸损失以及吹扫损失确定。

7　固体废物控制

涵盖从废物的产生、处理、运输，一直到最终处置的天然气处理厂固体废物控制。

7.1　概述

所有天然气处理设施都产生一定量的固体废物。概括而言，固体废物就是工业操作所废弃的任何固体、半固体、液体或者含有气体的材料。

7.2　天然气处理厂废物列表

——采出水。

——底部沉淀物和水，以及盛装产品和废物的储存设施的其他罐底物。

——生产分离器、液体处理容器以及生产围堰的烃、固体、砂及乳化液等积累的物质。

——坑内污泥以及废物储存或处置所产生的受污染的罐底物质。

——天然气处理厂的脱水废物，包括乙二醇基化合物、乙二醇过滤器、过滤介质、反洗物及分子筛。

——天然气处理厂的脱硫醇废物，包括胺、胺过滤器、胺过滤器介质、反洗物、沉淀的胺污泥、海绵铁以及硫化氢涤气器的液体和污泥。

——冷却塔的排污。

——废旧过滤器、过滤器介质以及反洗物（假设过滤器本身不是有害的，且里面的残余物来自废物流）。

——密封液体。

——采出砂。
——管垢、烃固体、水化物以及输送前从配管及设备中除掉的其他沉积物。
——含烃土壤。
——集输管线的清管废物。
——天然气地下储存及出库的废物。
——采出水回注或做其他处置前去除的成分。
——非炼油生产排出的液态烃。
——硫化氢、二氧化碳以及挥发烃等从生产流中脱出的气体。
——生产井泄放过程中排放出的物质。
——现场开工操作及生产所产生的废油。
——储存坑、围堰或生产设备内废物挥发出的轻烃有机物。
——天然气处理厂冷却塔的清理废物。
——涂料废物。
——油气服务公司的废物，如空桶、桶的冲洗物、真空罐车的冲洗物、喷砂器介质、涂料废物、废溶剂、溢出的化学制品以及废酸。
——运输或盛装非特许废物的真空罐车或桶的冲洗物。
——炼厂废物。
——原油及罐底物回收产生的液体及固体废物。
——用过的设备润滑油。
——废压缩机油、过滤器及排污。
——用过的试压液体。
——废溶剂。
——同管输相关的排污坑内的废物。
——碱性或酸性清洗剂。
——锅炉清理废物。
——锅炉耐火砖。
——焚化炉灰。
——实验室废物。
——生活废物。
——杀虫剂废物。
——桶、保温材料和其他固体。

7.3 废物特性

除了列入“国家危险废物目录”的废物外，要根据易燃性、腐蚀性、反应性和毒性判定废物是否为危险废物。

7.4 通用废物控制指南

有一些通用的废物管理做法能减少废物管理的问题。应努力在废物产生之前减少或消除废物。如果废物产生了，在可行的情况下，宜努力重新利用它或减少它的量或毒性。最终，宜以符合环保的方式对不可避免而产生的废物进行管理。

如果可能且适用的法规允许，宜努力在现场管理固体废物。下面按优先顺序概括出了宜遵循的废物管理步骤：

减少或消除污染源：首先要防止废物的产生，然后是减少产生的废物量。

再循环：尽可能多地重新使用或者回收产生的废物。

处理：应用技术来减少不可避免而产生的废物量或相对毒性。

适当处置：采用保护人类健康及环境的环保处置方法。

7.5 处置

该部分涵盖天然气处理废物的载货单填写、运输、处理以及处置。

7.5.1 载货单

载货单的作用是记录废物从离开设施一直到达计划场所的全过程。该载货单包含有关废物类型、废物量、装运日期、运送人以及处置现场等信息。

7.5.2 运输

在使用运输公司前，天然气处理设施的所有者应进行审核。审核应保证运输公司具有所有必要的许可证、财务状况良好、投保充分、有必要的培训和良好的管理历史，而且理解天然气处理公司的方针（如载货单及装车程序）。承运人是处置过程中非常重要的一个部分，应仔细检查承运人，就像对待处置公司一样。

7.5.3 处理及处置

处理和处置方法的选择取决于许多因素，包括要管理的材料。一些处理和处置方案是：

——现场内或非现场危险或非危险的废物注入井。

——危险或非危险废物填埋场。

——焚化炉。

——现场掩埋。

——现场内或非现场回收。

——现场内或非现场生物修复或者土地抛撒。

——有许可的现场内或非现场地表水域内的排放。

8 排放报告

8.1 溢油及报告

在水域及其相邻海岸线内或上发生溢油时，要立即向国家主管部门报告。在报告溢油或油泄放时一般需要如下信息：

——外溢或排放的位置、时间、日期和数量。

——外溢的材料或物质的类型，包括技术及普通名称。

——外溢的原因、污染源、复杂情况。

——同外溢或排放相关的伤亡。

——发现外溢、报告外溢以及负责清理的人员的名字及电话号码。

——在适用的情况下还要给出许可证编号以及允许的排放量。

——设施的名称。

——设施所有人或作业者的名字。

——设施首次操作的日期和年份。

——设施的最大存储或处理量以及标准日吞吐量。

——设施描述，包括地图、流程图以及地形图。

——完整的“外溢预防控制及对策”计划。

——溢油的原因，包括发生故障的系统或子系统的故障分析。

——采取的纠正措施、对策，包括对设备维修和更换的充分描述。

——采取的或计划采取用于减少再次发生可能性的额外预防措施。

——行政主管部门可能要求的同“外溢预防控制及对策”计划或溢油事件相关的其他信息。

8.2 有害物质排放

在 24 h 内排放的有害物质、混合物或溶液中的一种有害物质的排放量等于或大于其应报告数量时，就要立即向政府主管部门报告。

8.3 污水及降水排放

需要把导致污染物排放超过国家污水或降水排放许可条件的情形（故障及分流）立即报告给当地环保主管部门。

8.4 工艺故障

因为故障而使工艺受到影响或者工艺性能异常都可能导致超过应报告数量的有害物质或者废物向周围环境排放。根据设施的空气或水方面的许可证管理要求，工艺故障可能应报告。超过允许量或允许条件的排放要向发放许可证的机构及许可证中描述的其他机构报告。

8.5 材料安全数据单

使用或储存量达到规定值时，应将化学品清单提交给政府应急主管部门及当地的消防部门。

9 现场关闭及恢复

9.1 概述

本章提供了以符合环保的方式临时或者永久关闭处理厂的指南。在天然气处理工业中，有时由于经济、天然气供给量下降，或者过时的技术等原因关闭处理厂。下面的指南中有些主要适用于永久性关闭，应用于临时性关闭时宜做必要变更。

9.2 预先计划

从第一步的施工计划编制到例行处理厂操作做出预先计划，会使处理厂最终的关闭更容易、更经济、更有效。

9.2.1 设计标准

处理厂选址时要考虑的重要因素之一就是环境风险的潜在可能。考虑中的重要因素包括空气、地面及地下因素。应根据相应的规范和标准进行设计，包括那些规定工艺设备的完整性并防止泄漏、外溢及其他故障的规范和标准。设计应包括工艺区及罐区的非渗透性的、足够的二次拦截。设计也应包括收集液体的适当输送及储存。

9.2.2 施工标准

在施工过程中应减少对地面及地下土壤的扰动。在可行的情况下，应控制地表水流及径流。应提供指南来防止燃料、润滑剂或其他化学制品的外溢或泄漏，并保证任何事故性外溢或排放都得到了完全及有效的清理。在可行的情况下，应使用包括配管在内的地上设施。在现场施工或改造过程中应保存所有设施的全套“竣工”图纸。

9.2.3 操作标准

制定并执行良好的清洁指南，将有效地限制处理厂最终关闭所需的补救措施。

把该努力同正在实施的环境意识计划结合起来后会更有效。发生外溢后应迅速补救，根据规章及良好的管理作法对受污染土壤进行控制，并立即修补泄漏来减少泄漏材料的扩散。为防止废物的扩散，应对废物进行隔离，保持非稀释状态，必要时储存。应尽可能快地把废物及不必要的设备撤出现场。

9.3　现场恢复

应符合相关法律的规定。

9.3.1　行政许可

如果在计划中没有进一步的用途，现场的水井及处置井应封堵并报废。处置井的封堵需要有许可证。

9.3.2　清除化学制品

应把处理过程中使用的所有化学制品、原材料以及产品从现场完全清除，并进行回收或适当处置。时间的安排应适合于安全地拆除剩余设备及构造物，并避免拆除所产生的外溢或泄漏。作为关闭过程的一部分，应把所有桶及容器撤出现场。

9.3.3　设备撤出现场或编目

理想上应把所有设备从现场撤出。如果没有这样做，应把所有剩余设备编目。在撤出或储存现场设备之前应进行相应的天然放射性材料（NORM）调查。编目应包括设备状态文件，用来保护设备供未来使用的保存措施，以及反应当前现场状态的最新图纸及工艺图纸。在设备撤出、出售或者通过其他方式已经不在作业者或所有人的控制下之前，应定期检查、更新并保存编目。

9.3.4　排污坑关闭

任何排污坑都应清空，并根据租约及要求，拆除或修复内衬材料（包括被污染的土壤），并且把挖掘的坑恢复到原始地坪。

9.3.5　地下储罐及相关设备的拆除

应把地下储罐或储槽挖出并拆除，或者在原地废弃。应清除或改造任何相关的受污染土壤，应把任何挖掘的坑恢复到原始地坪。为了减少未来的责任，最好把地下储罐及相关设备排空并拆除，而不是原地废弃。

为保证该地产在未来不受限制地使用，并减小意外地下环境问题的风险，应在关闭时拆除地下配管及设备。租赁协议或当地法规可能要求拆除规定深度内的配管及设备。应吹扫在原地废弃的配管，并将其位置记录存档。

9.3.6　设备封存

对供未来使用（现场或其他地方）的所有设备都要作好存放的准备。在存放过程中应采取措施防止设备发生腐蚀、机械损坏及未授权的机械处理。在封存及存放前，应对设备进行彻底清理。存放设备再次使用前应接受全面检查。

9.3.7 土壤

关闭前应检查现场土壤，而且在认为必要的情况下对土壤进行取样和分析，以确定需要清除或现场处理的土壤区域。应对现场评估使用的方法（包括取样位置及分析数据）认真记录并存放在现场关闭档案中。应防止现场的地面水流及径流，同样也应防止现场地面积水。现场不应遗留任何通向地下的导管（井、洞、槽、排水管、废弃的管线等）。

9.3.8 给储存设备加标签

应完全按照现场情况及工艺图纸给留在现场的设备或者移离现场存放在别处的设备加标签，并应以试图识别设备的人在现场关闭之前可能不熟悉现场的使用情况为前提。任何剩余的含石棉及天然放射性材料的设备都应加标签。

9.3.9 关闭后检验

应按照适当的时间间隔对关闭的现场进行有计划的检验，以评价现场的安全及环境状况。应立即实施必要的补救。

如果设备或其他材料在关闭后要保留在现场，应对现场设立围墙或者提供其他保安措施，使进入现场仅限于有此需要的人。为保证现场安全，应实施监督计划并做记录。应把现场的最终处置记录下来。

9.4 资产转移

财产的交换、转让或出售应包括对现场的清晰、完整的记录，以便于对相关的所有资产及责任的理解。应在放弃财产前进行现场评估，该评估可包括详细的外观检查（照片）、地面取样和分析，以及地下取样和分析。现场评估及分析工作应由知识丰富的、有经验的、可靠的专业人士进行，并且要有良好的质量保证及质量控制。评估信息应清晰、完整地记录下来，供未来参考。

附录 A
（资料性附录）
API RP 50：1995 中的法律法规、标准清单

以下列出未列入本标准正文的 API RP 50：1995 中的有关法律法规、标准，供使用本标准人员查找。

CAA（Clear Air Act）

Emergency planning and community right-to-know act（CEPCRA，Also Known As Sara Title Ⅲ）

Oil pollution control act of 1990（OPA’90）

Endangered species act（ESA）

Resource conservation and recovery act（RCCA）

Comprehensive environmental，compensation，and liability act（CERCLA）

API（America Petroleum Institute）

Environmental guidance document：onshore solid waste management in exploration and production operation

Bull D16 *Suggested procedure for development of spill prevention，control，and countermeasure plans*

Bull E1 *Generic hazardous chemical category list and inventory for oil and gas exploration and production industry*

Bull E2 *Bulletin and management of naturally occurring radioactive material（norm）in oil and gas production*

Bull E4 *Environmental guidance document：release reporting for oil and gas exploration and production In CWA*，CERCLA，And SARA Title Ⅲ

GPA（Gas Processors Association）

8612-70 *LP-gas loading practices manual*

8166-70 *manual for driver-attended loading of lp-gas*

EPA（Environmental Protection Agency）regulations

40 *Code of federal regulations part* 51

40 *Code of federal regulations part* 52

40 *Code of federal regulations part* 60

40 *Code of federal regulations subchapter c*，*part* 61

40 *Code of federal regulations part* 110

40 *Code of federal regulations part* 112

40 *Code of federal regulations part* 116.4

40 *Code of federal regulations part* 122

40 *Code of federal regulations part* 144

40 *Code of federal regulations part* 146.5

40 *Code of federal regulations part* 147

中华人民共和国石油天然气行业标准

陆上石油天然气集输环境保护推荐作法

SY/T 7294—2016

前 言

本标准按照 GB/T 1.1—2009《标准化工作导则　第 1 部分：标准的结构和编写》给出的规则起草。

本标准由石油工业环境保护专业标准化技术委员会提出并归口。

本标准起草单位：中国石油集团安全环保技术研究院、石油工业标准化研究所。

本标准主要起草人：江敏、梁林佐、袁波、万晓苑、刘瑾、丁毅、范巍、徐双庆、刘安琪、张旭、喻干、宋文娟。

1　范围

本标准给出了陆上石油天然气集输环境保护的总体要求与建设项目可行性研究、设计、工程建设、运行与维护、退役与恢复等阶段的环境保护推荐作法。

本标准适用于陆上油气田常规石油天然气集输，不适用于石油天然气长输。

2　规范性引用文件

下列文件对于本文件的应用是必不可少的。凡是注日期的引用文件，仅注日期的版本适用于本文件。凡是不注日期的引用文件，其最新版本（包括所有的修改单）

适用于本文件。

GB 50350 油田油气集输设计规范

HJ 607 废矿物油回收利用污染控制技术规范

国家危险废物名录

3 总体要求

石油天然气集输应注重从项目可行性研究、设计、工程建设、运行与维护，直至集输设施的退役与场地恢复的全过程环境保护，严格执行环境影响评价制度和污染防治设施的“三同时”制度，制定并实施完善的环境保护方案，重点内容包括：

——生态保护。针对石油天然气集输可能造成的生态影响，按照避免、减少、恢复、补偿，以至于改善的优先顺序进行生态保护。

——废物管理。全面分析石油天然气集输工程建设、运行与维护等各阶段废水、废气、固体废物的产生环节，基于减量化、循环与回用、处理、处置的优先顺序进行废物管理。

——环境风险管理。针对石油天然气集输全过程，制订事前预防、事中响应和事后恢复的环境风险管理计划，重点对集输管道油气泄漏、储油罐火灾及爆炸等事故进行环境风险评估，提出并落实具体的环境风险防范措施，制定突发环境事件应急预案及次生环境污染控制方案。

4 可行性研究

石油天然气集输项目可行性研究阶段应明确识别、分析、预测和评估项目潜在环境影响。结合区域环境特点，全面论证项目环境可行性。针对环境保护目标，制订防治污染、防止生态劣化的措施。重点内容包括：

——识别环境敏感区。调查项目建设区域内的环境敏感区，识别项目与环境敏感区之间的位置关系。重点关注：集输场站及管道途经区域是否涉及基本农田保护区、居住区、饮用水水源保护区、自然保护区等环境敏感区；项目建设区域内是否存在珍稀濒危野生动植物；管道是否经过重要湖泊、河流（包括干涸河道和季节性河流）等。

——针对环境敏感区及其他环境保护目标，分析施工作业、运行与维护活动对当地环境的影响。重点包括：场站建设过程中清除场地、平整土地所造成的地表扰动；管道敷设对地表层和地下浅表层的影响；工程建设与运行期对社区、动物、植物的影响；管道埋深对地下水质量可能产生的影响，尤其是来自于埋设管道泄漏所造成的影响，以及其他潜在环境事件的影响。

——制定环境影响减缓方案。重点包括：生态敏感区、生态脆弱区等生态影响减缓方案；烃类废气、含油污水、含油泥砂、噪声等污染防治方案；管道路由避绕环境敏感区方案，以及无法避绕环境敏感区的管段保护性施工方案及其他环境保护措施。

5 设计

5.1 集输工程应依据 GB 50350 的规定进行合理设计，场站布局应尽量减少占地，设计文件应落实环境影响评价文件及其批复中的各项污染防治、生态保护、环境风险防控等措施。

5.2 场站及集输管道应尽量避让环境敏感区。位于或接近环境敏感区的场站设施及集输管道应提高设计等级，采取必要的特殊设计加强管道保护与设备泄漏防控，包括加大管道埋深、增加管道壁厚、提高管道及其他设施的防腐等级等。

5.3 管道伴行道路设计宜与管道施工作业带相结合，并综合考虑当地自然环境。

5.4 集输场站内宜设计完备的雨污分流系统。原（污）油罐、污水罐、污泥罐、泵房等应设计地面防渗和原（污）油、污水等泄漏收集设施。

6 工程建设

场站建设与集输管道敷设应尽量减少施工作业带面积与工程永久占地，施工活动应尽量避免或减轻土壤扰动、植被破坏，以及对动物栖息地和迁徙通道等的影响。具体作法包括：

——地面清理应控制在最小范围，尽量避免破坏树木和其他植被，减少使用重型设备。

——施工建设尽量不破坏原有地貌并尽力改善。宜利用自然地形、植被及其他措施遮避和隐藏道路、设施及电力线；采用外形较低的设施和储罐；对于大型构筑物宜考虑适当地涂漆颜色且与背景相容。

——施工作业应根据野生动物栖息的敏感区域及时间段（即取食、繁殖地及季节）进行合理安排，避免阻隔野生动物的迁徙路线。在野生动物活动频繁区域，宜采用低位、向上的散射照明。

——在声环境敏感区宜避免夜间机械施工。对噪声源强高的设备应进行减震、降噪处理。

——管道走向尽量与道路一致，管道及其他集输设施的建造宜避免阻隔、改变自然排水或泄洪沟渠的原有路径。

——施工时对管沟开挖的土壤应分层堆放，分层回填压实。管沟开挖时宜将弃土堆放在没有布管的一侧，表层耕植土与下层土壤分类、分层堆放；集输管下沟与管沟回填前应进行泄漏检测；管沟回填时应用填土压实，农田地带表层宜用耕植土回填；施工结束后对地表进行平整，使其与相邻地形相符。

——场站施工与管道敷设产生的弃渣与其他固体废物应及时回收、处理与处置。

——施工结束后应详细记录管道线路和埋深，避免可能的动土作业造成管道破裂及泄漏，交叉点予以标识。

——施工期结束后应根据当地生态环境和土地利用状况及时覆土绿化和复耕，根据工程特点和周围自然景观进行景观恢复和保护，植被恢复宜采用当地物种。

7 运行与维护

7.1 对集输管道及场站设施定期进行检修维护，对集输管道实施泄漏监测与定位。

7.2 应用最佳实用技术处理采油（气）废水、含油泥砂；采取防治措施减少废气排放；回收并利用过程余热。具体作法包括：

——对加热炉、压缩机、锅炉、三相分离器、脱水器等用能、排污关键设备加强监测与计量管理，建立上述设备用水、电、气及产排污等基础信息档案。对关键装置与设备宜定期进行标定，比较其运行参数是否符合生产要求和国家有关标准，检验装置、设备是否处于高效运转状态。

——加强设备与装置检修环节的环境管理，防止废气放空、废液外排。集油设施检修前宜将原油进行外输进罐，将外排液排入油罐中储存，并按照相关规定进行无害化处置；集气设施检修前宜将装置内气体由高压系统转入低压系统。

——基于使用效果、环境与健康危害性以及经济指标的综合评估，优先选用环境与健康性能优良的化学剂；选用的化学剂宜标明环境与健康危害性数据。

——集输站内产生的含油泥砂、机电设备产生的废柴油等执行《国家危险废物名录》分类要求，并按照 HJ 607 的规定进行收集、贮存、运输转移，以及利用与处置；天然气脱水产生的废分子筛、天然气净化产生的废催化剂等宜再生回用或进行无害化处置。

——采油（气）废水处理应根据废水性质，以及回注、回用或排放等不同目的的要求，采用国内外最佳实用处理技术。若采油（气）废水用于回注地层，宜综合考虑各种地层条件对注入水质的要求及对地下水环境的影响；若用作蒸汽发生器或锅炉给水，处理后应达到相关水质指标；若排放，则处理后应满足当地污水排放许可要求。

——集输过程产生的余热宜回收利用。采用热泵技术回收油田采出水的热量，宜用于原油集输、处理、储运等，或用于公共用热系统；回收高温烟气余热，宜用于天然气发电机组。

——生产过程中压缩机及各种机泵等应选用低噪声设备，必要时采取密闭隔声或构造隔声墙等减噪措施。

——集输管道宜采用自动在线智能泄漏检测与修复工具。

7.3 原油输送与处理过程中应控制烃类气体挥发并回收轻烃，提高轻烃回收率。具体作法包括：

——原油集输宜采用全程密闭流程。

——原油储存使用浮顶罐。原油或凝析液储罐为拱顶罐的宜安装轻烃回收装置。

——根据油中轻烃含量（C_1～C_4）采用合适的原油稳定工艺，可选用负压闪蒸、加热闪蒸、分馏，以及利用脱水设施的大罐抽气技术等。

——根据油藏特点（如高油气比、原油含蜡等）、地域特点（偏远、高寒等）选择适宜的伴生气回收装置和工艺技术。对于伴生气产量大，且与附近大型管网或者集输站相邻的油井，宜将回收后的伴生气并入输油管线进行密闭混输，并在联合站进行油气分离处理；偏远小区块宜使用橇装轻烃回收装置回收伴生气。

7.4 天然气集气与处理过程中应降低天然气损耗，回收含硫天然气中的硫资源并减少 SO_2 排放。具体作法包括：

——合理利用天然气井流体压力能，适当提高集输系统压力，扩大集输半径，减少天然气中间接转，降低集输能耗。

——针对不同类型气田采用适宜的轻烃回收工艺，并通过优化原料气组成、压力和处理量等操作参数，提高轻烃收率；采用冷凝分离工艺回收轻烃宜尽量回收利用装置内的冷量。

——利用增压机对闪蒸气进行增压后再与原料气一起进入新循环，产生更多的成品天然气。

——含硫天然气采用实用高效的脱硫技术，并对脱硫尾气进行硫回收处理。

——设备和管道宜进行保温，降低天然气处理和输送温度，减少热耗。

——乙二醇、二甘醇等脱水剂宜进行回收、再生循环使用。

8 退役与恢复

8.1 制订集输设施退役与场地恢复计划。设施退役计划宜包括退役条件、退役后的环境监测管理，并明确所有设备与材料的处置方案。场地恢复计划宜包括土壤流失控制、陡坡稳定、沉陷控制及其他环境保护措施。

8.2 清除地面设备和设施、拆除管道及其他设施标志。对拆除管道应进行吹扫，排除报废管道中的烃类及其他有害物质，并对吹扫物进行无害化处置。

8.3 对于就地废弃的管道，应断开其与所有潜在烃类源的连接，并予以隔离，报废管道的每个进、出口应予以永久性封闭，报废管道的位置宜在相关资料中予以标注。

8.4 在设施报废后应清理受干扰的地表区域，实施场地恢复计划，使场地恢复至与邻近土地相同或相似的状态。

中华人民共和国石油天然气行业标准

陆上石油天然气修井作业环境保护推荐作法

SY/T 7295—2016

前　言

本标准按照 GB/T 1.1—2009《标准化工作导则　第 1 部分：标准的结构和编写》给出的规则起草。

本标准由石油工业环境保护专业标准化技术委员会提出并归口。

本标准起草单位：中国石油集团安全环保技术研究院、石油工业标准化研究所。

本标准主要起草人：江敏、梁林佐、袁波、丁毅、刘瑾、徐双庆、范巍、刘安琪、喻干、张旭、宋文娟、万晓苑。

1　范围

本标准给出了陆上石油天然气修井作业环境保护的总体要求和污染预防、废物管理、生态保护等的推荐作法。

本标准适用于陆上石油天然气勘探开发过程中的修井作业。

2　规范性引用文件

下列文件对于本文件的应用是必不可少的。凡是注日期的引用文件，仅注日期的版本适用于本文件。凡是不注日期的引用文件，其最新版本（包括所有的修改单）

适用于本文件。

GB 5085.1～5085.7　危险废物鉴别标准

GB 18599　一般工业固体废物贮存、处置场污染控制标准

HJ/T 298　危险废物鉴别技术规范

HJ 607　废矿物油回收利用污染控制技术规范

固体废物鉴别导则　国家环保总局公告 2006 年第 11 号

国家危险废物名录　环境保护部令第 39 号

3　总体要求

修井作业设计阶段应综合考虑作业过程中主要污染源及污染物的潜在环境影响，制订并实施有效的污染防治方案与生态保护措施，实现修井作业全过程的污染控制。重点内容包括：

——节能环保型的修井设备、工具与修井技术选择与实施方案。

——健康与环境性能优良的修井液及其他化学剂选用方案。

——基于减量化、循环与回用、处理、处置的优先顺序制订与实施的废物管理计划。

4　污染预防

4.1　技术与装备

4.1.1　优先选用网电修井机、液压蓄能修井机等节能环保型的修井设备与工具，应用带压作业、连续油管作业等先进高效的修井技术。

4.1.2　根据井控风险级别安装井口防喷器，井下安装防溢防喷泄油装置。起抽油杆、起油管、起钻杆等过程中采用泄油和刮油装置。

4.1.3　大型修井作业机械宜使用减震胶垫进行隔震处理，并采取减噪措施。

4.1.4　柴油机宜使用清洁燃料油，且采取延迟点火、废气再循环、控制空气燃料比、改进柴油加注系统等措施。

4.1.5　根据工作环境选用机械设备润滑油，安装润滑油净化设备，适当延长润滑油的更换周期。严格按照制造商的运行与维护规定对修井设备与工具进行日常维护与保养。

4.2 过程作业

4.2.1 压裂酸化作业宜采用压裂液连续混配技术与酸化密闭施工作业方式。酸化作业前用于贮存残酸和井内返出液的储罐宜安装到位，同时根据油气藏条件合理估测酸化液用量，集中配制酸化液，且现场采取防腐、防漏及防渗措施。废压裂液宜由专业公司回收利用，废酸应及时回收处理。

4.2.2 油、气、水井酸化宜使用固体酸或泡沫酸，发泡酸使用过程中宜配套消泡设施。

4.2.3 冲砂作业宜使用闭式循环连续冲砂装置，采用旋流除砂器或类似设备实施冲砂液、油、砂的分离，冲砂液宜循环使用。

4.2.4 地面管线、设备连接部位、储罐（池）等应采取防刺、防漏措施。

4.3 材料与化学品

4.3.1 基于使用效果、环境与健康性能、经济指标等，对拟用的化学品进行全面评估，优先选用环境与健康性能优良的化学品。

4.3.2 建立化学品环境管理档案并严格执行国家相关环境管理规定，危险化学品应具有明确标识与安全技术说明书。废弃危险化学品应按照国家相关规定进行收集、贮存、利用、处置等。

4.3.3 采购具有大包装的材料与化学品，且使用可回收利用的容器。

4.3.4 减少化学品与材料的储存量，且进行妥善储存和保管。

4.3.5 作业结束后，应清理现场所有剩余化学品与材料，并按照相关规定安全存放与处置。

5 废物管理

5.1 管理计划

按照相关规定与标准鉴别废物类型，编制废物清单，评估废物处置方案，制订和实施废物管理计划，并对废物管理计划及时进行审核并予以改进。

5.2 隔离

5.2.1 应分类、分区存放工业废物与生活废物。

5.2.2 按照《国家危险废物名录》、GB 5085.1～5085.7、HJ/T 298、《固体废物鉴别导则（试行）》等分类要求区分一般工业固体废物与危险废物，并分类储存。

5.3 回收、处理与处置

5.3.1 按照 GB 18599 和 HJ 607 及其他有关规定处置作业现场产生的固体废物。

5.3.2 在井口、导流沟、管杆桥下，以及其他废液可能落地处铺设防渗材料，设置围堰，使用防渗容器收集渗漏或滴落液。

5.3.3 未进入污水处理联合站，或因现场无污水处理依托设施而不能处理的废弃修井液宜经储液罐（池）集中收集后妥善回收处理、处置。

5.3.4 使用专用容器集中回收废溶剂与废润滑油，并转交具有危险废物处置资质的专业公司进行处置或利用。

5.3.5 回收油过滤器前宜将滤芯或过滤介质中的所有游离液体装入容器，回收至产品流或进一步处置。

5.3.6 通过管网或其他设施回收井筒废液，并进行集中处理。对废压裂液、残酸等应妥善收集、回收处理与再利用。

5.3.7 对与水源共处同一水文地质单元的废液池、油泥堆放场所等风险源，应根据其环境风险评价结果实施分级管理并制定环境应急预案。

5.3.8 保留包装材料和容器标识，并联系供货商回收未使用的产品和容器或进行安全处置。

5.3.9 营地或生活区应设置垃圾暂存点。作业工区产生的生活垃圾应带回营地或生活区垃圾暂存点分类存放。生活垃圾应按规定送当地环境卫生部门统一处理处置。

6 生态保护

6.1 野生动物

6.1.1 对野生动物（包括鸟类）可能进入的敞口贮存罐（池）采取防护措施，防止野生动物进入。

6.1.2 作业施工应避开野生动物栖息活动的敏感时间段并采取减噪措施。

6.1.3 禁止猎捕和其他妨碍野生动物生息繁衍的活动。

6.2 土地与植被

6.2.1 应优化作业现场布局，减少占用土地资源。

6.2.2 保护场地树木、农作物、草原、湿地等资源，并采取防治水土流失措施。

6.2.3 对受污染的场地进行清污治理。

中华人民共和国石油天然气行业标准

陆上石油天然气物探作业环境保护推荐作法

SY/T 7296—2016

前　言

本标准按照 GB/T 1.1—2009《标准化工作导则　第 1 部分：标准的结构和编写》给出的规则起草。

本标准由石油工业环境保护专业标准化技术委员会提出并归口。

本标准起草单位：中国石油集团安全环保技术研究院。

本标准主要起草人：江敏、梁林佐、刘瑾、袁波、丁毅、徐双庆、范巍、万晓苑、刘安琪、喻干、张旭、宋文娟。

1　范围

本标准给出了陆上石油天然气物探作业环境保护的总体要求和污染预防、废物管理、生态保护等的推荐作法。

本标准适用于陆上石油天然气的地震勘探作业。

2　规范性引用文件

下列文件对于本文件的应用是必不可少的。凡是注日期的引用文件，仅注日期的版本适用于本文件。凡是不注日期的引用文件，其最新版本（包括所有的修改单）

适用于本文件。

GB 5085.1～5085.7　危险废物鉴别标准

GB 18599　一般工业固体废物贮存、处置场污染控制标准

HJ/T 298　危险废物鉴别技术规范

HJ 607　废矿物油回收利用污染控制技术规范

固体废物鉴别导则　国家环保总局公告 2006 年第 11 号

国家危险废物名录　环境保护部令第 39 号

3　总体要求

地震勘探作业应全面考虑作业过程对周围环境的影响，制定并实施完善的环境保护方案，最大程度减少对环境的不利影响。重点内容包括：

——调查工区内是否存在自然保护区、饮用水水源保护区、基本农田保护区、野生动植物保护区、居住区、文化教育区域等环境敏感区。涉及环境敏感区的作业应优先采取避让或进行地震采集方法论证，制定、实施严格的环境保护作业方案。

——根据地震勘探作业的生态环境影响，按照避免、减缓、恢复治理的优先顺序制定与实施生态保护计划。

——全面分析地震勘探作业过程废水、废气、固体废物、噪声与振动的产生环节，基于减量化、循环与回用、处理、处置的优先顺序制定与实施废物管理计划，采取噪声与振动减缓措施。

4　污染预防

4.1　激发震源应优先选用可控震源。炸药震源宜选用绿色环保型炸药并控制空炮率。

4.2　测量放线作业宜限制测线宽度，测量图上宜标注环境保护目标，作业过程中优先避让环境保护目标或采取保护措施。

4.3　根据工区地理位置分布和工区测线布设预先制定合适的行车计划，合理调度与利用车辆，减少车辆在工区内的行驶次数。

4.4　加强柴油机、钻机等机械设备的日常维护，使之处于良好的运转状态。

4.5　井下爆破宜采取以下环境保护措施：

——选择合适的装药量和井深，避免形成弹坑。

——封堵地下水并避免将炸药暴露在降水环境中。

——爆破前在炮眼上部和深炮眼上铺设砂垫层，降低噪声水平。采用炮眼法应选择合适的装药量和炮眼深度，并正确回填或堵塞炮眼，降低噪声级。

——在住宅、学校、医院等对噪声敏感建筑物，水源地、养鱼塘(池)、野生动物栖息地，以及其他对噪声和振动有特殊要求的重要设施(包括地下设施)等附近放炮时，宜采取减少炸药量、增大安全距离等防护措施。

——井下爆破结束后应检查是否爆炸完全并回收现场残留物。残留炸药宜回收用于下一个炮孔或放回收集器中；同时控制散落于炮孔周围的炸药量，并全部回收散落炸药。

4.6 化学品的选用和燃油的储存宜符合下列规定：

——选用环境与健康性能优良的化学品。野外测量时，测量标志宜使用低毒、低污染材料代替有毒、高污染的油漆；井下爆破选用乳化炸药类环保型炸药。

——在燃油储存区设置防渗围堰，并经常检查是否存在油料泄漏，若有泄漏点应立即实施封堵措施。

5 废物管理

5.1 管理计划

按照相关规定与标准鉴别废物类型，编制废物清单，评估废物处置方案，制定和实施废物管理计划，并对废物管理计划及时进行审核并予以改进。

5.2 隔离

5.2.1 应分类、分区存放物探作业产生的工业废物与生活废物，并做好记录。

5.2.2 应按照 GB 5085.1～5085.7、HJ/T 298、《固体废物鉴别导则（试行）》《国家危险废物名录》等区分一般工业固体废物与危险废物，并分类储存。

5.3 处置

5.3.1 营地附近应设置统一垃圾存放点。工区垃圾应带回营地垃圾存放点，且分类存放，并按照相关监管规定进行处理。

5.3.2 按照 GB 18599 和 HJ 607，以及其他有关规定处置一般工业固体废物与危险废物。

5.3.3　工区应设置燃料或油料泄漏处置区，吸油材料和泄漏清理设备宜靠近油料储存区或处置区。

5.3.4　作业过程产生的危险废物（如使用后的废油漆桶、废油漆刷、废炸药等）应按相关监管规定送至专门的危险废物处置场所。

5.3.5　作业结束后拆除所有建筑设施，清除建筑材料；移除地震线路上的所有临时勘探标志，包括桩、电缆、旗杆等；对完成的测线及时清理，回收测线上废炮线及其他废弃物品，且将上述废物移交给专业废物回收公司或再利用。

6　生态保护

6.1　通道与运输

6.1.1　运输车辆与人员进入和离开工区宜利用已有通道及其他基础设施。工区内的车辆宜按照同一车辙路线行驶，减少开辟新路线。

6.1.2　新建道路宜减少其建造长度和宽度，并避免其对自然排水路径、沟渠、河流或泄洪道等产生影响。

6.2　营地建设与工区施工

6.2.1　营地选址宜远离野生动物栖息与活动区。

6.2.2　营地建设应优先考虑租赁及使用可提供营地服务的已有建筑和生活设施，尽量减少新征用地。

6.2.3　营地建设与工区施工作业尽量减少对地表的扰动。植被的清理宜保护高大树木与生长缓慢的植物及其他重要珍稀植物。地面清理宜优先采用人工方式，避免使用除草剂，慎用推土机、铲车等重型机械。地面清理后宜保存表层土壤和植物根芽，以用于作业结束后的土地恢复。

6.2.4　营地照明应限制在最低程度。在野生动物敏感区域，宜采用低位、向上的散射照明。

6.2.5　野外施工宜避开濒危物种区、重要野生动植物与水生生物保护区、动物迁徙路径以及大片天然植被地段。

6.2.6　在声环境敏感区宜避免夜间施工并尽量采用人工作业，并对噪声与振动较大的设备进行减震、降噪处理。

6.2.7　对被施工破坏的沟渠、河堤、田埂等宜及时进行修整。

6.3 作业

6.3.1 合理安排作业时间和线路，尽量避开野生动物栖息的敏感区域及敏感时间段，避免阻隔野生动物的迁徙路线。

6.3.2 在草原、丘陵、戈壁和沙漠等生态脆弱区进行地震物探，宜优先选择可控震源作业车。

6.3.3 测线开辟时，在测量图上对重要生态保护目标进行标注并予以说明；在符合布线作业要求的前提下宜限制测线宽度，并优先采用手工布线；测线穿越大面积树林或植被，宜将测线进行适当偏移或改变施工方法，不宜清除测线上的珍稀植被及砍伐树木。

6.3.4 钻井作业时，搬迁钻井与其他相关设备应防止破坏地表植被与砍伐树木；尽量减少井场占地面积，井场半径一般不宜超过 5 m。

6.3.5 地震采集作业应选用低能量震源。使用震源车宜避免对松软土地的过度压实。采集作业埋置检波器时，宜将其置于未生长植物的土壤中，避免破坏植被。

6.4 撤出与地表恢复

6.4.1 制定并实施地表恢复计划。

6.4.2 物探队撤离后尽量恢复原有地貌，包括废弃开辟的道路，填实、压平水坑，隔离营地和地震线路的通道，对临时占地于适当时节使用当地物种恢复植被等。

6.4.3 清理堆积土并恢复工区内所有自然排水道。

五、地方法规标准

新疆维吾尔自治区人民政府令

第50号

现发布《新疆维吾尔自治区石油勘探开发环境管理办法》，自发布之日起施行。

自治区主席　阿不来提·阿不都热西提

1995年3月1日

新疆维吾尔自治区石油勘探开发环境管理办法

第一章　总　则

第一条　为了加强对石油勘探开发环境的监督管理，严格控制新的污染，保护生态环境，根据国家环境保护的有关法律、法规和规定，结合自治区实际，制定本办法。

第二条　凡在自治区范围内从事石油勘探开发的单位，均应遵守本办法。

第三条　自治区环境保护行政主管部门对全区石油勘探开发中的环境保护工作实施统一监督管理。

自治州、市、县和地区环境保护行政主管部门对本行政区域内的石油勘探开发中的环境保护工作实施监督检查。

第四条　任何单位和个人都有保护和改善油田环境的义务，并有权对污染和破坏油田环境的单位和个人进行检举和控告。

第五条　对在保护和改善油田环境工作中做出显著成绩的单位和个人，由当地人民政府给予表彰和奖励。

第二章　环境污染与生态破坏的防治

第六条　石油勘探开发管理部门应当加强环境保护工作，把防治污染、保护与改善环境纳入石油勘探开发规划和年度计划，建立环境保护责任制，采取有效措施，防治环境污染和生态破坏。

第七条　石油勘探开发的新建、扩建、改建项目应当采用资源利用率高、污染物排放量少的生产设备和工艺，实行清洁生产。

引进项目应当符合国家环境保护的有关规定。

第八条　石油勘探开发单位的新建、扩建、改建、区域开发和引进项目等，必须执行环境影响报告的审批制度，执行防治污染的设施与主体工程同时设计、同时施工、同时投产使用的制度。

建设项目竣工后，防治污染与生态破坏的设施，由负责审批环境影响报告书的环境保护行政主管部门，或者委托项目所在地的环境保护行政主管部门验收合格后，方可投入生产使用。

第九条　石油勘探开发单位应当加强防治污染设施的管理，配备专门管理及操作人员，建立岗位责任制和操作规程，保证设施的正常运行。

第十条　石油勘探开发单位应当实行用水管理制度，提高水的重复利用率，对含油污水经处理达到注水标准的，可以实行回注，减少废水的排放量，保护地面水和地下水不受污染；排放废水必须符合国家和自治区规定的标准。

第十一条　石油勘探开发单位排放的废气、烟尘、粉尘，应当符合国家和自治区有关规定；天然气、油田伴生气及炼化系统中排放的可燃性气体应当回收利用；不具备回收条件而向大气排放的可燃气体，必须经过充分燃烧或者采取其他防治污染的措施。

第十二条　石油勘探开发单位在钻井和井下作业过程中，应当定点存放泥浆、岩屑或者其他废弃物，并及时做好回收利用和处理；对含有汞、镉、铅、铬、砷、氰化物、黄磷等有毒有害物质的泥浆、岩屑或者其他废弃物，应当采取防水、防渗和防溢等有效措施存放。

第十三条　石油勘探开发单位在自然保护区、水源地、风景游览区、农田和绿洲等特殊区域作业，应当遵守国家和自治区有关法律、法规和规章的规定，对作业中产生的泥浆、岩屑、废油或者其他废弃物，必须配备固定的贮存设施，并采取防水、防渗、防溢等有效措施，防止造成污染与破坏。

第十四条 石油勘探开发单位必须按照国家和自治区有关规定，严格管理有毒化学品和含有放射性物质的物品。

第十五条 运输原油、酸、碱、泥浆和其他有毒、有害物资的车辆，应当采取防渗漏、防溢流和防散落的措施；物料底脚和洗车水应当定点存放，集中处理。

第十六条 油田锅炉用煤、煤渣和其他废弃物应当定点存放，定期清运，并在环境保护管理部门指定的地点倾倒或掩埋。

第十七条 石油勘探开发单位在勘探开发作业完毕后，应当及时清理场地；在农田、绿洲等地带作业，必须采取治理措施，减少占用耕地和破坏植被，对临时性占用的耕地造成破坏的，应当复垦还耕、恢复植被，并赔偿损失。

第十八条 石油勘探开发单位应当严格执行井控技术规定，防止井喷污染，并实行无污染作业，严格控制落地油。

发生井喷、输油管道破裂和穿孔等突发性事件时，石油勘探开发单位应当及时采取措施排除故障，防止污染面积扩大，并及时回收落地原油。

第十九条 石油勘探开发中发生事故或者其他突发性事件，造成或者可能造成环境污染和生态破坏的，必须立即采取措施，通报可能受到污染危害的单位和个人，并按国家有关规定，做好污染事故的调查处理工作。

第三章　环境监督管理

第二十条 环境保护行政主管部门有权对本行政区域内的石油勘探开发等有关生产单位进行现场监督检查。被检查单位必须如实反映情况，提供必要的资料。

检查机关有责任为被检查单位保守技术和业务秘密。

第二十一条 石油勘探开发管理部门应当每年定期向州、市和地区环境保护行政主管部门报送年度石油勘探开发环境保护计划、建设项目环境保护设施的建设和有关环境保护法律、法规、规章的执行情况，并报自治区环境保护行政主管部门备案。

第二十二条 防治污染的设施有下列情形之一的，应经州、市和地区环境保护行政主管部门审查批准：

（一）需要维修暂停运行的；

（二）改造、更新的；

（三）拆除或者闲置的。

环境保护行政主管部门自接到报告之日起，对须暂时停止运行的，应当在7日内予以批复；属于其他情况的应当在一个月内予以批复。逾期未批复的，视为同意。

第二十三条 排放污染物的石油勘探开发单位应当按规定向环境保护行政主管部门提交《排污申请登记表》。

排放污染物的种类、数量浓度有较大变化的，应当在改变后的15日内提交新的《排污申报登记表》，有突发性变化的，应当在改变后的3日内提交。

第二十四条 对造成环境严重污染的石油勘探开发单位，应当限期治理。

限期治理的单位，必须按期完成治理任务。

第二十五条 石油勘探开发单位排放污染物超过国家或者自治区规定的污染物排放标准，有下列情况之一的，由环境保护行政主管部门依法征收排污费：

（一）排放或者倾倒含有汞、镉、铅、铬、砷、氰化物、黄磷等有毒有害物质的泥浆、岩屑或者其他废弃物的，每立方米每月征收排污费0.5元至1元；

（二）向自然保护区、水源地、风景游览区、农田和绿洲等特殊区域排放或者倾倒污染物的，加收1至5倍排污费；

（三）落地原油或者油水混合液污染地面的，每平方米征收排污费0.3元至1元；

（四）排放天然气、伴生气及其他有毒有害气体污染环境的，每标准立方米征收排污费0.04元；

排放其他污染物的，可以按照国家和自治区规定的同类污染物排放标准，征收排污费。

第二十六条 对缴纳排污费后仍未达到排放标准的排污单位，从开征第3年起，可以按照国家和自治区的规定，提高征收标准。

第四章 罚 则

第二十七条 违反本办法，有下列行为之一的，由环境保护行政主管部门责令改正，并可处以罚款：

（一）拒绝环境保护行政主管部门现场检查或者检查时弄虚作假的，处以1 000元以上3 000元以下罚款；

（二）逾期未报、拒报或谎报污染物申报登记事项的，处300元以上3 000元以下罚款；

（三）未经环境保护行政主管部门同意，擅自拆除或者闲置污染防治设施的，处以500元以上20 000元以下罚款；

（四）在限期内未完成治理任务，污染物排放超过规定排放标准的，除按国家规定征收两倍以上排污费外，可并处10 000元以上50 000元以下罚款；

（五）不按国家和自治区有关规定缴纳排污费的，除追缴排污费及滞纳金外，处以1 000元以上10 000元以下罚款；

（六）对造成环境污染事故的，处以10 000元以上50 000元以下罚款；造成重大经济损失的，可以按照直接损失的30%罚款，但最高不得超过200 000元。

第二十八条 违反本办法第十五条、第十六条规定造成环境污染的，由环境保护行政主管部门处以1 000元以上5 000元以下罚款。

第二十九条 县以上环境保护行政主管部门可以处以10 000元以下罚款，超过10 000元的罚款，报上一级环境保护行政主管部门批准。

第三十条 被处以罚款的单位，并不免除其治理污染，排除危害和赔偿损失的责任。

第三十一条 违反本条例规定，造成污染事故的，对有关责任人员由其所在单位或者上级主管机关给予行政处分；造成重大环境污染事故，导致公私财产重大损失或者人身伤亡严重后果的，由司法机关对直接责任人员依法追究刑事责任。

第三十二条 环境保护监督管理人员滥用职权、玩忽职守、徇私舞弊的，由其所在单位或者上级主管机关给予行政处分；构成犯罪的，依法追究刑事责任。

第三十三条 当事人对行政处罚决定不服的，可以先向上级行政主管机关申请复议，也可以直接向人民法院起诉。

第五章　附　则

第三十四条 依照本办法征收的排污费和罚款收入，应当按照国家和自治区有关规定进行管理和使用。

第三十五条 本办法由自治区环境保护行政主管部门负责解释。

第三十六条 本办法自发布之日起施行。

黑龙江省人民代表大会常务委员会
关于废止和修改《黑龙江省文化市场管理条例》
等五十部地方性法规的决定

（2015年4月17日黑龙江省第十二届人民代表大会常务委员会第十九次会议通过）

黑龙江省石油天然气勘探开发环境保护条例

第一章 总 则

第一条 为加强石油、天然气勘探开发环境保护工作，防止对环境的污染和生态的破坏，促进经济、社会、环境的协调发展，根据《中华人民共和国环境保护法》等法律、法规，结合本省实际，制定本条例。

第二条 在本省行政区域内从事石油、天然气（以下简称油气）勘探开发和管理，适用本条例。

第三条 县级以上人民政府应当将本行政区域内油气勘探开发的污染防治和生态保护工作纳入环境保护规划，制定有利于保护生态、治理污染和提高资源利用率的政策和措施。

第四条 县级以上环境保护行政主管部门（以下简称环保部门）对本行政区域内油气勘探开发的环境保护工作实施统一监督管理。县级以上国土资源、公安、畜牧、林业、水等行政主管部门按照各自的职责，互相配合，共同做好油气勘探开发的环境保护监督管理工作。

第五条 县级以上人民政府应当加强环境保护的宣传和教育，普及环境保护知识，增强全社会的环境保护意识。从事油气勘探开发和管理的单位应当及时向社会发布有关环境保护的信息。公民、法人和其他组织有保护油田环境的义务，对污染和破坏油田环境的单位和个人有检举和控告的权利。

第二章 环境管理

第六条 从事油气勘探开发的单位，应当制定环境保护中长期规划和年度污染控制计划。中长期规划和年度污染控制计划应当符合国家、省及所在地人民政府的环境保护规划。

第七条 从事油气勘探开发的单位应当在油气田勘探开发建设项目可行性研究阶段编制环境影响报告书（表），报有审批权限的环保部门审批，并抄报所在地环保部门。

第八条 油气勘探开发单位在区域开发施工作业前，应当根据国家和省有关规定，对钻井、试油等作业污染物排放进行申报登记，并按规定提供必要的资料。油气勘探开发单位排放污染物情况需要作重大改变或者发生紧急重大改变的，应当在改变前或者改变后的三日内履行变更申报手续。

第九条 油气勘探开发单位应当按照有关规定向所在地环保部门申领污染物排放许可证。环保部门按照区域、流域排污总量控制指标核准排污量，对不超出排污总量控制指标的，颁发污染物排放许可证；对超出排污总量控制指标而确需排放的，颁发临时污染物排放许可证，并限期削减排放量。

第十条 油气勘探开发单位应当保证污染防治设施的正常使用。有下列情形之一的，应当报所在地环保部门审查批准：

（一）暂时停止运行的；

（二）改造、更新的；

（三）拆除或者闲置的。

环保部门自接到报告之日起，应当在七日内作出批复。逾期未批复的，视为同意。因停电、设备损坏等突发原因导致污染防治设施停止运行的，应当立即向所在地环保部门报告。环保部门应当及时赶赴现场，监督油气勘探开发单位采取有效措施恢复设施运行。

第十一条 油气勘探开发单位应当对本单位排放污染物和污染防治设施运行情况进行定期监测，掌握污染动态。环保部门应当加强对油气勘探开发单位排放污染物和污染防治设施运行情况的监督性监测。

第十二条 油气勘探开发单位应当制订环境污染突发性事件应急预案。油气勘探开发单位发生污染事故，应当立即采取措施处理，控制事故范围，及时通报可能受到污染危害的单位和个人，并且立即向所在地环保部门和其他有关部门报告污染事故发生的时间、地点、范围及危害程度，接受调查处理。

第十三条 油气勘探开发生产作业场地内禁止无关人员进入。油气田所在地人民政府应当组织公安、环保等有关部门，协同油气勘探开发单位对各类生产设施加强安全保卫和巡查，防止盗窃原油、污染环境的事件发生。

第三章 污染防治

第十四条 油气勘探开发单位应当加强新技术的研究，优先采用资源利用率高、污染物产生量少的清洁生产技术、工艺和设备，并根据需要对油气勘探开发实施清洁生产审核。

第十五条 油气勘探开发单位未达到污染物排放总量控制要求或者超标准排放污染物的，市级以上环保部门应当做出限期治理决定。被限期治理的单位应当按期完成治理任务。

第十六条 油气勘探开发单位进行地震勘探作业的，应当在开始作业前十五日内向所在地环保部门报告，并且采取有效的防护措施，减少对环境的损害或者影响。

第十七条 油气勘探开发单位进行钻井时，应当使用密闭钻井液循环罐等设备。油气勘探开发单位应当在钻井液中使用无毒化学药剂。特殊情况需要使用含毒化学药剂的，应当向所在地市级环保部门报告，环保部门应当及时向有关部门通报。废弃钻井液、废水、岩屑、污油等应当进行处理，严禁随意排放。废弃钻井液集中处理排放场所选址应当经所在地市级环保部门同意。油气勘探开发单位应当对本单位产生的危险废物按照国家和省有关要求进行处置。

第十八条 油气勘探开发单位对井下作业和测试时产生的废液、废水应当采取有效措施进行回收利用，严禁随意排放。油气勘探开发单位在油气集输过程中应当对油水分离后产生的废水进行回收利用，确实需要排放的，应当达到污染物排放标准；产生的油沙、污泥应当进行无害化处理。

第十九条 新建井场投产时应当做到原油、化学药剂及其他有害物质不落地，发生落地现象的应当及时采取措施予以清除。油气勘探开发单位新建井场不准设置土油池。已建井场的土油池应当按照所在地市级以上人民政府的统一规划逐步进行整改。

第二十条 在江河、湖泊、渠道、水库等地表水体或者附近进行油气勘探开发活动的，应当采取有效措施防止污染水体和破坏水体功能。排放污水必须按照该区域水功能区划标准达标排放，严禁直接或者稀释排放。废弃钻井液、岩屑、污油及其他工业固体废物、生活垃圾必须回收，不得排放或者弃置水体。

第二十一条 油气勘探开发单位应当采取保护性措施，防止地下水污染。油气勘探开发设施在运行过程中，出现油井套管破损、气井泄漏等直接污染地下水资源的事故，油气勘探开发单位应当立即采取保护性措施，并向当地环保部门和水行政主管部门报告。

第二十二条 气井测试放喷有毒有害气体时，应当及时采取处理措施，减轻对环境的污染。排气管线应当按照有关规定远离人群聚集区等环境敏感区域。

第二十三条 油气生产、储存、集输过程中应当采取有效措施，减少烃类及其他气体排放。天然气、油田伴生气及其他可燃性气体应当回收利用。不具备回收利用条件需要向大气排放的，应当经过充分燃烧或者采取其他污染防治措施。由于安全因素必须排放的，油气勘探开发单位应当立即报所在地环保部门。

第二十四条 油气勘探开发单位对产生噪声的设备和装置应当采取消音、隔音、防震等有效措施。禁止夜间在居民区、文教区、疗养区等控制区域从事产生噪声污染的作业，因抢修、抢险作业和生产工艺要求或者特殊需要必须连续作业的，应当向环保部门报告，并且公告附近居民。

第二十五条 油气勘探开发单位使用放射源的，应当加强在分装、使用、运输、储存过程中的管理，防止丢失、被盗或者操作事故发生；闲置、废弃放射源和放射性废物应当按照国家和省有关规定及时送交省城市放射性废物库储存或者由厂家回收处理。

第二十六条 油气勘探开发单位应当加强油气运输管线和油气储存设备的巡查、检测、维修，采取有效的防腐、防裂等措施，防止渗漏、溢流事故发生。发生井喷、管道破裂、穿孔等突发性事件，或者因盗窃事件致使原油泄漏的，应当采取应急措施，排除故障，防止污染面积扩大；落地污油污物应当在排除故障后五日内予以清除，居民区内污油污物应当在二日内清除，清除时不得扩大污染面积。

第二十七条 运输易挥发、易扬散、易泄漏的油气勘探开发原料或者产品，应当使用密闭运输工具或者采取有效防护措施。严禁运送油气、化学药剂的车辆泄漏、撒落或者随意排放。

第二十八条 禁止任何单位和个人从事下列行为：

（一）非法炼油；

（二）为非法炼油提供原料、设备、厂房等；

（三）非法运输、收购、储存、销售原油及非法炼油产品。

第四章　生态保护

第二十九条　油气勘探开发单位制定的油田开发方案，应当明确生态保护、地质环境保护目标和任务。

油气勘探开发单位应当依法对油田勘探开发以来造成的生态破坏逐年进行生态恢复。

第三十条　在自然保护区、饮用水水源保护区、风景名胜区等区域从事油气勘探开发活动，按照法律、行政法规的规定执行。

第三十一条　油气勘探开发单位车辆在草原上行驶时，应当严格遵守有关法律、法规的规定，防止对草原生态环境的破坏。井位间距在三百米以上的，禁止井架整体搬迁。因施工造成的植被破坏应当在施工后一年内恢复。

第三十二条　新开发区域内埋设油、水、气管线不得改变原有的地形、地貌。油气勘探开发中的各项工程应当减少占地，施工中临时占地的，应当将腐殖质层剥离移走，工程结束后及时恢复原有地貌。油气勘探开发单位在勘探开发中因挖损、钻孔、震裂、压占等造成土地破坏的，应当及时采取整治措施恢复原有地貌。

第三十三条　在泡沼中进行油气勘探开发需要修筑道路的，应当设置涵洞或者其他过水设施，保证水体的自然流动。对原有泡沼中已建成的道路未设置涵洞或者其他过水设施的，应当限期改造。

第三十四条　油气勘探开发单位应当加强对退役井、站的管理。对套损井应当及时修复，不能修复的应当彻底报废，限期恢复原貌；中转站、联合站等有关设施应当在退役后六个月内予以拆除，限期恢复原有地貌。报废的油气井应当采取措施进行密封回填，防止由于井管腐烂、破裂造成地下水污染。

第三十五条　油气勘探开发单位应当按照本条例规定对因勘探开发造成的生态破坏进行恢复，未进行恢复的，由所在地市级以上人民政府责令其限期恢复；逾期未恢复的，所在地市级以上人民政府可以指定单位代为恢复。恢复费用由油气勘探开发单位承担，恢复费用可以在成本中列支，专款专用。地方人民政府和有关行政主管部门以及村民委员会应当积极协助生态恢复工作，任何单位和个人不得妨碍、干扰和阻挠。

第五章 法律责任

第三十六条 违反本条例规定的行为，有关法律、法规有规定的，依照有关规定处理。

第三十七条 违反本条例第十条、第十六条、第十七条第一款和第二款、第十九条、第二十三条第二款规定的，由环保部门责令停止违法行为，限期改正；逾期未改正的，处以一万元以上三万元以下罚款。

第三十八条 违反本条例第十三条第一款规定，擅自进入油气勘探开发生产作业场地内经劝阻仍不离开的，由公安机关予以治安处罚。

第三十九条 违反本条例第十五条规定，油气勘探开发单位未达到污染物排放总量控制要求或者超标准排放污染物的，按照国家有关法律规定予以处罚。

第四十条 违反本条例第二十条规定，由环保部门责令停止违法行为，限期改正；逾期未改正的，处以一万元以上十万元以下罚款。

第四十一条 违反本条例第二十一条规定，油气勘探开发设施在运行过程中，发生油井套管破损、气井泄漏等直接污染地下水资源事故的，按照国家有关法律规定予以处罚。

第四十二条 违反本条例规定，有下列行为之一的，由环保部门责令停止违法行为，限期改正；逾期未改正的，处以一万元以上五万元以下罚款：

（一）随意排放废弃钻井液、废水、岩屑、污油的；

（二）随意排放井下作业和测试时产生的废液、废水的；

（三）随意排放油气集输过程中产生的废水和油沙、污泥的。

第四十三条 违反本条例规定，未采取处理措施，在气井测试时放喷有毒有害气体或者运送油气、化学药剂车辆泄漏、撒落或者随意排放的，由环保部门责令停止违法行为，并处以二万元以上五万元以下罚款。

第四十四条 违反本条例第二十六条规定，未采取应急措施控制污染或者污油污物未在规定时间内予以清除的，由环保部门责令立即采取措施或者限期改正；既未采取措施又未改正的，处以五千元以上二万元以下罚款。

第四十五条 违反本条例第二十八条规定，由县级以上人民政府组织公安、工商、质量技术监督、环保等有关部门依法予以取缔；公安机关没收原料、非法炼油产品和生产、运输、储存设备以及非法所得，并处以一万元以上五万元以下罚款。

第四十六条 环保部门等国家工作人员有下列行为之一，但尚未构成犯罪的，由其所在单位或者上级主管部门给予行政处分：

（一）违反规定审批环境影响报告书（表），不按规定发放污染物排放许可证、临时污染物排放许可证的；

（二）对违法行为未依法查处或者查处不力的；

（三）在执法行动中通风报信或者放任、包庇、纵容违法行为的；

（四）妨碍、干扰和阻挠生态恢复工作的。

陕西省第九届人民代表大会常务委员会公告

第二十九号

《陕西省煤炭石油天然气开发环境保护条例》已于2000年12月2日经陕西省第九届人民代表大会常务委员会第十九次会议通过，现予公布施行。

陕西省人民代表大会常务委员会

2000年12月2日

陕西省煤炭石油天然气开发环境保护条例（节选）

第一章 总 则

第一条 为了预防和治理煤炭、石油、天然气开发造成的生态破坏和环境污染，保护和改善生活环境与生态环境，科学合理地开发利用煤炭、石油、天然气资源，根据《中华人民共和国环境保护法》和有关法律、行政法规，结合本省实际，制定本条例。

第二条 本条例所称煤炭、石油、天然气开发，包括煤炭、石油、天然气的勘探、开采、储存、运输和加工。

第三条 本省行政区域内的煤炭、石油、天然气开发环境保护和管理监督活动，适用本条例。

第四条 煤炭、石油、天然气开发环境保护工作，实行全面规划、预防为主、保护优先、防治污染与生态保护相结合的方针，坚持谁污染谁治理，谁破坏谁恢复，谁开发谁补偿的原则。

第五条 煤炭、石油、天然气开发单位应当按照法律、法规和本条例的规定，履行生态环境保护和治理的义务。

第六条 县级以上人民政府应当对本行政区域内煤炭、石油、天然气开发环境质量负责，实行行政首长环境保护目标责任制和区域环境综合整治定量考核制。

第七条 县级以上人民政府环境保护行政主管部门对本行政区域内煤炭、石油、天然气开发环境保护工作实施统一监督管理。

县级以上人民政府发展改革、国土资源、农业、林业、水利、交通、建设、公安、工商、国有资产、煤炭和中小企业行政管理部门按照各自职责对煤炭、石油、天然气开发环境保护工作实施监督管理。

省环境保护及有关行政主管部门应当在煤炭、石油、天然气开发重点地区派驻人员，加强对开发区域生态环境、地质状况的监测和环境保护行政执法的监督检查。

第八条 县级以上人民政府对在煤炭、石油、天然气开发环境保护工作中做出显著成绩的单位和个人，应当给予表彰和奖励。

单位和个人有权检举和控告煤炭、石油、天然气开发中污染和破坏环境的行为。

第二章 监督管理

第九条 省人民政府在编制有关区域主体功能区划时，应当合理划分煤炭、石油、天然气鼓励开发、限制开发、禁止开发的区域。

第十条 县级以上环境保护行政主管部门根据国家和地方环境标准，对本行政区域内煤炭、石油、天然气开发的环境状况进行调查和评价，会同有关部门编制煤炭、石油、天然气开发环境保护规划和年度计划，并组织和监督实施。

第十一条 环境监察机构受环境保护行政主管部门委托，对管辖范围内煤炭、石油、天然气开发单位污染物排放情况和防治污染设施运行情况进行现场检查，参与污染事故的调查处理，按照国家和省的规定征收排污费。

第十二条 环境保护行政主管部门的环境监测机构应当对管辖范围内煤炭、石油、天然气开发环境质量进行监测，建立污染源档案，并指导煤炭、石油、天然气行业的环境监测机构开展本行业污染源监测工作。

第十三条 编制煤炭、石油、天然气开发规划应当进行环境影响评价，并报审批规划机关的同级环境保护行政主管部门审查。

煤炭生产开发规划，应当依照环境保护优先的原则划定禁采区、限采区，预防生态破坏和地质灾害。

第十四条 新建、扩建、改建煤炭、石油、天然气开发项目应当进行环境影响评价，经县级以上环境保护行政主管部门按照国家有关规定对环境影响评价文件批准后，开发单位方可申办有关手续；环境影响评价文件未经环境保护行政主管部门批准的，发展改革、国土资源和工商行政管理部门不得办理相关手续，开发单位不得动工建设。

煤炭、石油、天然气开发单位环境影响评价文件批准后，其生产规模、地点、工艺或者防治污染、防止生态破坏的措施发生重大变化的，应当重新报批环境影响评价文件。

煤炭、石油、天然气开发单位在开发过程中产生不符合经审批的环境影响评价文件的情形，开发单位应当进行环境影响后评价，采取改进措施，并报原环境影响评价文件审批部门备案；原环境影响评价文件审批部门也可以责成开发单位进行环境影响后评价，采取改进措施。

煤炭开发单位应当按照依法登记的生产能力组织生产。禁止采取降低回采率、危害生态环境和安全生产等破坏性的方法开采煤炭资源。

第十五条 煤炭、石油、天然气建设项目的环境保护设施，必须与主体工程同时设计、同时施工、同时投产使用。

环境保护设施经原批准环境影响评价文件的环境保护行政主管部门验收合格后，该建设项目方可投入生产或者使用。

第十六条 煤炭、石油、天然气开发单位应当保证防治污染设施正常运行，不得擅自拆除或者闲置；确有必要拆除或者闲置的，必须征得所在地环境保护行政主管部门的同意。

第十七条 煤炭、石油、天然气开发单位应当按年度向县级以上环境保护行政主管部门报送环境保护计划实施情况、防治污染设施运行情况，接受环境保护行政主管部门的监督检查。

第十八条 煤炭、石油、天然气开发实行重点污染物排放总量控制。设区的市、县（市、区）环境保护行政主管部门应当根据上级行政主管部门下达的重点污染物排放总量控制计划，拟订本行政区域重点污染物排放总量控制实施方案，经上级环境保护行政主管部门审查同意后组织实施。

第十九条 煤炭、石油、天然气开发单位缴纳的排污费，应当全部用于环境治理，任何单位和个人不得截留、挤占或挪作他用。

第三章　污染防治

第二十条 煤炭、石油、天然气开发单位排放污染物的，应当向县级以上环境保护行政主管部门申报排污登记，领取《排污许可证》后，方可按规定的排放量和标准排放污染物。

环境保护行政主管部门收到煤炭、石油、天然气开发单位的申报后应当对其污染物排放进行核定，根据区域重点污染物总量控制计划发放《排污许可证》。

第二十一条 煤炭、石油、天然气开发单位应当实行规范化、科学化管理，采用先进技术、工艺和设备，提高回采率，实行清洁生产。不得采用国家禁止的或者明令淘汰的技术和设备。对采用国家禁止的或者明令淘汰的技术和设备的项目，县级以上人民政府应当依法予以取缔。

第二十五条 石油开发单位应当建设清洁井场，做到场地平整、清洁卫生，在井场四周设置符合规定的挡水墙和防洪渠道，在井场内设置防渗漏的油污回收池和排污池。

散落油和油水混合液等含油污染物应当回收处理，禁止掩埋。

第二十六条 石油开发单位应当建立原油集中脱水设施，对原油进行脱水。脱出的废水应当回注，不得外排。

第二十七条 石油、天然气开发单位应当按照规定管理有毒化学物品和含放射性物质的物品，钻井和井下作业应当使用低毒低碱化学泥浆，防止污染环境。

第二十八条 石油、天然气开发单位应当加强输油、输气管线的安全管理，对输油、输气管线实行专人负责，防止输油、输气管线断裂、穿孔，造成泄漏。

运输石油、酸液碱液和其他有毒有害物品的单位和个人，应当采取安全防范措施，防止渗漏，溢流和散落。

第二十九条 天然气井选点测试放喷，应当按规定远离居民区和建筑物，排出的气体应当点燃焚烧。

第三十条 煤炭、石油、天然气开发中使用放射性同位素的，开发单位应当依照《中华人民共和国放射性污染防治法》的规定办理辐射安全许可证。放射源的运输、储存、保管及其污染物的处理，按照放射性防护法律、法规的规定执行。

第三十一条 煤炭、石油、天然气开发中产生的伴生气或者其他有毒有害气体，应当综合利用或者提供给有回收利用能力的单位，不得随意排放；不具备回收利用条件需要排放的，应当进行处理，达到国家或者地方规定的排放标准。

第三十二条 禁止在生活饮用水地表水源一级保护区内进行煤炭、石油、天然气开发。

禁止在生活饮用水地表水源二级保护区内新建、扩建向水体排放污染物的煤炭、石油、天然气开发项目。

禁止在居民区和国务院与省人民政府划定的自然保护区、森林公园、风景名胜区、人文遗迹区域内进行煤炭、石油、天然气开发。

第三十三条 煤炭、石油、天然气开发单位应当加强危险废物的管理。危险废物的收集、运输、处置，必须符合国家有关规定；不具备处置条件的，应当交有资质的单位处置。

煤炭、石油、天然气开发单位堆放含油固体废弃物、煤渣、煤矸石和其他有毒有害物，应当采取措施防止污染河流、湖泊、水库和地下水。

禁止在废弃矿坑、渗坑、裂隙、沟渠内储存或者排放含油的废水、泥浆和其他有毒有害物。

第三十四条 煤炭、石油、天然气开发单位应当加强对污染源的监测。重点污染源单位应当建立污染源自动监控系统，并保证正常运行。

第三十五条 煤炭、石油、天然气开发单位应当编制环境事故应急方案，并保证环境应急设施能及时投入运行。

煤炭、石油、天然气开发中因发生事故或者其他突发性事件，造成或者可能造成污染事故的，开发单位应当采取有效措施消除或者减轻对环境的污染危害，并及时通报可能受到污染危害的单位和居民，同时向县级以上环境保护行政主管部门和有关部门报告。

第四章 生态环境保护

第三十六条 煤炭、石油、天然气开发单位应当采用先进的技术、工艺和设备，减少对水资源和生态环境的危害。

第三十七条 风力侵蚀地区的煤炭、石油、天然气开发单位，在开发区域内应当采取植树种草、设置人工沙障和网格林带等措施，保护和改善生态环境。

禁止在煤炭、石油、天然气开发中违反环境影响评价文件规定破坏植被。

第三十八条 煤炭、石油、天然气开发单位应当按照环境保护规划和环境影响评价文件要求，编制本单位生态环境治理方案，经县级以上环境保护行政主管部门会同其他有关部门审批后实施。

煤炭、石油、天然气的开发单位应当提取环境治理保证金，用于本单位生态环境治理方案的实施。企业提取的环境治理保证金按照企业所有、专款专用、专户储存、政府监管的原则管理。具体办法由省人民政府制定。

第三十九条 煤炭、石油、天然气开发实行生态环境综合治理补偿制度，开发单位应当缴纳生态环境综合治理补偿费，用于水系破坏、水资源损失、水体污染、大气污染、煤矸石污染、植被破坏、水土流失、生态退化、土地破坏等方面的生态环境综合治理。生态环境综合治理补偿费纳入财政预算管理。具体征收标准和管理办法由省人民政府制定。

第四十条 煤炭、石油开发单位应当加强对采区地质状况的监测，采取措施防止发生地面沉陷、开裂等地质灾害。

因开发造成地质灾害的，由开发单位负责恢复治理。开发单位不履行恢复治理责任或者治理不符合要求的，由县级以上国土资源行政主管部门组织代为恢复治理，所需费用由开发单位承担。

因开发给他人造成损失或者影响他人生产生活需要异地安置的，开发单位应当承担赔偿责任及异地安置费用。

第四十一条 煤炭、石油、天然气开发单位在矿井、油井、气井关闭前应当向提交生态恢复报告，并经县级以上环境保护行政主管部门审核验收。

第四十二条 煤炭、石油、天然气输送管线铺设后，开发单位应当按照环境影响评价文件的规定，恢复地表形态和植被。

第五章 法律责任

第四十三条 违反本条例第十四条第四款规定，煤炭开发单位超过依法登记的生产能力组织生产的，由县级以上煤矿安全生产监督管理的部门或者煤矿安全监察机构责令停产整顿，并处以五十万元以上二百万元以下的罚款；对煤炭开发单位负责人处以三万元以上十五万元以下的罚款。

第四十四条 违反本条例第二十条规定，未取得《排污许可证》排污的，由县级以上环境保护行政主管部门责令停止违法行为，处以五万元以上十万元以下的罚款。

煤炭、石油、天然气开发单位超标排放污染物的，由县级以上环境保护行政主管部门责令限期治理，超标排放大气污染物的，处以五万元以上十万元以下罚款；超标排放水污染物的，处以十万元以上一百万元以下罚款。逾期未达到治理要求的，由县级以上环境保护行政主管部门责令停产治理。

第四十五条 煤炭、石油、天然气开发单位违反本条例规定，有下列行为之一的，由县级以上环境保护行政主管部门责令改正，处以一万元以上十万元以下罚款：

（一）在堆煤场、排矸场以外堆放煤炭、煤矸石的；

（二）采油井场未设置符合规定的挡水墙和防洪渠道的，或者未设置防渗漏的油污回收池、排污池的，或者掩埋作业中散落油和油水混合液的；

（三）运输、装卸、储存煤炭未采取防扬散、防抛撒等措施，或者运输石油、酸液碱液和其他有毒有害物品未采取防渗漏、防溢流、防散落措施的；

（四）堆放含油垃圾、泥浆、煤渣、煤矸石和其他有毒有害物未采取防止水体污染措施的，或者在废弃矿坑、渗坑、裂隙和沟渠中储存、排放含油废水、泥浆和其他有毒有害物的。

第四十六条 石油开发单位违反本条例第二十六条规定将废水外排的，由县级以上环境保护行政主管部门责令改正，处以十万元以上五十万元以下罚款。

第四十七条 煤炭、石油、天然气开发单位违反本条例规定，有下列行为之一的，由县级以上环境保护行政主管部门责令限期改正，处以二万元以上二十万元以下罚款：

（一）对有毒化学物品和含放射性物质的物品管理不当，或者未对含有毒化学物品和放射性物质的泥浆、岩屑及其他废弃物进行处理，造成环境污染的；

（二）对石油、天然气输送管线管理不当发生管线断裂、穿孔导致泄漏，或者天然气选点测试放喷未按规定与居民区、建筑物保持安全距离，或者随意排放伴生气和其他有毒有害气体的。

第四十八条 煤炭、石油、天然气开发单位违反本条例第三十四条规定，未安装或者未正常使用污染源自动监控系统的，由县级以上环境保护行政主管部门责令限期改正，处以五万元以上二十万元以下罚款。

第四十九条 煤炭、石油、天然气开发单位违反本条例规定，造成环境污染事故的，由县级以上环境保护行政主管部门按照《中华人民共和国大气污染防治法》《中华人民共和国水污染防治法》《中华人民共和国固体废物污染环境防治法》《中华人民共和国放射性污染防治法》规定处罚。

第五十条 违反本条例规定的行为，法律、行政法规有处罚规定的，从其规定。

第五十一条 责令停产或者罚款二十万元以上的，实施行政处罚的机关应当告知当事人有权要求举行听证。

第五十二条 煤炭、石油、天然气开发单位违反本条例规定，造成环境污染事故的或者不履行环境治理责任的，对直接负责的主管人员和其他直接责任人员，由其主管部门或者行政监察部门给予行政处分；构成犯罪的，依法追究刑事责任。

第五十三条 环境保护行政主管部门对违反本条例的行为应当查处而不查处的，上级环境保护行政主管部门应当责令改正或者直接查处。

第五十四条 环境保护行政主管部门和其他行政部门及其工作人员滥用职权、玩忽职守、徇私舞弊的，由其所在单位或者行政监察部门对直接负责的主管人员和直接责任人员给予行政处分；构成犯罪的，依法追究刑事责任。

第六章 附 则

第五十五条 本条例自公布之日起施行。

甘肃省第十届人民代表大会常务委员会公告

第35号

《甘肃省石油勘探开发生态环境保护条例》已于2006年1月8日经甘肃省第十届人民代表大会常务委员会第二十次会议通过，现予公布，自2006年3月1日起施行。

甘肃省第十届人民代表大会常务委员会
2006年1月8日

甘肃省石油勘探开发生态环境保护条例

第一条 为加强石油勘探开发生态环境保护，促进油田生产与区域可持续发展，根据《中华人民共和国环境保护法》等有关法律法规，结合本省实际，制定本条例。

第二条 石油勘探开发环境保护工作，坚持保护优先、预防为主、防治结合和谁开发谁保护、谁受益谁补偿、谁破坏谁恢复、谁污染谁治理的原则。

第三条 县级以上人民政府对本区域油田生态环境质量负责，建立和落实油田生态环境保护工作责任制。

县级以上人民政府环境保护行政主管部门对本辖区油田生态环境保护工作实施统一监督管理，其他有关部门按照各自职责，对油田生态环境保护工作实施监督管理。

第四条 县级以上人民政府应当将本行政区域内石油勘探开发生态环境保护工作纳入国民经济和社会发展规划。

油田生产单位应当按照当地人民政府生态环境保护规划，制定生态环境保护方案，落实生态环境保护措施。

第五条 油田发展规划编制应当组织环境影响评价，编写有关环境影响的篇章或者说明。未进行区块环境影响评价的，单井应当进行环境影响评价。

第六条 油田新建、改建、扩建项目应当进行环境影响评价，建设项目环境影响评价文件按国家规定报环境保护行政主管部门审批后，油田开发单位方可开工建设；未经批准的，国土资源、建设、林业、水利等部门不得办理有关手续。

第七条 油田建设项目的环境污染防治设施，必须与主体工程同时设计、同时施工、同时投产使用。

在钻井、油田生产环节完工后，由油田环保部门负责验收，未经验收或者验收不合格的，不得投入使用。所在地环境保护行政主管部门负责抽查监督。

第八条 油田生产单位应当于每年第一季度向当地市级环境保护行政主管部门报送本年度勘探、钻井、试油等作业计划和生态环境保护措施，并注明井号、井位。如有调整，应及时向当地市级以上环境保护行政主管部门进行调整登记。

第九条 市级人民政府环境保护行政主管部门应当组织油田生产单位、有关专业技术部门每五年编制一次油田生态环境质量评估报告。

第十条 油田所在地各级人民政府应当改善油田生产环境，支持油田生产、公安、工商、环境保护等部门应当依法查处盗窃原油和破坏输油管道及附属设施的行为，清理和取缔非法收油、售油场点。严禁非法采油、炼油、保障油田生态环境安全，依法维护油田开发秩序。

各级人民政府应当采取措施，防止管道人为破坏。发生管道破漏事件时，当地人民政府应当及时配合油田生产单位抢修和清理污油污物，并依法维持现场秩序。

第十一条 任何单位和个人不得向油田生产单位乱摊派、乱罚款；不得妨碍、干扰和阻挠油田生产单位的生产和生态治理恢复工作。

第十二条 油田生产单位应当按照规定向所在地县级以上环境保护行政主管部门申报污染物排放的种类、数量、浓度，提供有关污染防治的技术资料，取得排污许可证，按许可的排放总量和标准排放污染物。

超过排放总量和标准的，由市级以上人民政府责令限期治理。

第十三条 油田生产单位应当实行清洁生产，采用先进技术和设备，节约和综合利用资源，防止油田生产活动对生态环境造成污染和破坏。

第十四条 油田生产单位应当建设采出水处理设施，油水分离后产生的污水，经处理达标后应当回注采油层或者综合利用，不得污染地下水；需要外排的，应当排入市级以上环境保护行政主管部门指定的场所。

第十五条 油田生产单位必须严格执行技术操作规范。落地原油必须在完成试油、修井作业后5日内清除，井场油池存放的原油必须在10日内清除。

第十六条 油田生产单位应当制定环境污染突发性事件应急预案，建立环境污染与破坏事故登记报告制度。发生污染事故，应按规定时限报告县级以上人民政府环境保护行政主管部门，接受调查处理。

第十七条 油田生产单位应当加强油气集输管线和油气储存设备的巡查，定期进行检测、维修，采取有效的防腐、防裂等措施，防止渗漏、溢流事故发生。

油田生产单位发生井喷、管道破裂、穿孔等突发性事件，或者因盗窃事件致使原油泄漏的，应当采取应急措施，排除故障，防止污染扩大；落地污油污物应当在排除故障10日内予以清除，居民区内污油污物应当在2日内清除。

所在地人民政府应当按照国务院《石油天然气管道保护条例》和省人民政府有关规定支持配合油田抢修、排除故障。

第十八条 油田生产单位应当建设清洁井场，做到场地平整、清洁卫生，在井场四周设置符合规定的挡水墙、雨水出口和防洪渠道，在井场内设置防渗漏的油污回收池和排污池。

禁止掩埋作业中散落油和油水混合液。

第十九条 钻井应当采用清水或者低毒泥浆，提高泥浆循环利用水平。泥浆池应当采取防渗漏措施，钻井废水应当处理后回用或者达标排放。

试油过程中应当及时回收落地原油，含油污水应当集中处理后回用或者达标排放。

有毒泥浆、含油岩屑、污油或者油泥等污染物应当在市级以上环境保护行政主管部门指定的地点集中安全处置。

运输原油或者化学药剂应当采取封闭措施，防止泄漏，不得随意排放。

第二十条 天然气、油田伴生气及其他可燃性气体应当回收利用。不具备回收利用条件需要向大气排放的，应当经过充分燃烧或者采取其他污染防治措施。由于生产需要必须排放的，油田生产单位应当立即报告所在地县级环境保护行政主管部门。

第二十一条 油田生产单位应当对产生噪声的设备和装置采取消音、隔音、防震等有效措施。

禁止夜间在居民区、文教区、疗养区等控制区域从事产生环境噪声污染的作业。因抢修、抢险作业和生产工艺要求或者特殊需要必须连续作业的，应当向所在地县级环境保护行政主管部门报告，并且公告附近居民。

第二十二条 油田生产单位与施工单位在签订承包合同时，应当明确双方的环境保护责任和措施，并监督执行；责任不清造成污染后果的，由油田生产单位承担相应责任。

第二十三条 油田生产单位要加强对技术关闭井、报废井管理，限期安全封堵，所在地人民政府应当采取措施，禁止任何单位和个人非法开启。

对套管破损的油（水）井应当及时修复，不能修复的，应当彻底关闭。

中转站、联合站等生产设施应当在油田生产单位确认无使用价值后六个月内予以拆除，限期治理恢复。

第二十四条 县级以上人民政府应当根据国家水环境质量标准和有关规定，依照法定审批权限划定本区域饮用水水源保护区。

划定的水源保护区应当树立明显标志，采取保护措施，向社会公布，明确管护职责。

第二十五条 禁止在生活饮用水水源一级保护区内进行油田勘探开发。已开油井应当采取有效措施，防止污染，逐步关闭。

禁止在生活饮用水水源二级保护区内新建、扩建向水体排放污染物的油田开发建设项目。

禁止在地下水源二级保护区设置废弃物堆放场。

第二十六条 依据具备资质的水质检测部门的报告，因油田生产活动对生活饮用水水源水质造成影响的，油田生产单位应当建设生活饮用水的替代水源和供水设施；无条件建设替代水源和供水设施的，应当对受损失的单位和个人给予补偿。

第二十七条 油田生产应当依法取水，实行取水许可证制度。

油田生产用水禁止开采浅层可饮用地下水。

第二十八条 油田生产单位新建油区专用道路占用土地的，应当依法报批，并采取措施保护耕地、植被和石被；油田废弃道路，应当限期治理恢复；油田生产单位迁建的，应当对原有的生产、生活基地加以保护，并与当地县级以上人民政府协商，妥善解决。造成土地闲置荒芜的，按土地法规定处理。

第二十九条 自然保护区内禁止进行油田勘探开发生产活动；已经开发生产并造成损害的，应当采取补救措施，限期治理。

第三十条 建立油田开发生态补偿机制。具体办法由省人民政府制定。

第三十一条 违反本条例规定，有下列行为之一的，由县级以上环境保护行政主管部门处以二千元以上五万元以下罚款：

（一）运输原油、化学药剂泄漏、溢流，造成污染的；

（二）随意排放、倾倒含油岩屑、泥浆和其他有毒有害废弃物，或达标污水未排放到指定地点的。

第三十二条 违反本条例规定，有下列行为之一的，由县级以上环境保护行政主管部门责令改正，并处以一万元以上十万元以下罚款：

（一）落地油和井场内油池存放的原油没有在规定时间内清除，或掩埋、焚烧落地油、油水混合液和其他废弃物的；

（二）发生井喷、管道破裂或者穿孔等突发性事件，未采取应急措施或污油未在规定时间内清除的。

第三十三条 违反本条例规定，非法收购、储运原油及盗油、非法采油、炼油的，由县级以上人民政府组织公安、工商、质量技术监督、环保等有关部门依法予以取缔；由公安机关没收原料、非法采油炼油产品和生产、储运设备以及非法所得，并处以一万元以上五万元以下罚款；违反治安管理的，依照治安管理处罚法的规定处罚；构成犯罪的，依法追究刑事责任。

第三十四条 在居民区、文教区、疗养区等控制区域夜间进行产生噪声污染的作业的，由县级以上环境保护行政主管部门责令改正；逾期不改正的，可处以五千元以上五万元以下罚款。

第三十五条 环境保护行政主管部门和其他行政主管部门及其工作人员滥用职权、玩忽职守、徇私舞弊的，由其所在单位或上级主管机关给予行政处分；构成犯罪的，依法追究刑事责任。

第三十六条 违反本条例规定的其他行为，依照有关法律、法规的规定处理。

第三十七条 本条例自2006年3月1日起施行。

山东省人大常委会
关于修改《山东省乡镇人民代表大会工作若干规定》
等二十件地方性法规的决定

山东省人民代表大会常务委员会公告 第56号

《山东省人民代表大会常务委员会关于修改〈山东省乡镇人民代表大会工作若干规定〉等二十件地方性法规的决定》已由山东省第十一届人民代表大会常务委员会第十九次会议于2010年9月29日通过，现予公布，自公布之日起施行。

山东省人民代表大会常务委员会

2010年9月29日

山东省陆上石油勘探开发环境保护条例（2010年修订版）

第一章 总 则

第一条 为防治陆上石油勘探开发对环境的污染，保障石油生产与环境保护协调发展，根据国家环境保护的有关法律法规，结合本省的实际情况，制定本条例。

第二条 凡在本省行政区域内从事陆上石油勘探开发的，均应遵守本条例。

第三条 县级以上环境保护行政主管部门对本行政区域内石油勘探开发中的环境保护工作实施统一监督管理。

第四条 油田所在地的人民政府应当制定油区环境规划，采取有效措施，防止因破坏油田设施、盗窃原油以及土炼油等违法行为造成环境污染。

第五条 石油勘探开发单位应当加强环境保护工作，节约和综合利用资源，防止勘探开发活动对环境造成污染。

第六条 任何单位和个人都有保护和改善油田环境的义务，并有权对污染和破坏油田环境的单位和个人进行检举和控告。

第七条 对保护和改善油田环境有显著成绩的单位和个人，由当地人民政府给予奖励。

第二章 污染防治措施

第八条 石油勘探开发单位应当把防治污染、保护与改善环境纳入生产发展规划及年度计划，建立环境保护责任制，采取有效措施，防治环境污染。

第九条 石油勘探开发单位的新建、扩建、改建项目应当采用无污染或少污染的生产设备和工艺、技术。禁止引进不符合我国环境保护规定要求的技术和设备。

第十条 石油勘探开发单位的新建、扩建、改建项目应当执行环境影响报告书（表）的审批制度；执行防治污染的设施与主体工程同时设计、同时施工、同时投产使用的制度。建设项目竣工后，防治污染的设施应当由原审批环境影响报告书（表）的环境保护行政主管部门验收合格后，方可投入生产或者使用。

第十一条 石油勘探开发单位应当加强防治污染设施的管理，保证设施的正常运行。

第十二条 石油勘探开发单位应当实行用水管理制度，保护地面水和地下水不受污染。未经处理达标的污水不得外排。

第十三条 石油勘探开发单位应当严格执行井控技术规定，防止井喷污染；应当实行无污染作业，严格控制落地油。

第十四条 石油勘探开发单位排放的废气、烟尘、粉尘应当符合国家或本省的有关规定；天然气、油田伴生气及炼化系统中排放的可燃性气体应当回收利用。不具备回收条件而向大气排放的可燃性气体，必须经过充分燃烧，或者采取其他防治污染的措施。

第十五条 石油勘探开发单位应当有专门设施存放泥浆、岩屑和污油，对作业中产生的废弃物应当及时回收利用和处理，防止流失、渗漏、散扬。

第十六条 石油勘探开发单位对产生噪声的设备和装置应当采取消音、隔音、防震等有效措施，使其达到国家规定的环境噪声标准。

第十七条 石油勘探开发单位必须按照国家规定严格控制和管理有毒化学物品及含有放射性物质的物品，防止污染环境。

第十八条 石油勘探开发单位对在生产建设中因挖损、钻孔、震裂、压占等造成破坏的土地应当及时采取整治措施，使其恢复到可供利用状态。

第十九条 石油勘探开发单位应当严格按照有关法律、法规的规定，加强对石油、天然气输送管道的管理，定期巡查，及时维护保养。

第二十条 发生井喷、输油管道破裂和穿孔等突发性事件时，石油勘探开发单位应当采取应急措施，迅速排除故障，防止污染面积扩大；落地油应当及时回收，回收时不得扩大污染面积。

第二十一条 运输原油、酸、碱、泥浆等货物的车辆应当采取防渗漏、溢流和散落的措施；货物底脚和洗车水应当定点存放，集中处理。

第二十二条 石油勘探开发单位在生产活动中应当采取有效措施，保证饮用水水源地、自然保护区、风景名胜区、重要渔业养殖区、盐业生产区等需要特别保护的区域不受污染。

第二十三条 石油勘探开发单位发生事故时，造成或者可能造成环境污染的，必须立即采取措施处理，及时通报可能受到污染危害的单位和个人；并于四十八小时内，将污染事故发生的时间、地点、污染范围、损害程度等简要情况报告环境保护行政主管部门，事故查清后的十日内，应当向市（地）环境保护行政主管部门报送污染事故详情报告，接受调查处理。

第三章 环境监督管理

第二十四条 环境保护行政主管部门有权对本行政区域内的石油勘探开发单位进行现场检查。被检查单位必须如实反映情况，并提供必要的资料。检查机关应当为被检查单位保守技术和业务秘密。

第二十五条 防治污染的设施有下列情形之一的，应当经环境保护行政主管部门审查批准：

（一）暂时停止运行的；

（二）改造、更新的；

（三）拆除或者闲置的。

环境保护行政主管部门自接到报告之日起，对须暂停止运行的，应当在七日内予以批复；其他情况的应当在十五日内予以批复。逾期未批复的，视为同意。

第二十六条 排放污染物的石油勘探开发单位应当按规定向环境保护行政主管部门提交《排污申报登记表》。排放污染物的种类、数量和浓度有较大变化的，应当在改变前的十五日内提交新的《排污申报登记表》；有突发性变化的，应当在改变后的三日内提交《排污申报登记表》。

第二十七条 石油勘探开发单位应当于每月初向市（地）环境保护行政主管部门报送当月的钻井、试油等作业的计划，并注明井号、井位；同时报送上月各类作业中污染物排放的种类、数量、浓度及防治污染的措施与效果。

第二十八条 对造成环境严重污染的石油勘探开发单位，应当限期治理。限期治理的单位和治理项目，由市（地）环境保护行政主管部门提出，报省环境保护行政主管部门审核后，由市（地）人民政府（行署）做出决定。限期治理的单位，必须按期完成治理任务。

第二十九条 石油勘探开发单位有下列情形之一的，由市（地）环境保护行政主管部门依法征收排污费：

（一）无防水、防渗措施以及无专设堆放场所堆放泥浆、岩屑的；

（二）向水体倾倒泥浆、岩屑的；

（三）落地油或油水混合液污染地面的；

（四）排放天然气、油田伴生气等有害气体污染环境的；

（五）排放其他污染物的。

排污费的具体征收标准由省人民政府根据国家有关规定制定。

第四章 法律责任

第三十条 违反本条例有关规定的，由市（地）环境保护行政主管部门依照环境保护法律、法规的有关规定进行处理。

第三十一条 违反本条例第二十一条规定，不采取防渗漏、溢流或散落措施的，由环境保护行政主管部门责令限期改正；逾期不改正的，处以三百元以上三千元以下罚款。

第三十二条 缴纳排污费、超标准排污费或者被处以警告、罚款的单位、个人并不免除治理污染，排除危害和赔偿损失的责任。

第三十三条 石油勘探开发单位造成污染危害的，有责任排除危害，并对直接受到损害的单位或者个人赔偿损失。

第三十四条 完全由于不可抗力，并经及时采取合理措施，仍然不能避免造成污染损害的，石油勘探开发单位免予承担责任。因污染造成的经济损失，由地方政府与石油勘探开发单位协商，给予适当补偿。

第三十五条 石油勘探开发单位与受害人对造成污染损害都没有过错的，可以根据实际情况，由当事人分担民事责任。

第三十六条　违反国家及本条例规定，造成污染事故的，对有关责任人员由其所在单位或者上级主管机关给予行政处分；造成重大环境污染事故，导致公私财产重大损失或者人身伤亡严重后果的，对直接责任人依法追究刑事责任。

第三十七条　环境保护监督管理人员滥用职权、玩忽职守、徇私舞弊的，由其所在单位或者上级主管机关给予行政处分；构成犯罪的，依法追究刑事责任。

第三十八条　当事人对行政处罚决定不服的，可以在接到处罚决定之日起六十日内申请复议；对复议决定不服的，可以在接到复议决定之日起十五日内，向人民法院起诉。当事人也可以在接到处罚决定之日起三个月内，直接向人民法院起诉。当事人逾期不申请复议、也不向人民法院起诉、又不履行处罚决定的，由做出处罚决定的机关申请人民法院强制执行。

第五章　附　则

第三十九条　依照本条例征收排污费、超标准排污费及处罚的罚款收入，应当缴同级财政，纳入排污费管理，不得挪作他用。

第四十条　本条例自公布之日起施行。

辽宁省人民代表大会常务委员会公告

第四十四号

《辽宁省石油勘探开发环境保护条例》已由辽宁省第十一届人民代表大会常务委员会第二十四次会议于 2011 年 7 月 29 日审议通过，现予公布。本条例自 2011 年 10 月 1 日起施行。

辽宁省人民代表大会常务委员会
2011 年 7 月 29 日

辽宁省石油勘探开发环境保护条例

第一条 为了防治石油勘探开发污染环境，维护生态安全，促进经济社会的可持续发展，根据国家有关法律、行政法规，结合本省实际，制定本条例。

第二条 在本省行政区域内从事陆上石油勘探开发活动，以及对石油勘探开发环境保护的监督管理，应当遵守本条例。

海洋石油勘探开发的环境保护管理，依照《中华人民共和国海洋石油勘探开发环境保护管理条例》的规定执行。

第三条 石油勘探开发应当坚持生态环境保护优先，实行生态环境损害赔偿制度。

第四条 石油勘探开发所在地的县级以上人民政府环境保护行政主管部门或者辽河保护区、凌河保护区管理机构依照职责分工，对本区域的石油勘探开发环境保护实施监督管理。

县级以上人民政府国土资源、交通、农业、水利、林业等有关部门按照各自职责，依法做好石油勘探开发环境保护的监督管理工作。

第五条 石油勘探开发所在地的县级以上人民政府应当将石油勘探开发的环

境保护纳入生态环境保护总体规划，支持石油勘探开发单位采取有利于污染防治的措施。

石油勘探开发单位应当按照当地人民政府生态环境保护总体规划，制定生态环境保护具体方案，建立生态环境保护责任制，采用先进的勘探开发技术，实行清洁作业，防止石油勘探开发活动对环境和生态的污染、破坏。

第六条 任何单位和个人有义务保护石油勘探开发区域生态环境，有权对污染环境和破坏生态的石油勘探开发行为进行检举和控告。

第七条 新建、改建、扩建的石油勘探开发项目应当编制环境影响评价文件，依照建设项目审批权限的规定，报环境保护行政主管部门或者辽河保护区、凌河保护区管理机构审批；审批通过后，将相关材料报送当地环境保护行政主管部门或者辽河保护区、凌河保护区管理机构。

第八条 石油勘探开发项目的环境污染防治设施，应当与主体工程同时设计、同时施工、同时投产使用。防治污染的设施需经环境保护行政主管部门或者辽河保护区、凌河保护区管理机构验收。验收不合格的，该石油勘探开发项目不得开工作业。

第九条 石油勘探开发单位在勘探开发作业前，应当向所在地县级以上人民政府环境保护行政主管部门或者辽河保护区、凌河保护区管理机构申领污染物排放许可证。

石油勘探开发单位排放污染物，应当向县级以上人民政府环境保护行政主管部门或者辽河保护区、凌河保护区管理机构进行排污申报，按照核准的排放指标排放，并依照国家相关规定缴纳排污费。

第十条 石油勘探开发单位应当采取消音、隔音、防震等措施，防止和减轻物理探测作业产生的噪声和震动污染。在城市市区范围内作业的，应当符合国家规定的环境噪声排放标准。

禁止夜间在城市市区噪声敏感建筑物集中区域和自然保护区、重要养殖区从事产生噪声污染的作业。因生产工艺要求或者物理勘探等特殊需要必须连续作业的，石油勘探开发单位应当向县级以上人民政府环境保护或者辽河保护区、凌河保护区管理机构等有关部门提出申请，经同意方可作业，并公告附近单位和居民。上述部门接到申请后，应当在十个工作日内做出同意或者不同意的决定。

第十一条 石油勘探开发单位应当对作业产生的废水进行回收、处理或者综合利用，达标后方可回注，防止污染地下水质。未经处理达标的废水不得回注和外排。

禁止利用渗井、渗坑、裂隙和溶洞排放废水、废液；禁止利用无防渗漏措施的沟渠、坑塘等排放或者存贮废水、废液。

第十二条 石油勘探开发应当采用无毒泥浆作业，特殊情况需要使用有毒化学药剂等危险化学品的，石油勘探开发单位应当依照国家规定向有关行政管理部门申报。

石油勘探开发单位应当对钻井废弃泥浆进行回收利用或者无害化处理，并对处理后的钻井泥浆进行监测。

第十三条 石油勘探开发作业应当严格执行操作规范，防止或者减少落地油泥的产生。对落地的油泥应当在完成试油、修井作业后三日内清除。

第十四条 石油勘探开发作业产生的固体废物应当回收、处理。对暂时不利用或者不能利用的，应当建设符合国家标准的存贮场所。存贮的固体废物应当定期清理，防止污染环境。

产生的含有毒化学药剂的泥浆、含油岩屑、污油、油泥或者清罐浮渣、底泥等污染物，应当按照危险废物管理规定进行转移、贮存和处理。

第十五条 石油勘探开发单位应当对作业产生的天然气、油田伴生气及其他可燃性气体进行回收、处理或者综合利用。不具备回收利用条件需要向大气排放的，应当采取污染防治措施，并向所在地环境保护行政主管部门或者辽河保护区、凌河保护区管理机构申报。

在油气储存、运输过程中，应当减少烃类及其他气体排放。

第十六条 石油勘探开发应当防止放射性物质对环境的污染。使用放射性物质应当划出安全防护区域，设立警戒线和辐射警示标志，由专人看守，防止非作业人员进入，并对施工的全过程进行放射性检测。

第十七条 石油勘探开发单位应当加强输油管线和储油设备的巡查、检测和维修，采取有效的防腐措施，防止发生渗漏、溢流事故。

运送石油或者化学药剂的车辆应当采取封闭措施，不得随地排放残液。

第十八条 石油勘探开发单位在勘探开发活动中应当保证饮用水水源保护区、自然保护区、风景名胜区、重要渔业养殖区、盐业生产区等区域不受污染和破坏。

第十九条 石油勘探开发作业对土地、植被等造成损坏的，应当及时整治、修复，恢复到可利用的状态。

第二十条 石油勘探开发单位应当制定环境污染突发事件应急预案。发生突发环境事件，应当在 1 小时内向所在地县级以上人民政府有关部门报告，及时通报可能受到污染损害的单位和居民，并立即组织现场调查，排除故障，清理现场污染物，控制污染的范围。

第二十一条 石油勘探开发单位所在地人民政府应当维护石油勘探开发治安秩序，及时组织公安、环境保护等有关部门依法查处盗窃原油、破坏石油勘探开发设备、设施等违法行为。

石油勘探开发作业发生污染事故时，所在地人民政府应当支持和督促石油勘探开发单位排除故障、消除污染，组织做好救援和善后处理工作。

第二十二条 石油勘探开发单位造成严重环境污染的，由县级以上人民政府环境保护行政主管部门或者辽河保护区、凌河保护区管理机构依照权限提出限期治理要求，并监督实施。

被限期治理的单位应当在限期内完成治理任务。逾期未完成治理任务的，报经有批准权的人民政府批准，责令关闭。

第二十三条 违反本条例规定，有下列行为之一的，由县级以上人民政府环境保护行政主管部门或者辽河保护区、凌河保护区管理机构依照管理权限责令改正，消除污染，并按照下列规定处以罚款；逾期不采取治理措施的，其责令改正的部门或者机构可以指定有治理能力的单位代为治理，所需费用由违法者承担：

（一）落地油泥未在规定时间内清除，或者随意排放、掩埋、焚烧落地油泥和其他废弃物的，处一万元以上十万元以下的罚款；

（二）固体废物存放场及泥浆存放池不符合国家规定标准的，处一万元以上十万元以下的罚款；

（三）含有毒性化学药剂的泥浆、含油岩屑、污油、油泥或者清罐浮渣、底泥等污染物未按照危险废物管理规定进行转移、贮存和处理的，处一万元以上十万元以下的罚款；

（四）运输原油、化学药剂等的车辆渗漏、溢流或散落污染物的，处五千元以上五万元以下的罚款；

（五）对产生的废水、废液未进行回收、利用或者无害化处理，随意排放的，按照《中华人民共和国水污染防治法》第七十六条规定处以罚款。

发生井喷、管道破裂、气井泄漏等突发性环境污染事故的，按照《中华人民共和国固体废物污染环境防治法》第八十二条或者《中华人民共和国大气污染防治法》第六十一条规定予以处罚。

第二十四条 违反本条例第十条第二款规定，未经县级以上人民政府环境保护行政主管部门或者辽河保护区、凌河保护区管理机构同意夜间开工作业的，由所在地县级以上人民政府环境保护行政主管部门或者辽河保护区、凌河保护区管理机构依照管理权限责令改正，可以并处一万元以上五万元以下的罚款。

第二十五条 违反本条例规定，对石油勘探开发作业产生的气体污染物未进行回收、处理或者综合利用，违规排放的，由县级以上人民政府环境保护行政主管部门或者辽河保护区、凌河保护区管理机构依照管理权限责令停止违法行为，限期改正，并处一万元以上五万元以下的罚款。

第二十六条 违反本条例规定的其他违法行为，按照有关法律、法规的规定予以处罚。

第二十七条 石油勘探开发单位造成环境污染危害的，有责任排除危害，并对直接受到损害的单位或者个人赔偿损失。对于赔偿金额，当事人可以协商解决；协商不成的，可以根据当事人的请求，由环境保护行政主管部门或者辽河保护区、凌河保护区管理机构以及其他有监督职责的部门进行调解；调解不成的，当事人可以申请仲裁或者向人民法院起诉。当事人也可以直接向人民法院起诉。

第二十八条 环境保护管理人员滥用职权、玩忽职守、徇私舞弊的，由其所在单位或者上级主管部门给予行政处分；构成犯罪的，依法追究刑事责任。

第二十九条 本条例自 2011 年 10 月 1 日起施行。1996 年 11 月 30 日辽宁省第八届人民代表大会常务委员会第二十四次会议通过的《辽宁省石油勘探开发环境保护管理条例》同时废止。

河北省人民政府令

〔2011〕第10号

为推进依法行政，加强法治政府建设，使政府立法更好地适应全省经济社会发展的需要，在2010年全面清理省政府规章的基础上，经2011年10月9日省政府第95次常务会议通过，决定对《河北省城市维护建设税实施细则》等18件省政府规章进行修改，现予公布。

本决定自公布之日起施行。修改的18件省政府规章，根据本决定作相应修正，重新公布。

代省长　张庆伟

二〇一一年十月二十日

河北省陆上石油勘探开发环境保护管理办法

第一条　为防治陆上石油勘探开发对环境的污染，保障石油生产与环境保护协调发展，根据环境保护法律、法规的有关规定，结合本省实际，制定本办法。

第二条　凡在本省行政区域内从事陆上石油勘探开发的单位，均应遵守本办法。

第三条　县级以上人民政府环境保护行政主管部门对本行政区域内石油勘探开发中的环境保护工作实施统一监督管理。

第四条　油田所在地的人民政府应当制定油区环境规划，采取有效的保护措施，防止因破坏油田设施、盗窃原油以及土炼油等违法行为造成环境污染。

第五条　县级以上人民政府环境保护行政主管部门应当对管辖范围内的陆上石油勘探开发单位进行现场检查。被检查单位应当如实反映情况，提供必要的资料。

环境保护行政主管部门进行现场检查时，可以采取现场监测、采集样品、查阅或者复制环境污染防治相关资料等措施。

第六条 任何单位和个人都有保护和改善油田环境的义务，并有权对污染、破坏油田环境的单位和个人进行检举、控告。

第七条 石油勘探开发单位新建、改建、扩建的建设项目应当采用资源利用率高、污染物排放量少的生产设备和工艺、技术。

禁止引进不符合我国环境保护规定要求的油田生产设备和工艺、技术。

第八条 石油勘探开发单位新建、改建、扩建的建设项目应当执行环境影响报告书（表）审批制度，以及防治污染的设施与主体工程同时设计、同时施工、同时投产使用的制度。

油田建设项目竣工后，其防治污染的设施应当由原审批环境影响报告书（表）的环境保护行政主管部门验收合格后，方可投入使用。

第九条 石油勘探开发单位应当实行清洁生产，减少原油落地，并严格执行井控技术规定，防止井喷污染。

第十条 石油勘探开发单位在钻井和井下作业过程中产生的泥浆、岩屑或其他废弃物，应当进行回收利用或做无害化处理；对含有汞、镉、六价铬、铅、砷、氰化物、黄磷等可溶性剧毒物质的泥浆、岩屑或其他废弃物，应当采取防水、渗漏和溢流等有效措施存放。

第十一条 石油勘探开发单位排放的废气、烟尘、粉尘应当符合国家或本省的有关规定。天然气、油田伴生气及炼化系统中排放的可燃性气体应当回收利用；不具备回收条件的，必须经过充分燃烧或采取其他防治污染的措施。

第十二条 石油勘探开发单位应当实行用水管理制度，提高水的重复利用率，对含油废水经处理后达到注水标准的，应当实行回注，减少废水的排放量，保护地面水和地下水不受污染。含有污染物的废水必须经过处理达标后方可排放。

第十三条 石油勘探开发单位必须按照国家规定严格控制和管理有毒有害化学物品及含有放射性物质的物品，防止污染环境。

第十四条 石油勘探开发单位对产生噪声的设备和装置应当采取消音、隔音、防振等有效措施，减轻噪声对周围生产和生活环境的影响。

第十五条 石油勘探开发单位运输原油、酸、碱、泥浆和其他有毒、有害货物的车辆，应当采取防渗漏、溢流和散落的措施；货物底角和洗车水应当定点存放，集中处理。

第十六条 发生井喷、输油管道破裂和穿孔等突发性事件时，石油勘探开发单位应当及时采取措施排除故障，回收落地原油，防止污染面积扩大。同时通报可能受到污染危害的单位和个人，并将污染事故发生的时间、地点、污染范围、危害程度等情况及时报告当地环境保护行政主管部门。

第十七条 石油勘探开发单位应当于每月（或季）初向当地设区市环境保护行政主管部门报送当月（或季）的钻井、试油等作业的计划，并注明井号、井位；同时报送上月（或季）实际各类作业情况以及污染物排放的种类、数量、浓度及防治污染的措施与效果。

第十八条 石油勘探开发单位应当对本单位的污染物排放情况和防治污染设施的运行状况进行监测，掌握污染动态。环境保护行政主管部门应当加强对石油勘探开发单位的污染物排放情况和防治污染设施运行状况进行监督。

第十九条 石油勘探开发单位应当加强对防治污染设施的管理，保证设施的正常运行。防治污染的设施因维修需暂停运行、拆除或闲置的，应当按照规定报经环境保护行政主管部门审查批准。

环境保护行政主管部门自接到报告之日起，对需暂停运行的，应当在 7 日内予以批复；对拆除或闲置的，应当在 30 日内予以批复。逾期未批复的，视为同意。

第二十条 石油勘探开发单位在生产活动中排放污染物的，设区的市环境保护行政主管部门或其委托的县（市）环境保护行政主管部门依照下列规定依法征收排污费：

（一）排放污水、废气、环境噪声、固体废物的，依照国家和本省规定的标准征收排污费。

（二）造成原油落地或油水混合液浸没地面的，每平方米征收排污费五元；油水混合液未浸没地面的，以肉眼可辨呈点状、片状、弥漫状的，每平方米征收排污费二元。以上污染应当在 10 日内清理恢复地貌，不得扩散污染。逾期未清理恢复地貌的，加倍征收排污费。

（三）在永久性占地的采油井场内造成原油落地，在 10 日内清理完毕的，可以缴纳百分之五十的排污费；逾期不清理的，按本款第（二）项规定的标准加倍征收排污费。

经环境保护行政主管部门确认，原油落地或油水混合液浸没地面的原因是由石油勘探开发单位以外的其他单位或个人造成的，石油勘探开发单位免于承担缴纳排污费的义务。

第二十一条 发生井喷和废气、废水排放等造成环境污染事故，以及违反本办法其他有关规定的，由环境保护行政主管部门依照环境保护法律、法规和规章的规定予以处罚。

第二十二条 本办法自公布之日起施行。

重庆市环境保护局
关于印发重庆市页岩气勘探开发行业
环境保护指导意见（试行）的通知

渝环〔2016〕316号

各区县（自治县）环保局、各经开区环保局，市环保局各分局：

为促进我市页岩气勘探开发行业健康持续发展，维护生态环境、保障环境安全，现将《重庆市页岩气勘探开发行业环境保护指导意见（试行）》印发给你们，请遵照执行。

重庆市环境保护局

2016年9月1日

重庆市页岩气勘探开发行业环境保护指导意见（试行）

一、指导思想

坚持以科学发展观为统领，以保障人群健康与环境安全为目标，以资源环境要素为约束，形成生态优先、统筹规划、源头预防、过程控制、损害赔偿、责任追究的生态文明制度体系，全面推动页岩气勘探开发行业健康发展。

二、坚持规划优先

按全市页岩气资源分布开展规划环境影响评价工作，结合区域资源环境特征，主体功能区规划和生态保护红线管理等要求，从维护生态系统完整性和稳定性的角度，明确禁止开发的区域和规划实施的关键性制约因素，提出优化页岩气开发的布局、规模、开发方式、建设时序等建议，明确预防和减缓不利环境影响的对策措施。

发挥规划环境影响评价对区域开发的指导作用，强化规划环境影响评价与项目环境影响评价的联动。

各区块完成规划环评，投入生产后三至五年内组织开展环境影响后评价。

三、选址布局

页岩气勘探开发区域和单体项目选址布局必须符合城乡规划、土地利用规划、页岩气产业发展规划和生态环境功能区划。原则上不得在县级及以上人民政府划定的自然保护区、风景名胜区、世界文化和自然遗产地、饮用水水源保护区、森林公园、地质公园、重要湿地、城市规划区等生态环境敏感区域进行页岩气勘探开发作业。

根据重庆市及各区县（自治县）社会经济发展规划和环境承载能力，按照生态红线和环境功能区划要求合理确定页岩气勘探开发的限制区域和禁止区域。

区县环保部门应参与页岩气勘探开发项目选址选线工作并牵头论证其环境可行性。

四、“环评”及“三同时”管理

（一）页岩气勘探开发项目的环境影响评价。页岩气探井项目应以单井编制环评文件，开发井可以单个或多个平台编制环评文件。具有水平井工艺的探井项目纳入开发井项目管理。

（二）竣工环境保护验收。结合页岩气滚动开发特点，井场平台完成生态恢复后，应及时开展竣工环境保护验收。

五、污染防治措施

（一）钻前工程。

1. 钻前工程环保设施。设置雨污分流、清污分流系统。根据页岩气勘探开发污染物类型、污染物控制难易程度，一般情况下污水收集沟、污水池、放喷池等区域为一般防渗区，渗漏系数$\leqslant 1.0\times10^{-7}$cm/s；原料堆存区、钻井液循环系统区、井口作业区、柴油储罐和盐酸储罐区等区域为简单防渗区，采取防渗混凝土硬化地面；旱厕采取混凝土进行硬化处理。具体项目根据所在区域天然包气带防污性能，由项目环评确定具体的防渗分区和防渗技术要求。

（二）钻井工程。

1. 钻井施工中，距地面最近的隔水层以上井段应采取清水钻井液。

2. 保障排污沟通畅，做好废水池监管监控，不得发生钻井废水外溢现象。

3. 按含硫化氢井进行井控管理，配备应急点火装置，在发生溢流、井喷等风险事故时，及时放喷燃烧。

4. 优先应用网电供电系统。对噪声超标的居民点，应采取有效措施控制噪声排放对周边居民的影响。

5. 按照“减量化、资源化、无害化”原则对固体废物进行资源化利用和处理处置。除油基钻屑外的普通钻屑优先实施资源化利用，不能资源化利用的，完钻后在废水池实施无害化填埋处理，并做好台账记录；油基钻屑通过不落地收集后运至油基钻屑回收利用站进行回收利用。转换泥浆、完井泥浆尽可能回收利用。

（三）压裂（试气）工程。

1. 节约用水。取用地表水不得挤占生态用水、生活用水和农业用水；实施废水循环利用，提高水资源的重复利用率。

2. 废水处理处置。对废水收集、处理、贮存、转运、循环利用的全过程实施监控，做好台账记录和内部转运联单。钻井废水、洗井废水处理后应全部回用于配置压裂液；压裂返排液回用于配制压裂液，回用不完的，应处理达标后排放，严禁偷排漏排、稀释排放或回注。

3. 合理安排压裂作业时间。压裂作业施工在昼间进行，对噪声超标的居民点，应采取有效措施控制噪声排放对周边居民的影响。

4. 压裂柴油动力机组燃油废气排放应满足国家相关标准要求。

（四）钻后治理工程。

1. 油基钻屑回收利用。区县为单位的开采区域内建设单位配套建设油基钻屑回收利用站，油基钻屑收集、运输过程按《危险废物收集 贮存 运输技术规范》要求执行，贮存场所按《危险废物贮存污染控制标准》要求设置。企业回收利用油基钻屑执行申报登记和转移联单制度。如区县开采区域内建设单位不具备油基钻屑回收利用能力，应交有资质的单位进行处置。

油基钻屑回收利用采用先进、成熟的工艺，并符合环境保护有关要求。回收的矿物油尽可能回收利用，如不能自行利用，必须按照危险废物进行管理。油基钻屑脱油后的灰渣优先资源化利用，如不能资源化利用，将岩屑含油率处理低于2%后运至井场废水池与普通钻屑分开无害化填埋处理，运输车辆采取防散落和防扬撒措施，做好台账记录，严禁随意抛洒、掩埋。

2. 钻屑无害化填埋。用作无害化填埋作业的废水池应采取钢筋混凝土结构，并满足《固体废物处理处置工程技术导则》《一般工业固体废物贮存、处置场污染控制标准》II类固废处置要求。填埋池周边设置导流渠，确保排水畅通，避免外界径流和雨水流入池内造成池面覆土层积水。无害化填埋作业完成后建设单位对填埋池周边地下水和土壤开展跟踪监测，并将监测结果上报所在地环保部门。

3. 施工结束后，做到工完料尽，场地清整。井场及周边不得出现废水、油屑、废渣和被污染的土壤等污染物，化粪池和旱厕及时进行覆土绿化。

（五）采气过程。

1. 采气分离水管理。做好台账记录和转运联单。采气分离水经收集尽可能回用于配制压裂液，如不能回用，应通过污水处理厂处理达标后排放。

2. 脱水站内三甘醇储存区应采取环境风险防范措施。

六、生态环境保护

（一）加强施工期间生态环境保护。选址布局应对所在地的浅层地质结构和水文地质条件进行调查，避开生态环境敏感区域，减少树木砍伐、植被破坏。严禁施工车辆随意开辟施工便道。对野生动物要加以保护，不得随意捕杀和伤害。施工过程中，应保存表层土用于复耕及生态恢复，认真做好水土保持，不得随意改变原有地形、地貌，坚持“集约化”用地，缩小施工范围。

（二）做好生态恢复工作。按照“谁损毁、谁复垦”的原则，制定复垦方案及时进行植被恢复、水土保持和土地复耕。

七、风险防范与应急

（一）环境应急预案经专家审查修改完善后报所在地环保部门备案。

（二）环境应急演练。组织对环境应急预案进行专项培训，定期开展应急演练，储备应急物资，不断完善应急预案。

（三）对环境污染事故处置不当、不力，造成危害和影响，以及对事故不报、迟报、漏报、瞒报，延误处置时机，造成重大损失的，将依据有关规定追究有关单位和个人的行政责任和法律责任。

八、监督管理

（一）落实企业环境保护主体责任。页岩气勘探开发企业应建立环境管理制度，设置环境保护机构，保障资金投入，落实政策措施，加强对原辅材料环保质量的管控，优先使用环境友好的原辅材料。

（二）页岩气开发环境监理。项目业主应开展环境监理工作，并将环境监理报告作为环境保护验收的内容。

（三）开展清洁生产审核工作。为切实推进节能减排，减污增效工作，页岩气勘探开发企业应开展强制性清洁生产审核。

（四）做好环境统计工作。页岩气勘探开发企业应建立健全企业环境管理档案、污染源和环境质量信息数据库，建立企业内部环保设施台账和污染物台账，执行环境统计报表制度。

（五）加强环境监测。页岩气勘探开发企业应委托第三方监测机构跟踪监测页岩气勘探开发区域地下水水质和水量、地表水水质及土壤环境，密切监控地下水水质和水量、地表水水质及土壤环境变化，确保监测数据的真实有效，并将监测结果定期上报所在地环保部门。加强页岩气勘探开发区块环境监测网络建设，在条件成熟的情况下，在页岩气勘探开发区域建立地下水和地表水水质在线监测站，以便长期把握水质变化趋势和应对突发污染事件处置。同时企业应加大自身环境监测能力建设，建立覆盖常规污染物、特征污染物的环境监测体系，以适应污染源监测、环境质量监测和应急监测的要求。采气废水集中处理站必须安装在线监测监控系统并实现与所在地环保部门联网。

（六）加大环境信息公开力度。页岩气勘探开发企业在环评阶段将钻井液、压裂液的全成分报所在地环保部门备案。勘探开发企业应主动向社会公开环评文件、污染防治设施运行情况、污染物排放情况、突发环境事件应急预案及应对情况等环境信息。每年向社会发布环境质量报告。

（七）从严查处环境违法行为。页岩气勘探开发活动中违反国家有关环保法律、法规的，将依法从严处理。

九、科学研究

（一）建立页岩气勘探开发环境影响跟踪评价长效机制。开展页岩气开发区域生态基础调查和长期跟踪监测，逐步构建页岩气开发区域生态环境数据库。积极开展页岩气勘探开发生态补偿试点，建立页岩气勘探开发生态补偿机制。

（二）开展页岩气勘探开发环境保护关键技术研究。开展环保型钻井液、压裂液研制；进一步开展采气分离水处理技术、油基钻屑回收利用技术、钻屑资源化高效利用技术，生态修复、水质修复、土壤修复技术等研究。加快制定页岩气勘探开发环境保护技术标准体系。

十、附则

（一）本指导意见所指页岩气勘探指钻探井法勘探。

（二）本指导意见由重庆市环境保护局负责解释。

（三）本指导意见由重庆市涪陵页岩气环保研发与技术服务中心起草。

（四）本指导意见将根据页岩气勘探开发行业发展和国家宏观调控要求适时进行修订。

新疆维吾尔自治区地方标准

油气田含油污泥综合利用污染控制要求

DB 65/T 3998—2017

前　言

本标准根据 GB/T 1.1—2009《标准化工作导则　第 1 部分：标准的结构与编写》制定。

本标准由新疆环境保护厅提出并归口。

本标准由新疆环境保护科学研究院、新疆科力新技术发展股份有限公司、新疆环境保护厅、新疆固体废物管理中心、新疆环境监测总站、新疆阿克苏（南疆）危险废物管理中心等起草。

1　范围

本标准规定了油气田含油污泥综合利用的场地选址、污染物限值及环境监测要求。

本标准适用于经处理过的油气田含油污泥在油田作业区内综合利用过程中的污染控制、环境影响评价和环境监管。

2　规范性引用文件

下列文件对于本文件的应用是必不可少的。凡是注日期的引用文件，仅所注日期的版本适用于本文件。凡是不注日期的引用文件，其最新版本（包括所有的修改单）适用于本文件。

GB/T 15555.12　固体废物腐蚀性测定　玻璃电极法

CJ/T 221—2005　城市污水处理厂污泥检验方法

HJ/T 20　工业固体废物采样制样技术规范

HJ 613　土壤　干物质和水分的测定　重量法

HJ 630　环境监测质量管理技术导则

HJ 702　固体废物　汞、砷、硒、铋、锑的测定　微波消解/原子荧光法

3　术语和定义

3.1　含油污泥 oily sludge

原油开采和集输过程中产生的油、水与泥土等混合形成的非均质多相分散体系，包括废水沉降油污泥、管线刺漏污染的油泥砂、联合站沉降罐油泥砂等，但不包括废弃油基钻井泥浆及岩屑。

3.2　含油污泥处理　oily sludge treatment

通过各种方法、技术和工艺，对含油污泥进行资源化、减量化、无害化过程。

3.3　综合利用　comprehensive utilization

经过处理后达到本标准污染物限值的含油污泥作为可利用资源，用于铺设服务油田生产的各种内部道路、铺垫井场、固废场封场覆土及作为自然坑洼填充材料的利用方式。

3.4　井场　well site

钻井施工中钻机主要设备、辅助设施、沉砂池、排污池、生产用房、锅炉房、燃烧池、放喷池、井场内道路等所必须占用的作业场地。

3.5　干基　dry basis

以按照 HJ 613 中去除水分的方法去除水分后的固体为基准表示污染物分析结果的方法。

4　综合利用场地选址

4.1　场地应选择在油田作业区内。

4.2 场地应距离城镇、行政村 5 km 以上，距离省级公路 10 km 以上。

4.3 场地应避开湿地、低洼汇水处、泄洪道、泥石流易发区及自然保护区、风景名胜区、饮用水水源保护区、水源涵养区、生态公益林、基本草原、基本农田和其他需要特别保护的区域。

4.4 场地常年地下水稳定潜水位应在 3 m 以下，距离地表水多年平均水位线 5 km 以上，当地年均降水量在 200 mm 以下，蒸发量在 1 500 mm 以上，土地类型属于荒漠、戈壁的区域。

4.5 场地不得位于已经被政府或行政管理部门规划进行开发利用的区域。

5 综合利用污染物限值

含油污泥经处理后，其中任何一项指标不得超过表 1 所列的最高允许限值。

表 1 综合利用污染物限值

项目	标准值
pH（无量纲）	2～12.5
砷（mg/kg）	80
含油率（%）	2
含水率（%）	60

注：含油率为干基折算值；处理装置处理后含水率应在 80%。

6 环境监测

6.1 样品的采集

6.1.1 堆场采样

根据梅花布点原则，堆放面积≤50 m^2，堆放厚度≤1 m 的，按堆放位置的东、南、西、北、中五个方位，在含油污泥表层以下 20 cm 处各取一点，单样质量≥1 kg，混合均匀后作为待测样品。堆放面积每增加 50 m^2 增加一个混合样。堆放厚度＞1 m 的，按上、中、下等距离三点采取样品，混合均匀后作为单样，单样质量≥1 kg，单样混合均匀后作为待测样品。每 1 000 m^3 含油污泥至少采一个待测样品进行检测。

6.1.2 装置出口采样

油污泥经处理后不在堆场堆放直接运走的需在装置出口处采样。固定式处理装置每月至少采一个待测样进行检测，移动式处理装置每处理一批含油污泥至少采一个待测样进行检测，采样时间应有一次位于该批次整个处理周期的 1/2 处。单样采集间隔为 0.5 小时，单样重＞1 kg，每次至少取 5 个单样混合均匀后作为待测样。

6.2 样品的制样与保存

制样与保存应按照 HJ/T 20 规定要求进行。

6.3 检测方法

含油污泥检测方法应符合表 2 规定。

表 2 含油污泥检测方法表

项目	样品检测方法
pH	CB/T 15555.12
砷	HJ 702
含油率	采用 CJ/T 221—2005 中的“城市污泥矿物油的测定 红外分光光度法”测定总油含量
含水率	HJ 613

6.4 环境监测过程质量保证与质量控制方法

按 HJ 630 相关规定执行。

黑龙江省地方标准

油田含油污泥综合利用污染控制标准

DB23/T 1413－2010

2010年12月24日发布，2011年1月28日实施

前　言

油田在开发生产过程中会产生大量的含油污泥，含油污泥中含有石油类、重金属等物质。如果含油污泥不经处理排放到外环境，会对环境产生一定的危害。含油污泥处理到何种程度，才能达到综合利用并能满足环境的要求，目前我国尚无此类标准。因此，制定油田含油污泥综合利用污染控制标准，具有一定的现实意义。

本标准由黑龙江省环境保护厅及黑龙江省质量技术监督局提出并归口。

本标准起草单位：大庆油田有限责任公司环境监测评价中心。

本标准由黑龙江省环境保护厅负责解释。

1　范围

1.1　本标准规定了油田含油污泥经处理后综合利用的污染控制指标及样品的采取、检测、判定规则。

1.2　本标准适用于油田井下作业施工等过程中产生的油水与地面土壤混合形成的含油污泥以及从地层中携带出的含油污泥，经处理后，用于农用、铺设油田井场和通井路。

2　规范性引用文件

下列文件对于本文件的应用是必不可少的。凡是注日期的引用文件，仅注日期

的版本适用于本文件。凡是不注日期的引用文件，其最新版本（包括所有的修改单）适用于本文件。

GB 4284—1984 农用污泥中污染物控制标准

GB/T 15555.1—1995 固体废物 总汞的测定 冷原子吸收分光光度法

GB/T 15555.2—1995 固体废物 铜、锌、铅、镉的测定 原子吸收分光光度法

GB/T 15555.3—1995 固体废物 砷的测定 二乙基二硫代氨基甲酸银分光光度法

GB/T 15555.6—1995 固体废物 总铬的测定 直接吸入火焰原子吸收分光光度法

GB/T 15555.9—1995 固体废物 镍的测定 直接吸入火焰原子吸收分光光度法

GB/T 15555.12—1995 固体废物 腐蚀性测定 玻璃电极法

GB/T 17134—1997 土壤质量 总砷的测定 二乙基二硫代氨基甲酸银分光光度法

GB/T 17136—1997 土壤质量 总汞的测定 冷原子吸收分光光度法

GB/T 17138—1997 土壤质量 铜、锌的测定 火焰原子吸收分光光度法

GB/T 17139—1997 土壤质量 镍的测定 火焰原子吸收分光光度法

GB/T 17141—1997 土壤质量 铅、镉的测定 石墨炉原子吸收分光光度法

GB 18598—2001 危险废物填埋污染控制标准

HJ/T 20—1998 工业固体废物采样制样技术规范

HJ 491—2009 土壤 总铬的测定 火焰原子吸收分光光度法

HJ 557—2009 固体废物浸出毒性浸出方法 水平振荡法

3 术语和定义

下列术语和定义适用于本文件。

3.1 油田含油污泥

油田井下作业施工等过程中产生的油水与地面土壤混合形成的含油污泥以及从地层中携带出的含油污泥。

3.2 含油污泥处理

含油污泥通过热化学等工艺（或其他处理工艺）处理后，含油污泥中的石油类

降至一定的限值。

4 要求

4.1 经处理后的油田含油污泥用于农用、铺设油田井场和通井路，污染控制指标应符合表 1 规定。

4.2 采取填埋处置时，应满足 GB 18598—2001 之规定。

4.3 处理后的含油污泥农用时，还应满足《农用污泥中污染物控制标准》（GB 4284 —1984）中其他规定的要求。

表 1 油田含油污泥综合利用污染控制指标 单位：mg/kg 干污泥

序号	项目	污染控制指标		
		垫井场/通井路用	农用	
			土壤 pH<6.5	土壤 pH≥6.5
1	石油类	≤20 000	≤3 000	≤3 000
2	As		≤75	≤75
3	Hg	0.8	≤5	≤15
4	Cr		≤600	≤1 000
5	Cu	150	≤250	≤500
6	Zn	600	≤500	≤1 000
7	Ni	150	≤100	≤200
8	Pb	≤375	≤300	≤1 000
9	Cd	≤3	≤5	≤20
10	pH 值	≥6	—	—
11	含水率	≤40%	—	—

5 监测

5.1 样品的采取

根据梅花布点原则，对处理后每个生产批次的含油污泥进行采样。堆放面积≤50 m^2，堆放厚度≤1.0 m 的，按堆放位置的东、西、南、北、中五个方位，在含油污泥表层以下 20 cm 处各取一点，单样重≥1 kg，混合均匀后作为待测样品。堆放面积每增加 50 m^2，增加取一个混合样。堆放厚度≥1.0 m 的，按上、中、下等距离三点采取样品，混合均匀后作为单样，单样重≥1 kg，单样混合均匀后作为待测样品。

5.2 样品的测定

5.2.1 石油类的测定

按附录 A 的规定进行。

5.2.2 含油污泥含水率的测定

按 HJ 557 的规定进行。

5.2.3 含油污泥 pH 值的测定

按 GB/T 15555.12 的规定进行。

5.2.4 含油污泥农用时金属指标的测定

5.2.4.1 总砷的测定

按 GB/T 17134 的规定进行。

5.2.4.2 总汞的测定

按 GB/T 17136 的规定进行。

5.2.4.3 总铬的测定

按 HJ 491 的规定进行。

5.2.4.4 铜、锌的测定

按 GB/T 17138 的规定进行。

5.2.4.5 镍的测定

按 GB/T 17139 的规定进行。

5.2.4.6 铅、镉的测定

按 GB/T 17141 的规定进行。

5.2.5 含油污泥用于铺设油田井场和通井路时金属指标的测定

5.2.5.1 总汞的测定

按 GB/T 15555.1 的规定进行。

5.2.5.2 铜、锌、铅、镉的测定

按 GB/T 15555.2 的规定进行。

5.2.5.3 总镍的测定

按 GB/T 15555.9 的规定进行。

5.3 监测频次

对每个生产批次至少进行一次监测。

6 判定规则

油田含油污泥经处理后，按用途分类，其检测结果必须满足表 1 所对应的所有控制指标要求，如有一项不满足判为不合格。

附录 A
油田含油污泥 石油类的测定 红外光度法

A.1 适用范围

本附录适用于土壤、油田含油污泥石油类的测定。

A.2 原理

土壤、油田含油污泥用氯仿提取，提取物用热乙醇—氢氧化钾溶液处理，使有机酸、腐殖酸、油脂等皂化后，以石油醚萃取。其非皂化物进入石油醚层，去除石油醚后，用四氯化碳溶解并定容，然后用硅酸镁吸附，经脱除动植物油等极性物质后，测定石油类。

A.3 仪器

红外测油仪：波数范围 4 000～2 400 cm^{-1}，可扫描样品光谱图。

A.4 试剂

除非另有说明，分析时均使用符合国家标准的分析纯试剂和蒸馏水或同等纯度的水。

A.4.1 氯仿。

A.4.2 石油醚：将石油醚（30～60℃）重蒸馏，取 40～42℃馏分。

A.4.3 四氯化碳：用红外测油仪在波长 2 600～3 300 cm^{-1} 扫描，其吸光度应不超过 0.03（1 cm 比色皿、空气池作参比）。

注：四氯化碳有毒，操作时要谨慎小心，并在通风橱内进行。

A.4.4 0.5N 氢氧化钾—乙醇溶液，称取 28 g 氢氧化钾，用少量水溶解后，以 95% 乙醇定容至 1 000 mL。

A.4.5 95%乙醇。

A.4.6 硅酸镁：60～100 目。取硅酸镁于瓷蒸发皿中，置高温炉内 500℃加热 2 h，在炉内冷至约 200℃后，移入干燥器中冷至室温，于磨口玻璃瓶内保存。使用时，称取适量的干燥硅酸镁于磨口玻璃瓶中，根据干燥硅酸镁的重量，按 6%（*m/m*）的比例加适量的蒸馏水，密塞并充分振荡数分钟，放置约 12 h 后使用。

A.4.7 吸附柱：内径 10 mm、长约 200 mm 的玻璃层析柱。出口处填塞少量用萃取溶剂浸泡并晾干后的玻璃棉，将已处理好的硅酸镁缓缓倒入玻璃层析柱中，边倒边轻轻敲打，填充高度为 80 mm。

A.4.8 无水硫酸钠：在高温炉内 300℃加热 2 h，冷却后装入磨口玻璃瓶中，干燥器内保存。

A.5 步骤

A.5.1 氯仿提取

准确称取通过 0.25 mm 筛孔的含油污泥 25 g，置于带塞磨口锥形瓶中，加 50 mL 氯仿，加盖，轻轻振摇 1～2 min，放置过夜。次日，将锥形瓶置于 50～55℃水浴上热浸 1 h（开始时注意打开盖排两次气），取下锥形瓶用 G-1 型玻璃砂芯过滤，滤液接收于 100 mL 烧杯中。土样再用氯仿热浸两次，每次约 25 mL，在水浴上加热半小时。每次浸提液分别滤入烧杯中。然后把烧杯放在通风橱中 55～58℃的水浴上，通氮气或通风浓缩至干，擦去外壁水汽，置于 60～75℃的烘箱中 4 h。

A.5.2 非皂化物

向氯仿提取物中加入 50 mL0.5N 氢氧化钾—乙醇液，盖上表面皿，于 65～75℃水浴上皂化水解 1 h，并不断搅拌。皂化完毕取下烧杯，将皂化液转移到 250 mL 分液漏斗中，用 50 mL 水，50 mL 石油醚分别洗烧杯，洗液并入分液漏斗中。加塞，振摇 1～2 min（开始时注意排气 2～3 次）静置分层，下层水相再用 25 mL 石油醚提取 1 次，合并两次石油醚提取液。将两次石油醚提取液转移至分液漏斗中，用水洗 2～3 次，每次加水 50 mL，振摇 1 min（注意排气）。将石油醚萃取物放入盛有 15 g 无水硫酸钠的具塞磨口锥形瓶中，加塞轻轻摇动，放置片刻后，用 G-1 型玻璃砂芯滤入烧杯中，于通风橱中在 40～42℃水浴上通氮气或通风浓缩至干，擦去外壁水汽，置于 60～70℃烘箱中烘 4 h 后，用四氯化碳溶解并定容于容量瓶中。

A.5.3 吸附

将四氯化碳溶液通过硅酸镁吸附柱，弃去前约 5 mL 的滤出液，余下部分接入三角瓶用于测定石油类。

A.5.4 测定

以四氯化碳作参比溶液，使用适当光程的比色皿，测量硅酸镁吸附后滤出液，记录仪器读数，并计算石油类的含量。

A.6 计算

石油类含量 c（mg/kg），按下式计算：

$$c=\frac{C\times V}{m}$$

式中：c —— 萃取溶剂中石油类的含量，mg/kg；

C —— 仪器读数，mg/L；

V —— 四氯化碳定容体积，mL；

m —— 土样重，g。

陕西省地方标准

含油污泥处置利用控制限值

DB61/T 1025—2016

2016 年 5 月 9 日发布，2016 年 8 月 1 日实施

前　言

本标准根据 GB/T 1.1—2009 给出的规则起草。

本标准由山西省环境保护厅提出并归口。

本标准起草单位：陕西延长石油（集团）有限责任公司、山西省固体废物管理中心、辽宁华孚环境工程股份有限公司。

本标准由山西省固体废物管理中心负责解释。

本标准首次发布。

1　范围

本标准规定了含油污泥经处理后，其处置与再利用的污染控制限值及样品的监测和判定规则。

本标准以用于山西省油气田生产及莲花生产过程中所产生的含油污泥（其经过处理后，用于铺设油田井场、等级公路或用作工业生产原料）。

2　规范性引用文件

下列文件对于本文件的应用是必不可少的。凡是注日期的引用文件，仅所注日期的版本适用于本文件。凡是不注日期的引用本件，其最新版本（包括所有的修改

单）适用于本文件。

GB/T 15555.12　固体废物　腐蚀性测定　玻璃电极法

CJ/T 221—2005　城市污水处理厂污泥检验方法

HJ/T 20　工业固体废物采样制样技术规范

3　术语和定义

下列术语和定义适用于本文件。

3.1　含油污泥　oily sludge

指油气田生产及炼化生产过程中产生的油水与地面土壤混合形成的油泥、罐底油泥，污水处理等产生的油泥水混合物。

3.2　含油污泥处理　oily sludge treatment

指通过热洗、热解吸等工艺，使含油污泥的 pH 值、石油类含量和含水率等指标达到预期限值的过程。

4　技术要求

4.1　含油污泥经处理后产生的污泥宜用于铺设油田京城、等级公路或用作工业生产原料。

4.2　含油污泥经处理后产生的污泥用于铺设油田井场、等级公路或用做工业生产原料时，其控制限值应符合表 1 规定的要求。

表 1　含油污泥处置利用控制限值

项目	限值要求	
	铺设油田井场、等级公路时	用作工业生产原料时
pH 值	6～9	6～10
石油类含量	≤10 mg/g	≤20 mg/g
含水率	≤40%	≤60%

5 结果测定

5.1 样品的采集和前处理

样品的采集和前处理应按照 HJ/T 20 的规定进行。

5.2 样品的测定

5.2.1 pH 值的测定

含油污泥 pH 值的测定应按照 GB/T 15555.12 的规定进行。

5.2.2 石油类含量的测定

含油污泥石油类含量的测定应按照 CJ/T 221—2005 中第 11 章的规定进行。

5.2.3 含水率的测定

含油污泥含水率的测定应按照 CJ/T 221—2005 中第 2 章的规定进行。

6 判定规则

含油污泥经处理后，其检测结果应能满足表 1 中规定的所有项目的控制限值要求；若有一项不能满足表 1 规定的要求，则应判定为不合格。